método completo de batería

César Useche

AGRADECIMIENTOS

Quiero agradecer a mi madre el haberme apoyado con su dulce aliento. A mi hermano por su paciencia al padecer en carne propia mañanas, tardes y noches de intensa práctica.

A mis amigos:
Germán Ortiz,
Armando Fuentes,
Álvaro Perea,
Andrés [Pingüa] Rodríguez,
Álvaro Motta Navas,
Fredy Camelo,
Camilo Martínez,
Mauricio Quintero,
David Mildenberg,
Giovanni Mahecha,
Andrés Álvarez [Globulito],
Santiago Roa,
Juan Camilo Valencia,
Fito Corvacho,
Óscar René Laverde,
Jaime Quijano,
Francisco Javier Hoyos,
Carlos Sánchez,
Andrés Valencia,
Camilo Díaz,
Mauricio Montenegro,
Juan Carlos Medina Roa,
Andrés Mora Medina,
Eduardo Macías
Ciro José Salamanca
Miguel Ángel García "LA NAVE"
Luis Miguel Olivar y
Rafael Ortiz

También quiero agradecer a Silvia Parra, Carolina Camelo, Luisa Fernanda Urueña, Adriana Martínez, Adriana Dolmen y muy especialmente a Ángela Trujillo por su apoyo incondicional.

métodocompletode**batería**

DISEÑO Y MAQUETACIÓN
rhaia

FOTOGRAFÍA
rhaia

CORRECCIÓN Y REDACCIÓN FINAL
María Fernanda Canal

Realización DVD
Edición y Montaje | Ángela Trujillo Quesada
Producción | rhaia
Cámara | Germán Rizzo Jiménez
Asistente | Alexandru Laurentiu Maciuceano
Diseño gráfico | rhaia
Programación dvd | John Castro Macias
Animación | rhaia
Dirección general | César Useche

Preimpresión: Pacmer, S.A.

ISBN: 978-84-342-3769-8

Esta obra ha sido elaborada en su totalidad por César Useche en RHAIA DISEÑO Y COMUNICACIÓN

Segunda edición

Les Guixeres. C/ de la Energía, 19-21
08915 Badalona (España).
Tel.: 93 323 33 11 – Fax: 93 453 50 33
http://www.parramon.com
E-mail: parramon@paidotribo.com

Requerimientos mí nimos para el DVD autoejecutable en PC:
PC Pentium 4. Windows XP o superior.
Asegúrese de tener activado el AutoRun e instalado el Flash Player.
Compatible con Mac OS X.

Impreso en España

método completo de batería

César Useche

Si está leyendo este libro es porque está interesado en aprender a tocar la batería.

Este método le ayudará de manera rápida y divertida a lograrlo.

Tradicionalmente, los métodos de batería se han escrito en la más estricta norma musical, siendo esto un obstáculo para las personas que quieren aprender y no tienen conocimientos previos de música. Este método está diseñado para que cualquier persona aprenda de manera rápida y efectiva a tocar el instrumento; para ello, se ha desarrollado una novedosa forma de escritura basada en símbolos que se corresponden directamente con el objeto representado o con los movimientos que se realizan en la batería.

Estos símbolos se escriben sobre una cuadrícula que permite la fácil lectura y la comprensión de silencios entre golpe y golpe.

Tanto para los músicos experimentados como para los que apenas se introducen en el mundo de la

música, este método les ofrece la posibilidad de aprender a tocar la batería secuencialmente y sin complicaciones. Además, incluye un DVD interactivo donde escuchará los ejercicios en varios tiempos y en *loop* ("bucle") para entenderlos mejor, y practicarlos al mismo tiempo que los escucha.

Este libro es una herramienta eficaz también para aquellos que trabajan con programas de música y utilizan secuenciadores o cajas de ritmos, pues cada ejercicio es un patrón rítmico y la descomposición, unión o mezcla entre ellos puede formar una composición completa para la base de una pieza musical.

La batería es un instrumento de percusión que involucra al mismo tiempo las extremidades inferiores y las superiores. El ser humano tiene un hemisferio dominante (derecho o izquierdo), de ahí la importancia de trabajar la capacidad de movimiento en el hemisferio menos desarrollado; para esto, hay que partir de lo elemental, es decir, separar el pie derecho de la mano derecha utilizando después la mano izquierda y, por último, el pie izquierdo.

Al finalizar el método se logrará una independencia total de las extremidades, lo cual permitirá interpretar cualquier ritmo e incluso crear un estilo propio.

La forma de evaluar este estudio es personal; de usted depende los logros que alcance al realizarlo. Por lo tanto, debe adquirir una disciplina de estudio, evaluación y autocorrección que le permita este objetivo.

INTR

ODUCCIÓN

La percusión es una de las actividades más antiguas relacionada con la música. Prácticamente desde el comienzo de los tiempos los seres humanos han golpeado, sacudido, raspado o entrechocado elementos que se encontraban en la naturaleza para provocar sonidos o ritmos que les acompañaran en sus quehaceres diarios, en momentos de ocio o actividades comunitarias. Estos sonidos de golpe se realizaban apoyando las canciones o narraciones según la intuición del intérprete, muy diferente a como se conoce hoy la percusión, que se basa en patrones que se repiten y se mezclan.

En excavaciones arqueológicas se han encontrado instrumentos de percusión milenarios realizados con arcilla, huesos y pieles de animales. Estos instrumentos eran la base de las celebraciones en las que se cantaba, cazaba o danzaba; pero es tras la aparición de los primeros escritos, grabados y esculturas cuando podemos afirmar que la percusión estaba presente en la vida cotidiana y que unía al pueblo para fines comunes.

El origen de la batería se remonta a finales del siglo XIX en Estados Unidos, donde se acoplan varios instrumentos de diferentes lugares del mundo, los cuales se interpretaban por separado. Los tambores y la timbala, que proceden de África y China, los platos, provenientes de Turquía y China, y el bombo, de Europa. Por entonces, los músicos comenzaron a utilizar estos instrumentos para interpretar el cakewalk y otros estilos estadounidenses antecesores del jazz. Estos instrumentos eran interpretados por 2, 4 o 6 músicos, según el número de instrumentos de percusión; hasta que en 1910 William F. Ludwig inventó el pedal del bombo, que primero fue construido en madera y luego en acero, y de varios instrumentistas se pasó a uno solo, el baterista, consolidándose así la unión de lo que hoy conocemos como batería.

Al músico que interpreta la batería se le llama baterista, aunque a veces se cae en el error de llamarlo percusionista, término que designa a los músicos de formación académica clásica.

Un baterista de sesión, o de estudio, es aquel profesional capaz de interpretar cualquier ritmo o estilo de música con apenas unos minutos para ojear las partituras. Son muy solicitados por los estudios de grabación, o para las giras de los artistas que prefieren viajar con poco equipaje.

Desde sus inicios la batería ha sufrido una gran transformación en su construcción y en los materiales que la conforman; los primeros bateristas reconocidos aparecen junto con el swing en 1923, y desde allí se les dio un lugar esencial en cualquier formación musical. Estos músicos formaban su set con cinco piezas básicas: bombo, caja y toms (dos sobre el bombo y uno en el suelo). Desde ese momento, se han cambiado los materiales e innovado en nuevos sonidos, pero siempre respetando su forma y orden originales. Las dimensiones y combinaciones de material satisfacen todos los gustos y estilos musicales. De la batería básica de cinco piezas, podemos encontrar en el mercado baterías de 18 piezas o más, adecuadas a la habilidad y la destreza de cualquier intérprete.

La batería, junto con el bajo, conforma la "base" rítmica de la música popular contemporánea, principalmente en el blues, jazz, funk, rock y heavy metal. A partir del rock de los años setenta, se revolucionó la construcción de batería y surgieron marcas de gran renombre y prestigio como Premier, Pearl, Mapex, Tama, Sonor, Trixon, Ludwig, Gretsch, Honsuy, Acuarian y Yamaha.

César Useche

SUMARIO

UNIDAD 0

Lo primero que vamos a conocer son las posibilidades que nos ofrece la batería. Para esto necesitamos tener una posición correcta que nos permita practicar sin molestias y sin adquirir posturas erróneas que luego serán difíciles de corregir.

La batería es un instrumento de percusión que involucra las extremidades superiores y las inferiores. Así como se afina una guitarra, la batería tiene también su sistema de afinación, que se realiza con un orden y mediante su propia llave.

En esta parte del método encontraremos los símbolos que utilizaremos en todo el curso y el valor de los espacios en la cuadrícula, por tanto, preste mucha atención a los siguientes consejos, pues le permitirán obtener mejores resultados.

PARTES DE LA **BATERÍA**

La batería reúne muchos instrumentos en uno; su tamaño depende de la habilidad o destreza del baterista. Hay infinidad de combinaciones posibles para armar una batería: las hay de dos bombos, de dos o más cajas con distinto timbre y utilización definida para determinados géneros. De los toms podemos decir lo mismo, abriendo un abanico que parte desde las 8 hasta las 16 pulgadas.

BATERÍA DE TRECE PIEZAS

También hay baterías electrónicas que ofrecen una gran cantidad de sonidos y que, poco a poco, han evolucionado hasta tener un sonido muy cercano al real, pues utilizan samplers grabados de baterías acústicas, y triggers muy sensibles al tacto. Algunos bateristas combinan batería acústica con electrónica para ampliar más sus posibilidades. Sucede igual con los platos, que ofrecen una gran cantidad de tonos según su tamaño, material y forma.

Una batería común consta de cinco cuerpos básicos (vasos de madera), un charles y dos platos (ride y crash). Dependiendo de la habilidad y los recursos del baterista, esta formación puede variar cuanto se quiera. Lo importante es saber utilizar correctamente las partes añadidas.

Esquema general

1. Bombo
2. Caja
3. Charles
4. Tom alto
5. Tom medio
6. Timbal base
7. Pedal del bombo
8. Pedal del charles
9. Crash
10. Ride
11. Splash
12. China
13. Cencerro

BOMBO

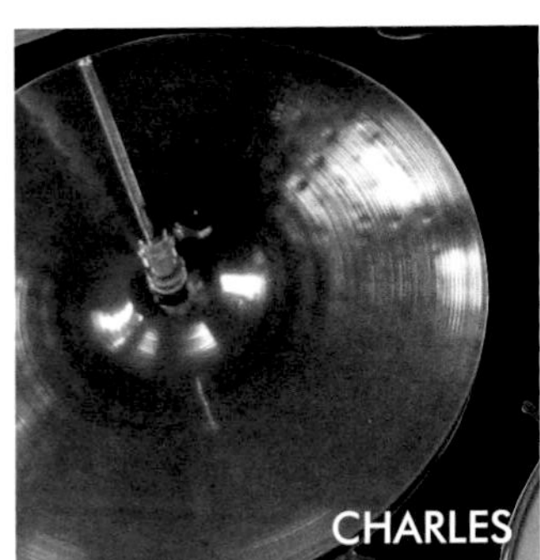
CHARLES

CAJA

TOMS

PLATOS

TIMBAL BASE

LA ELECCIÓN

Es importante saber cuál es el estilo musical que se quiere interpretar y de acuerdo con esto adquirir la batería que mejor se acomode a nuestro gusto, pues no es lo mismo una batería de jazz que una de heavy metal, ni una de bossa-nova con una de hard core.

EL **BOMBO**

Es el tambor más grande de una batería. Se coloca en vertical, frente al baterista. Este instrumento, por su tamaño y sonido grave, necesita el uso de sordina, pues su honda de sonido es bastante larga y precisa ser definida y corta. Una forma sencilla y eficaz de lograr este sonido seco es introducir en su interior cojines blandos. O bien, comprar en una tienda de música la sordina correspondiente a su diámetro.

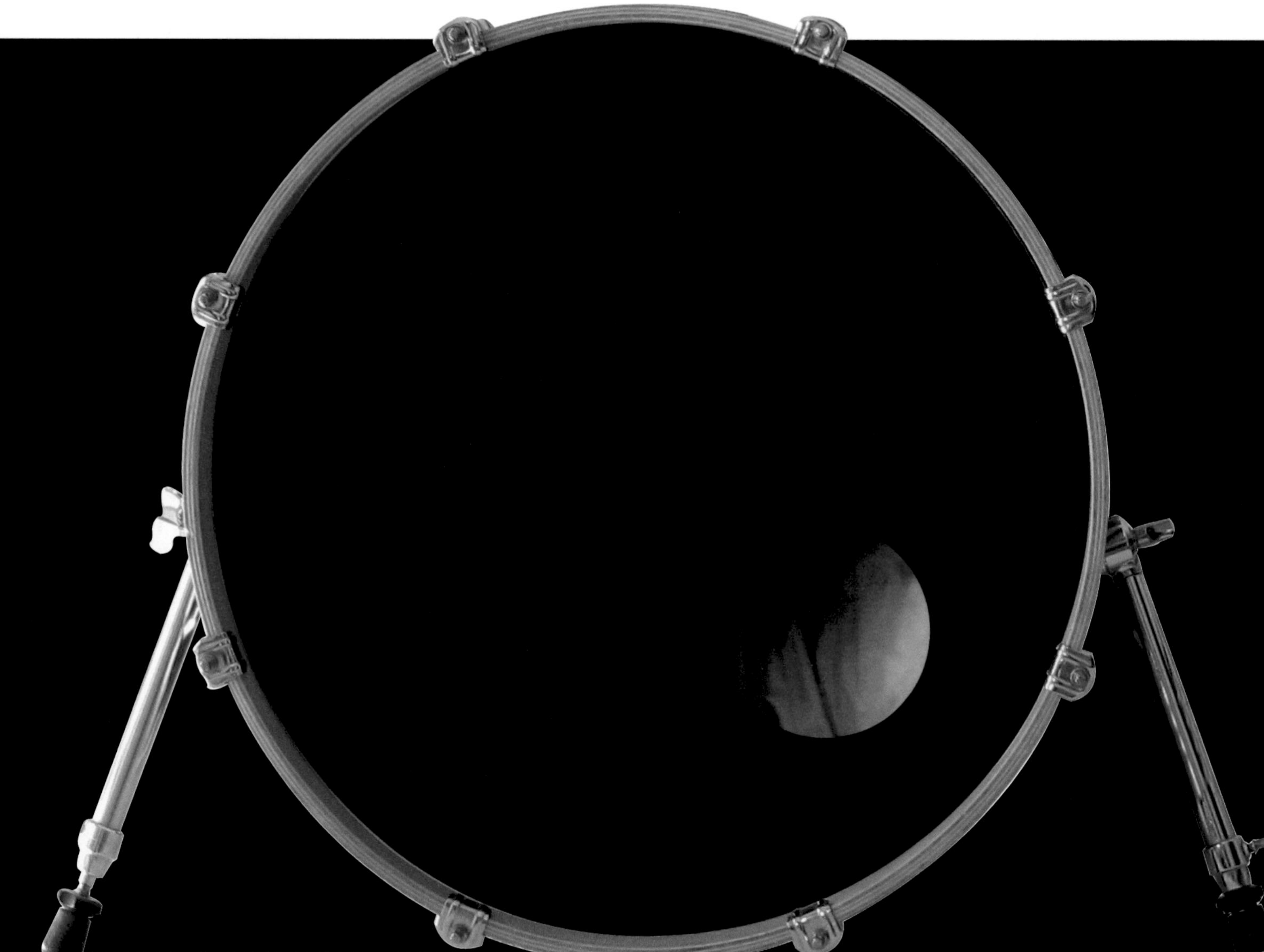

La función principal del bombo es acompañar al bajo en sus notas, para crear una base sólida sobre la cual se soportan los demás instrumentos y, por consiguiente, la voz.

Analice cuántas canciones son recordadas por el bajo y el bombo. Grupos como THE CURE, TALKING HEADS, MASSIVE ATTACK, SODA ESTEREO, DEPECHE MODE, ENIGMA, KOOL AND THE GANG, LED ZEPPELIN, JOY DIVISION, MARTIRES DEL COMPÁS y muchos más de música moderna y pop.

Las dimensiones del bombo están en relación con el sonido, siendo más graves los más grandes y más agudos los pequeños. He aquí las dimensiones más utilizadas por los bateristas para interpretar varios estilos musicales.

ROCK

Las dimensiones más utilizadas desde hace años son de 22 x 16 y de 22 x 14. Es un tamaño ajustado que da mucha definición y enfoque en cualquier situación.

JAZZ

Los bateristas de jazz tradicionales prefieren la medida de bombo de 18 x 14 o de 18 x 16, pues su afinación es bastante alta.

FUSIÓN

Un bombo muy versátil para mezclar varios estilos es el de 20 x 16, además este tamaño es fácil de transportar y tiene los graves necesarios para ser amplificado en concierto.

También hay bombos más grandes que tienen muchos más graves, alcanzando hasta las 26 pulgadas de diámetro. La profundidad del tambor o casco varía entre 14 y 18 pulgadas, pero también se pueden conseguir bombos mucho más largos, que producen un sonido profundo.

PEDAL DEL BOMBO

Es la pieza de herraje más personal, al igual que la caja o el plato ride. Suele ser accionado por una cadena o una correa de tela que impulsa la masa contra el parche. Normalmente, los pedales vienen muy bien ajustados de fábrica aunque, después, la tensión del muelle se regula a gusto del intérprete.

LA **CAJA**

La caja, también llamada redoblante, es un instrumento de percusión de sonido indeterminado que pertenece a la familia de los membranófonos. A diferencia de los otros tambores, la caja posee una bordonera o conjunto de alambres que, colocada en contacto con el parche de resonancia (inferior), produce su vibración y el característico sonido estridente y metálico que lo distingue del tambor común.

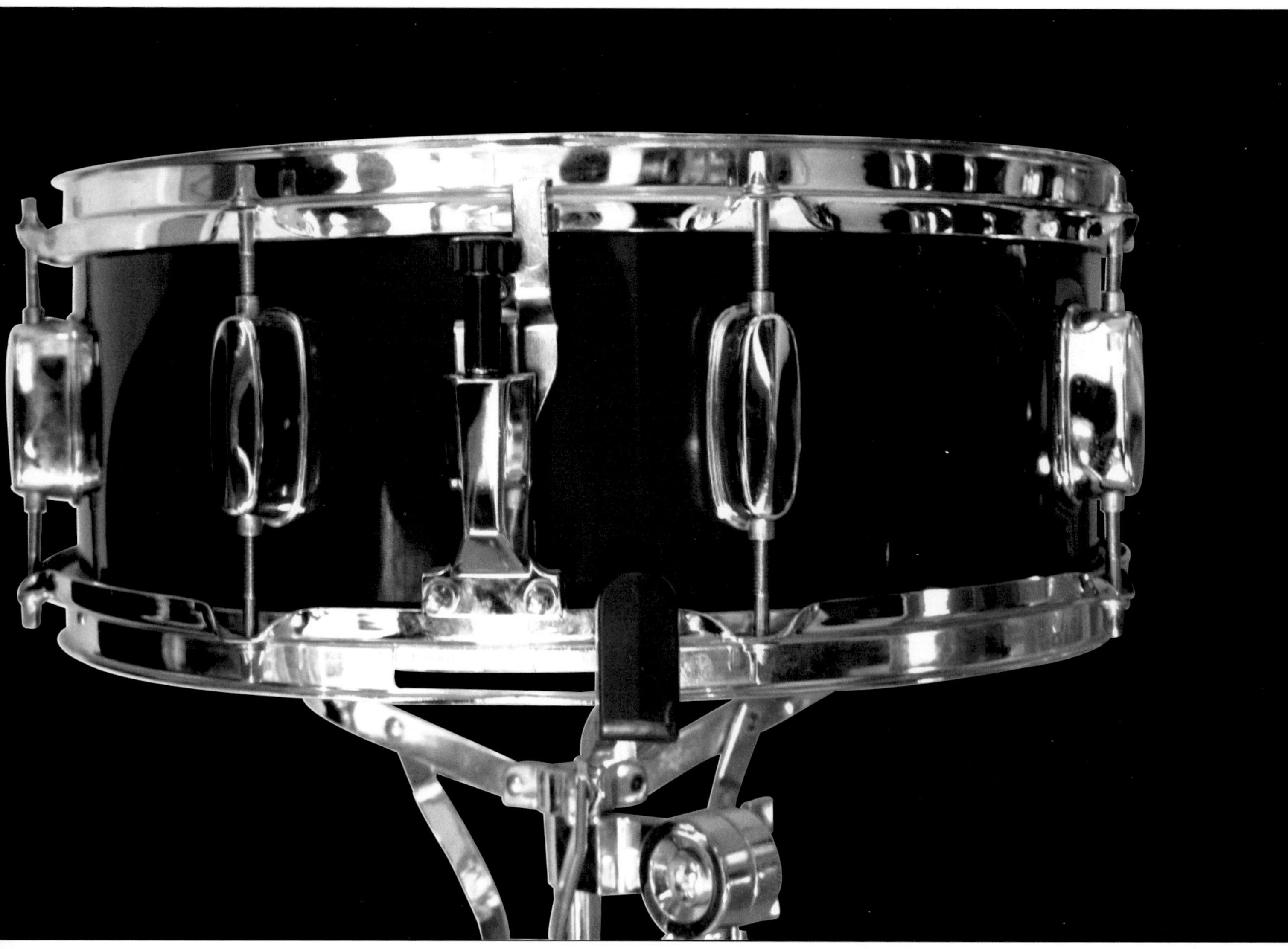

Su función es marcar los compases, lo que no impide que se use libremente y provoque cambios en la marcha y/o contratiempos. La caja para un baterista es muy importante, ya que su afinación y forma de tocarla le dan un sello personal que lo identifica de los demás. Un ejemplo claro de esto lo encontramos en Steward Copeland, baterista de THE POLICE, o en Chad Smith, de los RED HOT CHILLI PEPPERS, por nombrar un par de ellos.

Hay varias clases de soportes para la caja, su función consiste en dar estabilidad y sujección. Los soportes de doble platina son más rígidas y tienen un mecanismo de agarre mejor.

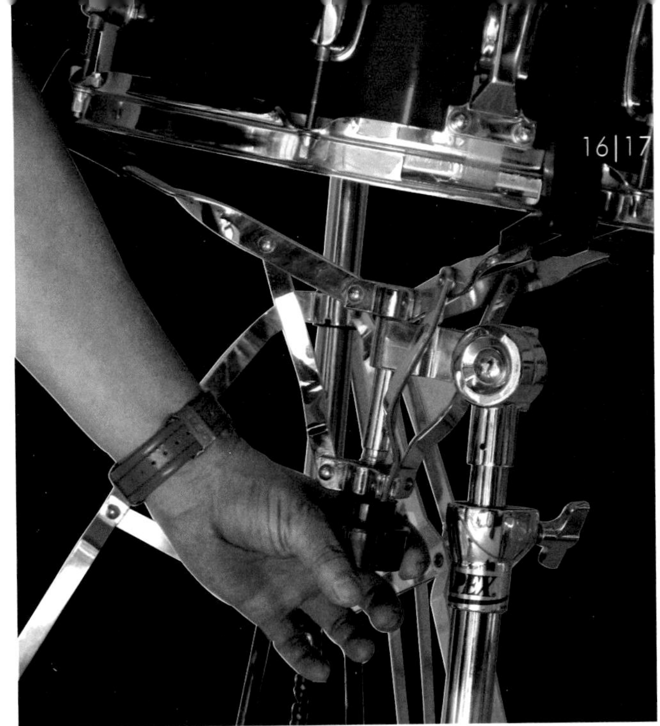

LLAVE DE AJUSTE

En la parte inferior posee un entorchado que vibra al recibir el golpe contra el parche de resonancia. Este parche tiene un grosor muy fino que permite crear ese sonido característico que emite el entorchado.

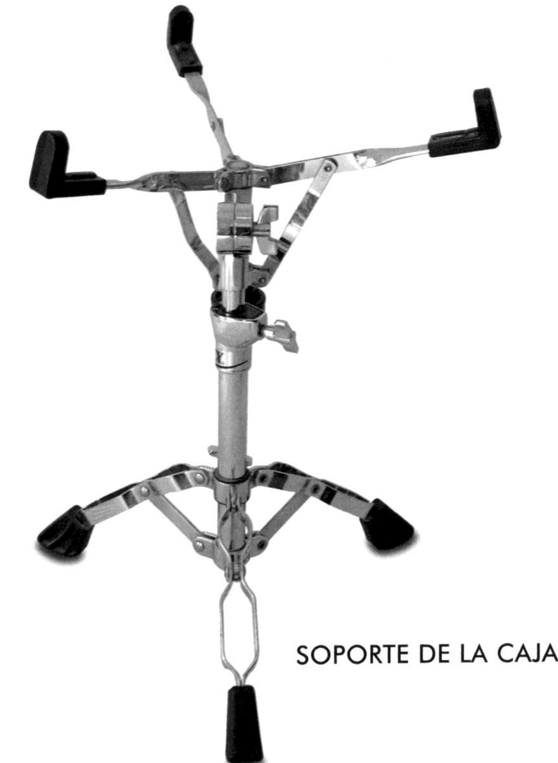

SOPORTE DE LA CAJA

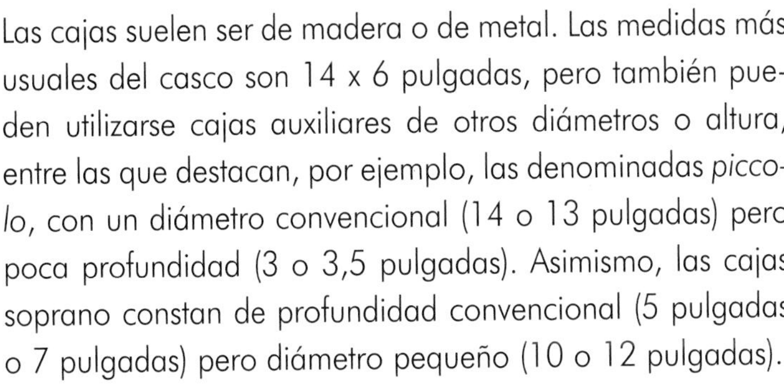

Las cajas suelen ser de madera o de metal. Las medidas más usuales del casco son 14 x 6 pulgadas, pero también pueden utilizarse cajas auxiliares de otros diámetros o altura, entre las que destacan, por ejemplo, las denominadas *piccolo*, con un diámetro convencional (14 o 13 pulgadas) pero poca profundidad (3 o 3,5 pulgadas). Asimismo, las cajas soprano constan de profundidad convencional (5 pulgadas o 7 pulgadas) pero diámetro pequeño (10 o 12 pulgadas).

PICCOLO

EL CHARLES

El charles, como el bombo, es un instrumento que se adaptó para ser interpretado por medio de un pedal y controlado por el pie. Antes se necesitaba de un intérprete para golpear los platos, y lo mismo sucedía con el bombo. Pero a comienzos del siglo XX se unió la interpretación de estos instrumentos y se delegó en una sola persona.

Con el charles se marca el tiempo, siendo una guía fundamental para medir el pulso de un tema.

Los sonidos desprendidos de estos platos están relacionados con la tensión ejercida con el pie sobre el pedal. Gracias a estos movimientos se producen los acentos.

Los platos del charles tienen muchos timbres que son utilizados por el baterista para diferenciar claramente las partes de un tema.

Su mecanismo consiste en un sistema de muelle que permanece haciendo tensión hacia arriba. Por lo tanto, el control se ejerce con el pie, y según la presión efectuada sobre los platos variarán las tonalidades.

PLATOS

Tienen una posición determinada de arriba y abajo *(top and bottom)*. Su diámetro más común es el de 14 pulgadas, pero también se encuentran de 13 o de 12 pulgadas. El plato superior se sujeta a la base por medio de una llave cilíndrica que atraviesa la varilla que está unida al muelle.

TOMS

Los toms actuales son una evolución de los tambores y la timbala, que proceden de África y China. Son utilizados por el baterista para dar color a los patrones rítmicos.

TOMS

Por lo general, están sujetos al bombo y su sonido es típico de tambor. Son indispensables al realizar un redoble o un solo.

TIMBAL BASE

Al igual que el bombo, posee un sonido grave y en muchos casos se utiliza para simular otro bombo.

* Cada uno posee una sonoridad definida que está en relación con el tamaño, afinación y madera utilizada para su construcción.

CLASES DE **PLATOS**

La historia de los platos es milenaria, nace en Turquía y China, donde se empleaban para intimidar al enemigo. Desde entonces, han sufrido transformaciones que los han modificado en cuanto a su construcción y sonido, siendo esta última la particularidad más representativa entre ellos.

Los platillos se hacen a gusto del baterista. Por tal motivo, varían los tamaños y formas e incluso marcas, ya que cada una de ellas brinda un sonido único y fácil de reconocer.

HI-HAT O CHARLES

Sistema que consta de 2 platos instalados en un soporte con pedal que permite que uno caiga sobre el otro haciéndolos sonar. El más común es el de 14 pulgadas. Puede ser tocado cerrado y abierto, usando el pedal.

CRASH - RIDE

Es un plato de diámetro mediano-grande de 18 a 20 pulgadas. Algunos músicos los usan como crash y como ride, y otros sólo como crash, debido a su mayor potencia.

Crash

Plato mediano de 14 a 20 pulgadas. Se utiliza para dar énfasis en los redobles, casi siempre al tiempo del bombo. Su sonido es particularmente fuerte y amplio.

Ride

Es el plato más grande, de diámetro entre 17 y 32 pulgadas. Se caracteriza por tener varios tonos diferentes, pues se puede marcar ritmos con la campana, con el cuerpo o mezclando ambos. Los más comunes son los de 20 y 22 pulgadas.

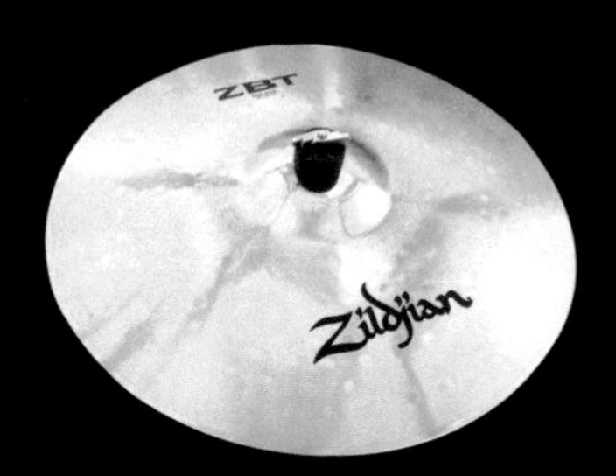

Splash

Plato pequeño que varía de 6 a 13 pulgadas. Se usa para marcar cortes y también para efectos especiales. Su sonido es brillante y de fácil apagado.

China

Su sonido característico suena tal como su nombre sugiere. Se fabrican de 10 a 22 pulgadas. También existe el splash-china, de 8 a 12 pulgadas. Ambos se usan para efectos. Su diseño es característico, pues son colocados del revés.

UBICACIÓN EN LA **BATERÍA**

La batería es un instrumento conformado, a su vez, por varios instrumentos que tienen la posibilidad de acomodarse en altura y posición. Por lo tanto, monte su batería según su estatura, graduando el sillín, altura de los toms y los platos para que pueda llegar a todas partes fácilmente y sin esfuerzo.

Sugerencias básicas:

Siéntese frente a los toms.
Esto le permitirá dominar el espacio de trabajo.

Es importante conservar una buena postura para evitar problemas en la espalda y dolores musculares. Mantenga, pues, la espalda recta y los hombros relajados, haga ejercicios de calentamiento antes de practicar la batería, estirando los brazos y moviendo las muñecas en círculos en ambos sentidos.

La posición de la batería es una cuestión personal, cada cual debe buscar la que le resulte más cómoda.

La caja debe estar a la altura de las rodillas y entre las piernas. Las manos van cruzadas: la derecha al charles, sobre la izquierda, que va a la caja.

Coloque el pie derecho en el pedal del bombo y el izquierdo en el del charles, ejerciendo presión hacia abajo para mantener los platos cerrados. Dicha presión debe ser controlada, para que el sonido del golpe resulte agradable.

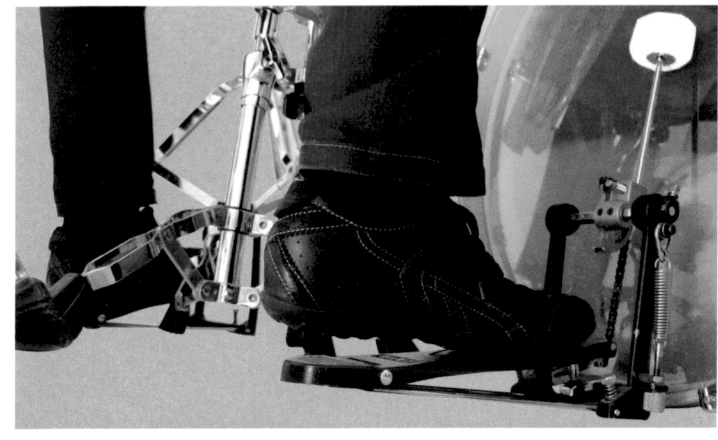

POSICIÓN **CORRECTA**

Una posición correcta permite que el tiempo de interpretación de un instrumento sea placentero y que el cuerpo permanezca relajado, mejorando con ello la calidad interpretativa. Además, evita problemas de espalda y dolores musculares.

Haga algunos ejercicios físicos de brazos y de cintura antes de sentarse a practicar o cuando el cuerpo se lo exija. Recuerde que lo más importante es estar cómodo.

Es importante armar la batería de acuerdo con la altura de cada intérprete y ubicar todas las piezas para que sea fácil la interpretación, pues así mantendrá el control del instrumento en todo momento. Cada baterista adopta una posición personal frente al instrumento, pero hay estándares para realizar los golpes con un mejor sonido. Por ejemplo, con la caja hay que buscar la posición en que el golpe sea simultáneo en el parche y en el aro, ya que esto hará que el sonido sea mucho más fuerte y controlado. Con los toms se aconseja una inclinación que no supere los 25 grados, pues de lo contrario el golpe se realizará con las cabezas de las baquetas y el sonido perderá solidez.

HOMBROS RELAJADOS

ESPALDA RECTA

CADA PIE EN EL PEDAL CORRESPONDIENTE

CAJA EN MEDIO DE LAS PIERNAS

Golpes en la batería

Los golpes son diferentes para cada parte de la batería.

En el bombo

Es importante comenzar a utilizar el pie del bombo con una postura correcta, que permita movimientos rápidos y no produzca dolores musculares. Para esto, se coloca el pie sobre el pedal de forma que el talón quede levantado y el movimiento de golpe se realice de manera sistemática utilizando la pierna como muelle.

Para obtener el golpe seco, se debe dejar el mazo del pedal apoyado en el parche hasta que se vuelva a utilizar. Esto evitará sonidos del pedal que queda a la deriva, y permitirá que el pie descanse y el sonido sea contundente.

En la caja

Al contrario que en el bombo, el golpe en la caja debe darse sin que la baqueta descanse más que el impacto de golpe sobre el parche.

De acuerdo con la técnica que se utilice y con el redoble, se deja rebotar la baqueta cuantas veces sea necesario hasta producir el efecto deseado.

Es preciso encontrar un sonido que lo identifique por afinación y golpe, pues éste será un sello personal que lo distinguirá de la mayoría.

Con los toms

Al igual que con la caja, debe realizarse un golpe definido y puntual.

En los platos

Según dónde se le dé el golpe a un plato el sonido varía, tanto si es en la campana como en la periferia. También depende del tipo de plato, pues cada uno posee un timbre que lo hace característico.

CÓMO SE AFINAN LOS **PARCHES**

La batería, como instrumento de percusión, debe ajustar las tonalidades de sus tambores. Para ello, hay que tener en cuenta varios factores que influyen en el sonido, tales como la madera con la que está hecha y el tipo de parche. También son decisivos los diferentes diámetros de los tambores, su profundidad, el número de orificios realizados en ellos, la tensión del parche y, por supuesto, el área de golpe.

Lo primero que se debe hacer es soltar los parches completamente, luego limpiar el interior del tambor, y comenzar la afinación utilizando la llave adecuada. Una vez limpios los cascos se vuelve a poner el parche y luego el aro. A continuación, se aprietan los tornillos girándolos con los dedos, y de forma interrumpida uno por uno, con el fin de ir ajustando el parche al casco uniformemente; así hasta que los dedos no puedan apretar más y necesitemos la llave de batería para continuar.

Para ajustar los parches de la caja primero asegúrese de que estén sueltos totalmente, luego ajuste los tornillos con la mano hasta el punto donde sienta esfuerzo. Partiendo del que está en la parte superior, gire con la llave media vuelta y continúe con el tornillo que se encuentra dos lugares más allá. Es decir, saltando dos, luego salte los dos siguientes y haga lo mismo. Este orden formará una estrella de ocho puntas en la que todos los tornillos estarán apretados por igual.

LA REGLA BÁSICA PARA AFINAR UNA BATERÍA ES HACERLO EN FORMA DE ESTRELLA.

Para los toms el procedimiento es el mismo, pero en lugar de saltar dos tornillos saltará uno solo. Como consta de seis tornillos, del tercero en apretar debe pasar al que se encuentra en la parte opuesta, es decir, enfrentado; y seguir con el mismo procedimiento. Este orden formará una estrella de seis puntas.

◀ COMO SE MUESTRA EN EL GRÁFICO DE LA IZQUIERDA.

La afinación de la batería se realiza de modo descendente, es decir, de agudo a grave. Se comienza por la caja, luego los toms, el timbal base y, por último, el bombo.

TONO DEL PARCHE

Para el tono del parche de abajo existen tres opciones diferentes; las más comunes y conocidas son:

El mismo tono que el parche de arriba.
Un tono más agudo (más apretado) que el parche de arriba.
Un tono más grave (menos apretado) que el parche de arriba.

Los parches inferiores son los encargados de darle la resonancia al tambor, y se afinan según el gusto del baterista y la acústica del lugar donde se encuentre la batería.

Cada combinación mencionada dará como resultado un sonido y una sensación diferentes. Es importante recordar que cuando se "aprieta" o "afloja" un tornillo se debe proceder con suavidad. Si los dos parches están muy distantes respecto al tono, se cancelarán y el sonido estará "muerto".

LOS PARCHES DE LA **BATERÍA**

En la actualidad, los parches se elaboran con poliéster o plástico, materiales que tienen una mejor resistencia a los cambios de temperatura y a la humedad; por lo que el baterista puede estar más preocupado por la manera de tocar que por el sonido. A continuación, se ofrece un listado con los más conocidos y su imagen correspondiente en la página siguiente.

Parches con texturas rasposas

Fueron diseñados para reemplazar a los parches de piel, que se caracterizaban por tener una superficie rasposa, ideal para tocar con escobillas. Se usaban sobre todo para interpretar jazz.

Parches delgados

Responden a golpes más suaves, y por lo mismo su durabilidad depende de la intensidad con que se den los golpes. Se usan para los toms de baterías de jazz, donde la fuerza es controlada y los sonidos más abiertos.

Parches con aceite

Compuestos por dos capas de plástico, en medio de las cuales se encuentra una pequeña cantidad de aceite, que ayuda a evitar resonancias y da un sonido muy "boom".

Parche de bombo de doble capa

Ayuda a controlar las ondas producidas por el golpe, aunque necesita de sordinas para neutralizar las frecuencias indeseadas.

Parche frontal de bombo

Por lo general, es un parche pintado que destaca la marca de la batería. Debe tener un agujero circular por el cual se pueda colocar un micrófono para su amplificación.

Parche de bombo con sordinas

De capa simple, que consta de dos anillos de amortiguación que sirven como sordina para anular las frecuencias difíciles de controlar.

Parches pintados

Se ven mejores en algunos tipos de baterías y se usan porque tienen un sonido ligeramente más opaco y diferente al de los parches transparentes.

Parche con anillos

Los anillos, que reducen resonancias indeseadas, se localizan en las orillas de los parches.

Parche de aceite con anillos

Parche de golpeo con dos anillos de amortiguación y capa de aceite. Se caracteriza por dar mayor control al grabar una batería en el estudio.

La evolución de los parches es igual a la de las baterías, ambos han sido elaborados en diferentes tipos de materiales. Los primeros parches se hicieron con piel de animales, y eran tensados con agua y calor, pero desafortunadamente perdían su tensión por estos mismos factores, por lo cual había que tensarlos constantemente.

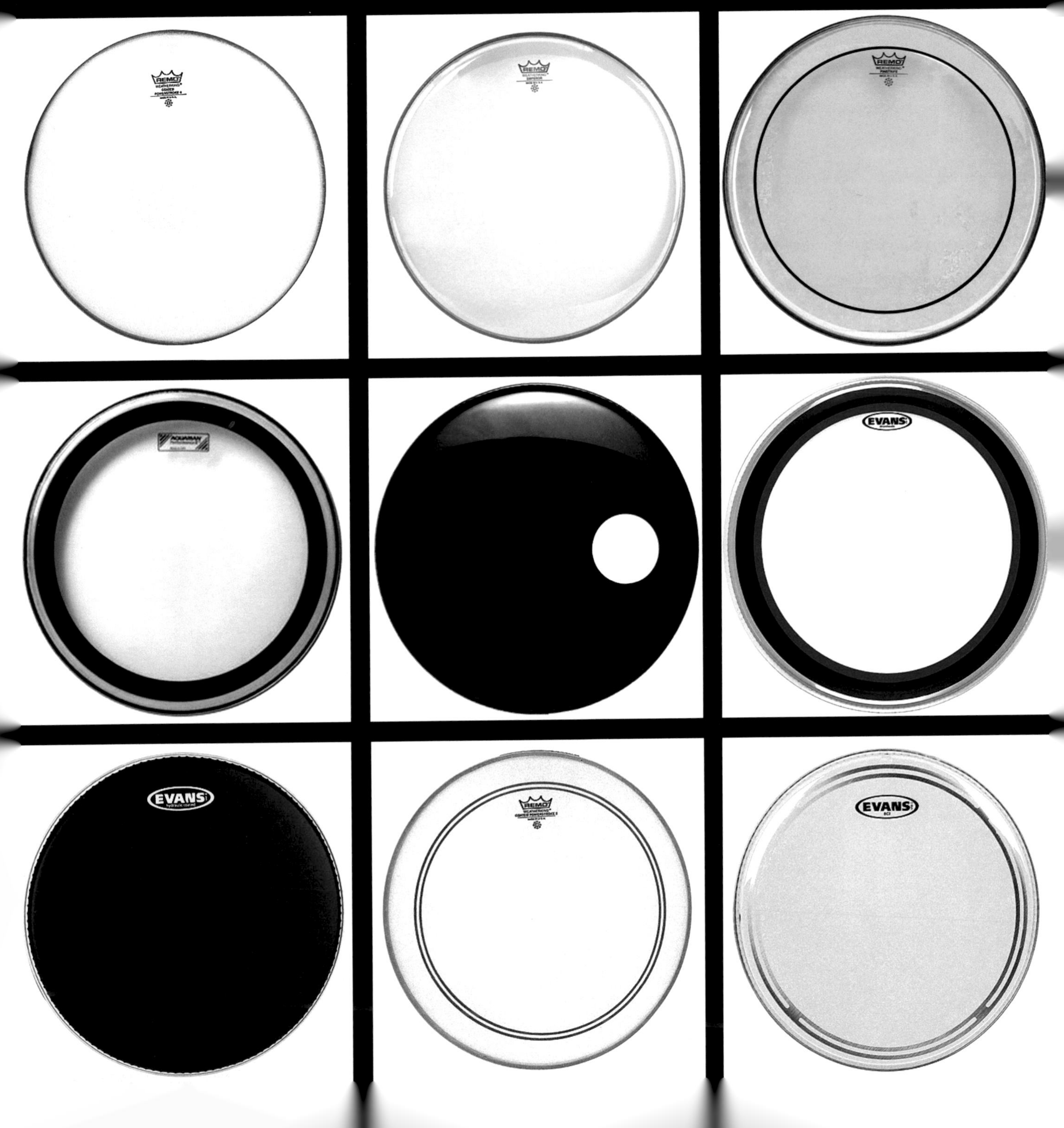

CÓMO SUJETAR LAS **BAQUETAS**

Las baquetas son los elementos utilizados para tocar la batería; por lo general, son de madera, tienen forma cilíndrica y un extremo más angosto al cual se coloca o talla una cabeza.

Es importante probar varios tipos de baquetas antes de decidirse por uno en especial, pues su uso y su duración dependen de ello. Por ejemplo, un baterista de rock duro necesita unas baquetas pesadas que definan los golpes profundos de los tambores, éstas pueden ser del tipo 2B; mientras que un baterista de jazz utiliza, por lo general, unas 5N.

El movimiento que se realiza al golpear la batería con la baqueta está en tres puntos: con el antebrazo, con la muñeca y entre los dedos (para figuras rápidas).

◀ La muñeca debe estar paralela al charles.

TIPOS DE BAQUETA

Los más comunes son:

Referencia	Longitud	Diámetro
7A	15 1/2"	540"
8D	16"	540"
5A	16"	565"
5B	16"	595"
F1	16 3/16"	580"
3A	16 3/16"	580"
1A	16 13/16"	580"
2B	16 1/4"	630"
Rock	16 5/8"	630"
CM	17"	635"

Las CM también son conocidas como metal o heavy metal.

Una forma eficaz de sujetar las baquetas es sostenerlas con los dedos índice y pulgar, con firmeza, mientras que los demás dedos sujetan suavemente el cuerpo.

El extremo inferior de la baqueta debe quedar a unos tres centímetros de la palma de la mano, para crear un punto de balance.

Las baquetas se diferencian por su material, su longitud, su grosor y por la forma de su punta. Estos factores variarán la respuesta, la duración, la absorción de impactos y el sonido que emitirán los parches.

En la práctica, lo que define nuestro modelo de baquetas no es el estilo que toquemos, sino nuestra fisionomía, si se nos cansan las muñecas y los antebrazos con unas más pesadas, o si con unas baquetas más largas nos da la sensación de que nos sobra parte de esa baqueta.

Existen baquetas de roble, nogal, pino, haya y arce, aparte de las de plástico y fibra de carbono; también hay baquetas compuestas de multitud de varillas metálicas, o bien de 7, 9, 12 o más varillas de madera enfundadas en láminas de nailon. Estas baquetas se llaman escobillas o brushes.

TIPOS DE **BAQUETAS**

Las baquetas más apropiadas son aquellas con las que cada baterista se siente cómodo en cuanto a peso y dimensiones. En la página anterior vimos cómo las baquetas varían en medidas y materiales. Ahora veremos en detalle las diferentes maderas utilizadas y los tipos de baquetas y su uso.

En una tienda de música se pueden encontrar muchos tipos de baquetas; se caracterizan por el tipo de madera con las que han sido elaboradas, pues cada una de ellas tiene diferente densidad y, debido a esto, una vida determinada. Las maderas más utilizadas en la fabricación de baquetas son las siguientes:

HICKORY (ÁRBOL DE AMÉRICA DEL NORTE)

Madera muy fibrosa, de densidad media, que tiende a deshilacharse en lugar de romperse. Las baquetas de hickory representan la mayoría de los modelos fabricados.

ARCE (ÁRBOL DE CANADÁ)

Madera muy ligera y relativamente resistente; es ideal para producir baquetas gruesas de poco peso.

OAK (ESPECIE DE ROBLE EXÓTICO)

Utilizada por algunos fabricantes asiáticos. Su densidad, más elevada que la del hickory, ofrece la posibilidad inversa a la del arce: producir baquetas finas y pesadas al mismo tiempo.

Las baquetas tienen una cabeza redondeada en el extremo, y ésa es la parte que impacta con la batería. Estas cabezas son de madera o de nailon, y se distinguen por el sonido que producen en los platos. Unas baquetas de cabeza de nailon suenan brillantes y cálidas, mientras que unas de cabeza de madera le dan más profundidad a los toms.

Cabeza de nailon

Estas baquetas ofrecen una mejor definición de sonido con los platos. Las cabezas pueden ser más o menos redondeadas.

Cabeza de madera

Son las baquetas tradicionales. Al igual que las de nailon, se sirven en diversas medidas: 5B, 5A, ROCK, JAZZ, 747, etc. Cada una con una longitud y un grosor diferentes.

Hot roods

Baquetas formadas por varios palillos de madera atados con una cinta inferior y otra movible en la mitad para ajustar el grado de rigidez.

Baqueta roods

Ésta es una fusión de baqueta con escobilla, cuyos filamentos están elaborados en fibra de carbono o plástico.

Escobillas

Baquetas especiales para jazz. El roce producido por los filamentos sobre el parche corrugado origina un sonido muy particular.

Baqueta escobilla

Cumple una doble función: de escobilla y de baqueta tradicional, ya que está dividida en dos partes claramente definidas.
Resulta perfecta para jazz fusión.

Ahead baquetas

Ahead es la precursora de la baqueta que fusiona metal y plástico, con cabezas intercambiables. Es una baqueta muy duradera.

Baqueta timbal

Es utilizada por los percusionistas sinfónicos, pero en la batería produce sonidos característicos en redobles con los toms y los platos.

Baqueta para surdo

Se puede utilizar, además de para el tradicional surdo, en temas que tengan ritmos compuestos con toms, pues su golpe produce sonidos profundos.

Baquetas de timbaletas

Son, por lo general, baquetas delgadas y uniformes, no poseen cabeza y son muy ligeras.

SIMBOLOGIA

CÓMO FUNCIONA ESTE MÉTODO

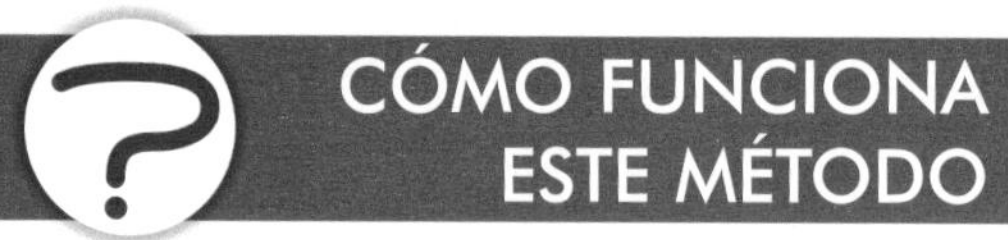

Este método de batería está escrito con un lenguaje gráfico fácil de entender. Tiene una similitud con la escritura de patrones rítmicos en secuenciadores modernos, utilizando una cuadrícula como plantilla en la cual se escriben los símbolos que representan las partes de la batería y los golpes que en ella se realizan.

Este innovador sistema ofrece a cualquier persona sin conocimientos previos de música, la posibilidad de comprender fácilmente los tiempos y la construcción rítmica.

Para comprender cómo funciona esta partición rítmica en la cuadrícula, y su similitud con la partitura tradicional, vamos a ver los siguientes ejemplos:

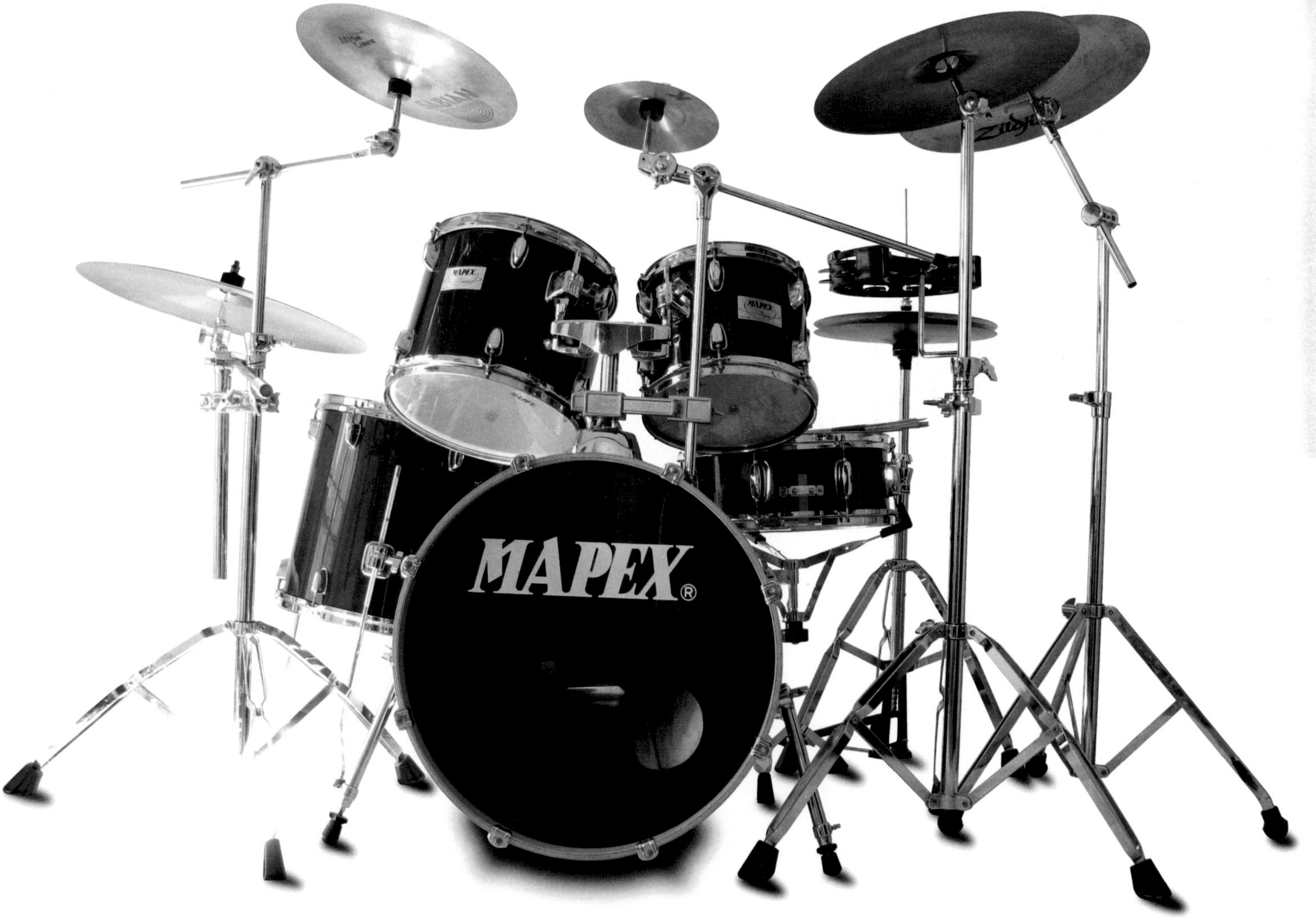

Al igual que en el pentagrama, en la cuadrícula de este método o en las interfaces de los secuenciadores, las líneas horizontales representan la parte de la batería que se ejecuta, dejando un espacio definido para ello. Además de esto, cada parte de la batería y cada movimiento que se realiza en ella tienen un símbolo propio, que se relaciona directamente con el representado.

El orden en que se encuentran escritos los símbolos en los ejercicios corresponde a la ubicación espacial en la batería, es decir, de arriba abajo; comenzando por los platos y terminando en el bombo.

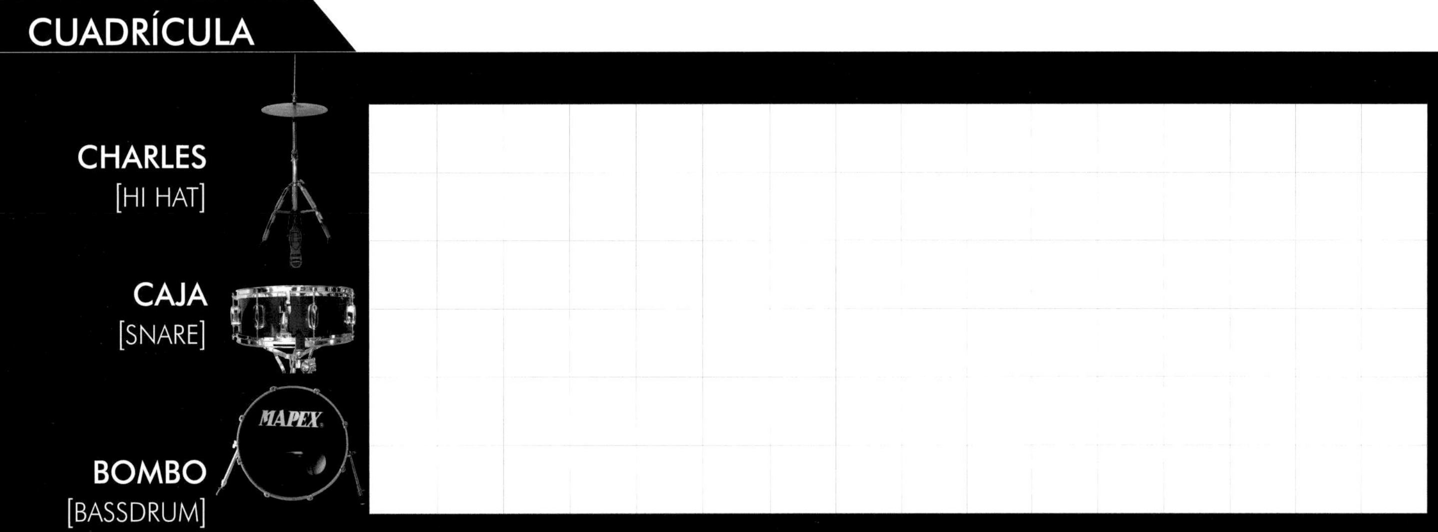

En los secuenciadores, cada vez que se involucra una parte de la batería la interface agrega un espacio para escribir.

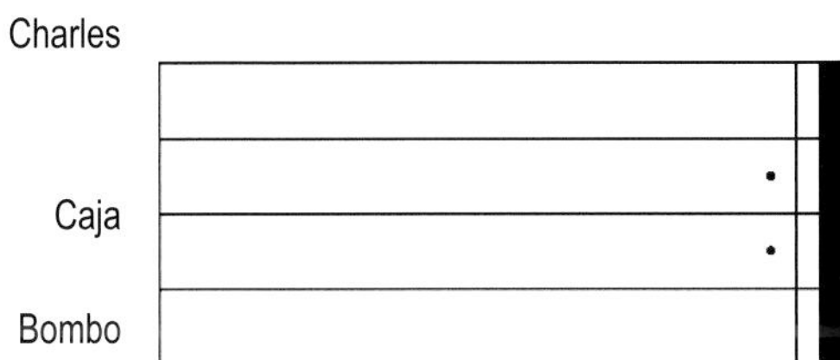

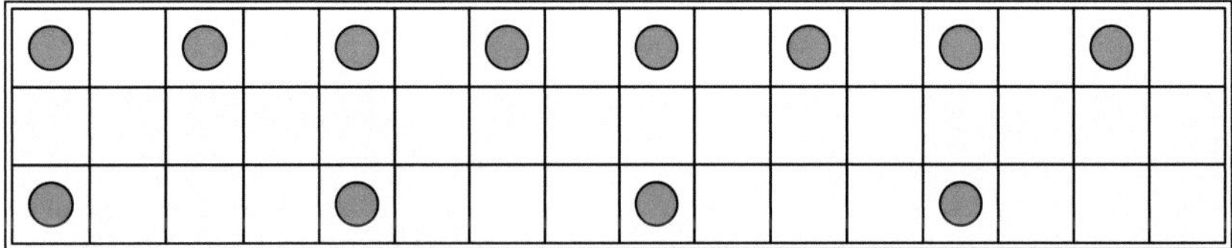

SIMBOLOGÍA

LAS FIGURAS MUSICALES

Las notas musicales representan un valor tonal que en la batería no se utiliza, pero sí su notación rítmica. Los ejercicios que proponemos están escritos por compases, que son una división del tiempo en partes iguales. Cada compás se divide en partes iguales y cada parte se subdivide a su vez.

A continuación, veremos la división de las notas en el pentagrama y la relación con la escritura de este método.

En la siguiente tabla, el denominador indica la figura que ocupa cada tiempo, de acuerdo con la siguiente:

CIFRA	FIGURA	NOTA
1	REDONDA	𝅝
2	BLANCA	𝅗𝅥
4	NEGRA	♩
8	CORCHEA	♪
16	SEMICORCHEA	𝅘𝅥𝅯

En un compás de 4/4 la REDONDA vale 1, es decir, que su duración es de todo el compás | La BLANCA es la mitad de la REDONDA, es decir, 1/2 del compás | La NEGRA es la mitad de la BLANCA, es decir, 1/4 del compás | La CORCHEA equivale a la mitad de la NEGRA, es decir, 1/8 del compás | La SEMICORCHEA es la mitad de una CORCHEA, quedando como 1/16 de REDONDA.

VALOR DE LAS NOTAS

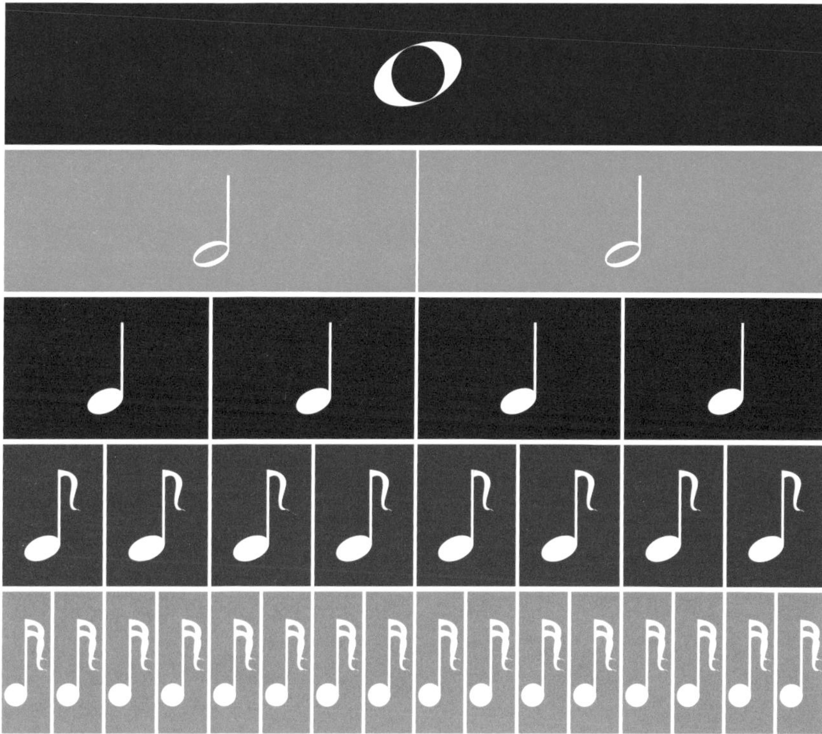

Este método tiene la particularidad de ofrecer los ejercicios de una manera diferente, desarrollando símbolos que parten de las formas de la batería en sí, y de los movimientos que en ella se realizan.

Los símbolos se escriben sobre la cuadrícula, lo cual permite que los tiempos de golpe y los silencios sean comprendidos fácilmente. Es un sistema innovador que rompe el esquema de la escritura tradicional y sintetiza el aprendizaje para cualquier persona sin conocimientos musicales.

Sobre las líneas verticales de la cuadrícula se escriben los símbolos, dejando en claro los golpes que van simultáneos y los espacios entre uno y otro.

Las líneas horizontales dividen la escritura de las diferentes partes de la batería. Cada línea pertenece a un instrumento. Los elementos más utilizados por un baterista y con los cuales puede interpretar cualquier ritmo básico son: el charles (hi hat), la caja (snare) y el bombo (bassdrum). Los demás instrumentos se escriben en líneas separadas para identificar más fácilmente la escritura y para que la lectura sea fluida.

SIMBOLOGÍA

VALOR ESPACIAL DE LA CUADRÍCULA

La cuadrícula utilizada en este método nos permite comprender perfectamente los tiempos musicales, pues cada línea corresponde a la fragmentación más pequeña empleada en el interior de los ejercicios, es decir, la SEMICORCHEA.

Al escribir los símbolos sobre las líneas queda claro el lugar exacto donde se debe realizar el golpe.

Los espacios horizontales corresponden a la parte de la batería que se va a utilizar, pudiendo ser añadidos nuevos espacios si el ejercicio involucra más instrumentos.

La división de la cuadrícula es la siguiente: cada línea vertical corresponde a una semicorchea, cada dos líneas corresponde a una corchea y cada cuatro a una negra; como lo muestra la gráfica.

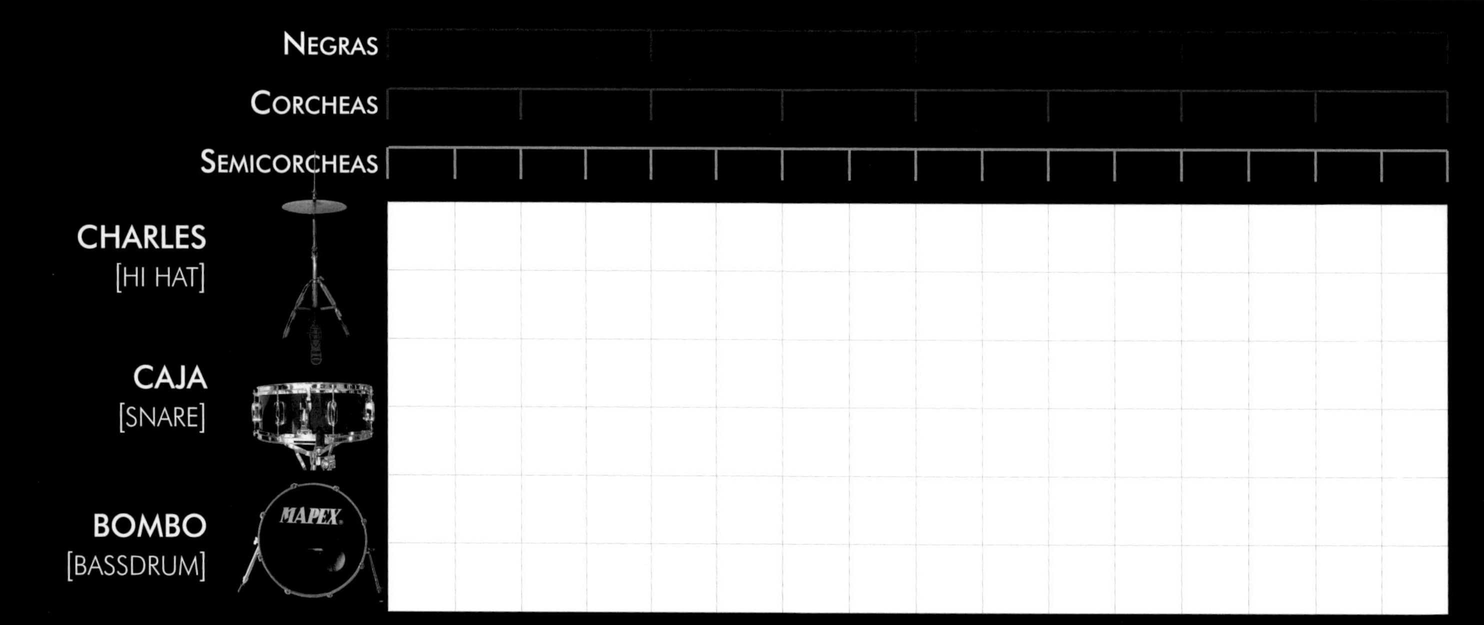

A continuación, veremos varios ejemplos de ejercicios escritos en el lenguaje propuesto por este método. Luego en partitura, que es la forma tradicional, y por último, el mismo ejercicio escrito en el sistema de secuenciador.

EJEMPLO 01

En este primer ejercicio del método, el charles va marcándose en corcheas y el bombo en negras.

PARTITURA

El espacio superior fuera del pentagrama está destinado al charles, y se marca con una X. En el cuarto espacio encontramos el bombo.

En el esquema vemos cómo el bombo está justo debajo de los charles que marcan los números impares de éste.
El bombo está escrito en negras.

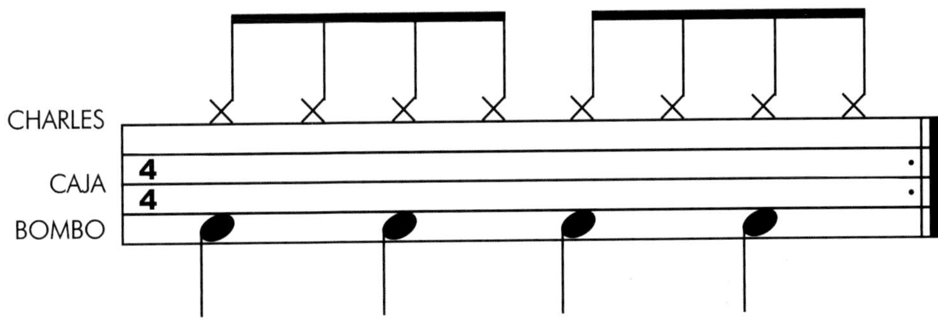

SECUENCIADORES

En el diagrama vemos claramente cómo cada espacio está destinado a escribir las partes de la batería que hay que utilizar. Los espacios verticales están divididos en semicorcheas, y los espacios horizontales dedicados a las partes de la batería que se van a emplear.

Este esquema nos muestra un compás de cuatro por cuatro, donde los charles que se encuentran en la primera fila horizontal están escritos en corcheas, y los bombos en negras. Es un diagrama muy fácil de entender.

CHARLES	●		●		●		●		●		●		●		●	
CAJA																
BOMBO	●				●				●				●			

SIMBOLOGÍA

CUADRÍCULA

Éste es el sistema que vamos a utilizar en el método, donde cada línea vertical está marcando semicorcheas, y los espacio horizontales corresponden a las partes de la batería o a diferentes golpes que se emplean al tocar.

Observe cómo los charles que están escritos en corcheas se ubican sobre las líneas impares; y cómo los bombos se escriben justo debajo de los charles 1 - 3 - 5 - 7.

El último charles y el último bombo escritos en los diagramas corresponden al primer tiempo del ejercicio. El objetivo es marcar el ejercicio en *loop* para repetir la veces que sea necesario. Para terminar se debe acabar en el primer tiempo del siguiente compás.

CHARLES [HI HAT]

CAJA [SNARE]

BOMBO [BASSDRUM]

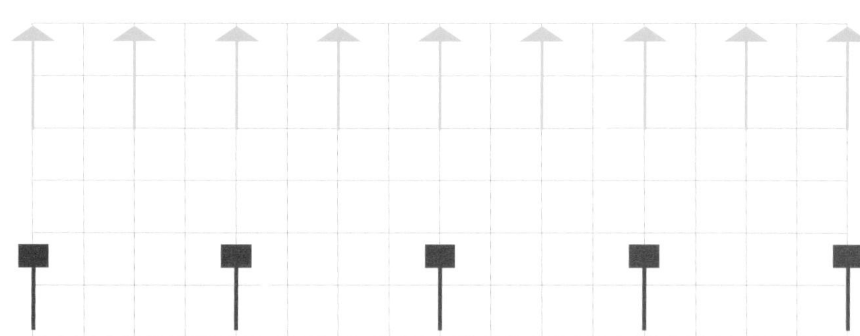

EJEMPLO 02

En este ejercicio utilizamos bombos en corcheas. La caja sigue marcando negras y el charles en corcheas.

PARTITURA

Aquí las corcheas están unidas por una línea horizontal. En este caso, los golpes en el bombo y en la caja se unen por esta línea, ya que van formando una cadena de corcheas unidas. Si nos fijamos en la siguiente corchea, ésta va suelta como independiente, aunque no haya un espacio de silencio que las separe.

En el pentagrama las corcheas unidas, es decir, en tiempo seguido se unen de cuatro en cuatro.

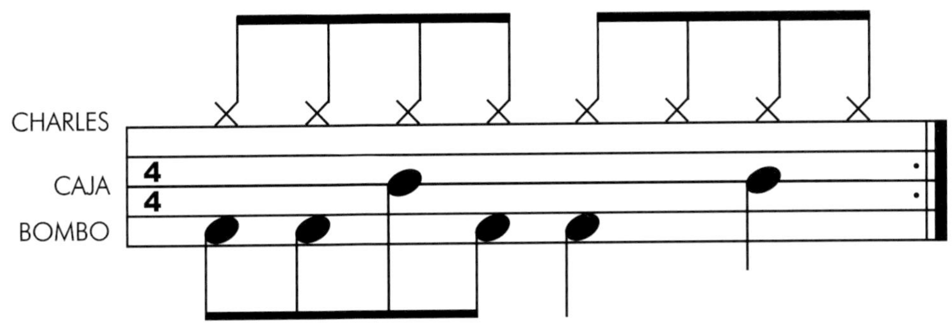

SECUENCIADORES

En el diagrama vemos claramente cómo cada golpe de bombo y de caja van ocupando los espacios verticales justo debajo de las corcheas marcadas por el charles.

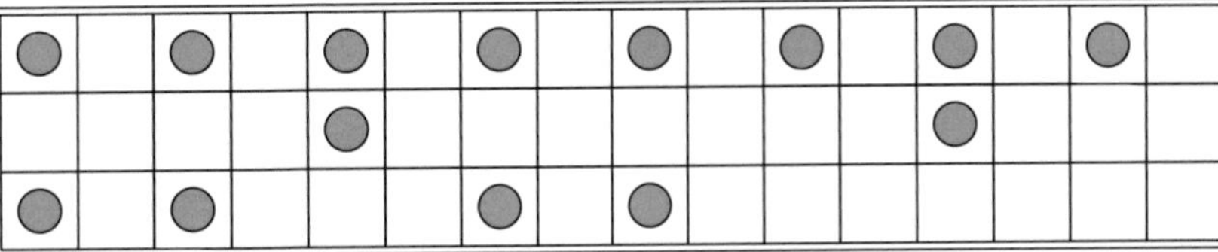

CUADRÍCULA

En este ejemplo de ejercicio se aprecia claramente dónde van escritos los golpes en la batería, cuyas partes se escriben sobre las líneas verticales. Es un plano matemático perfecto.

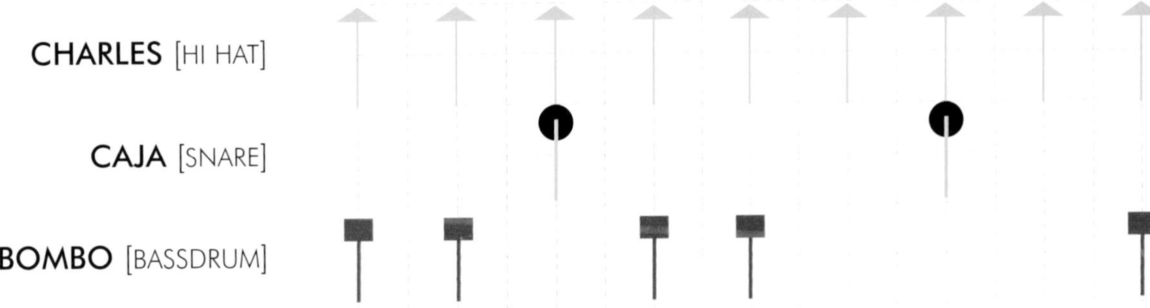

SIMBOLOGÍA

EJEMPLO 03

Este ejercicio nos muestra un ejemplo de golpes en la mitad de los tiempo del charles, es decir, semicorcheas en contratiempo.

PARTITURA

En la escritura tradicional se utilizan varios símbolos para escribir una idea: el puntillo, que sirve para alargar una nota medio tiempo, y los silencios, que nos muestran el lugar que se debe guardar en blanco para inmediatamente colocar la nota que sigue.

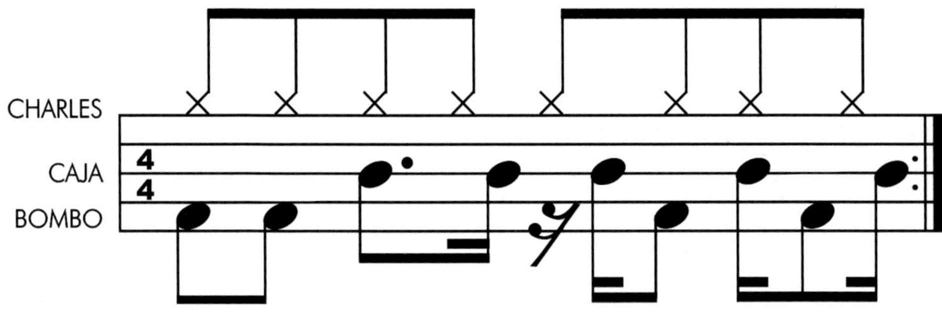

SECUENCIADORES

El mismo ejercicio visualizado en la pantalla de un secuenciador.

CHARLES
CAJA
BOMBO

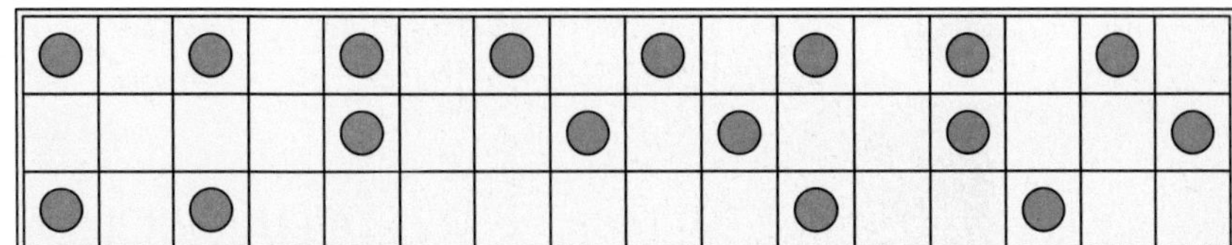

SECUENCIADORES

Ahora veremos el mismo ejercicio escrito en nuestro lenguaje, donde cada golpe tiene su espacio definido visualmente, y por lo tanto, entenderlo es realmente sencillo.

Además, dentro del método encontrará los ejercicios grabados en audio dispuestos en varias velocidades y en *loop*, para que pueda reproducirlos las veces que sea necesario hasta que esté completamente seguro de entenderlos y pueda continuar.

Recuerde que los resultados dependen de su dedicación al estudio de la batería, al igual que los logros obtenidos.

CHARLES [HI HAT]

CAJA [SNARE]

BOMBO [BASSDRUM]

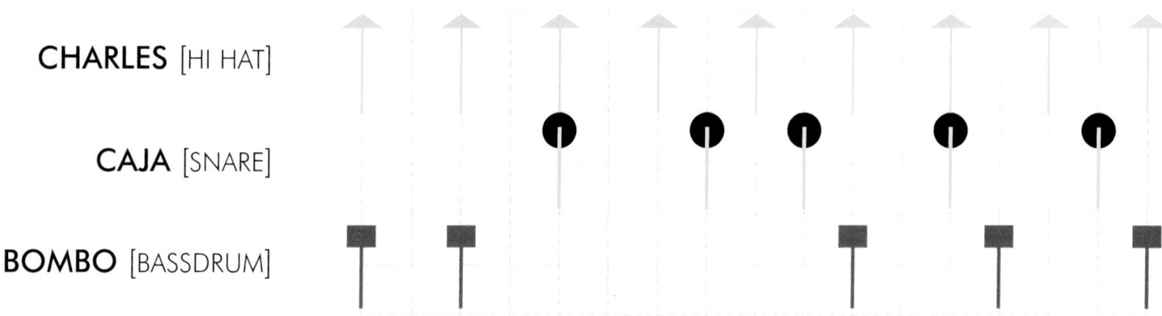

Acompañando los ejercicios encontrará los siguientes símbolos con tips para ejecutar mejor la batería.

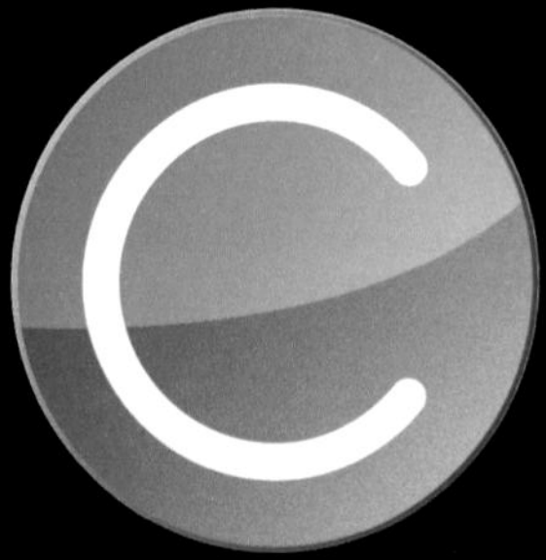

CONSEJO

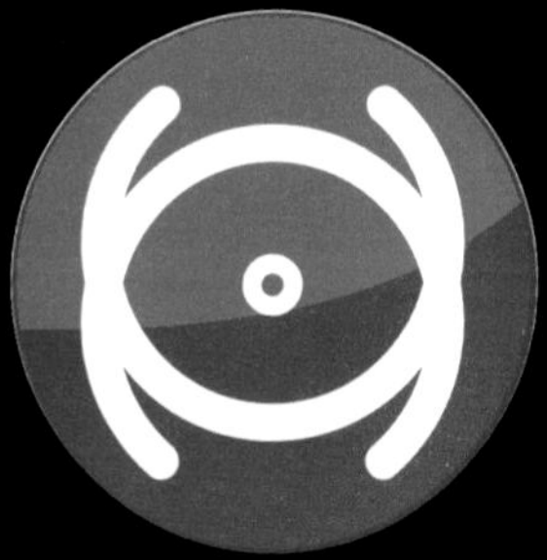

NO OLVIDE

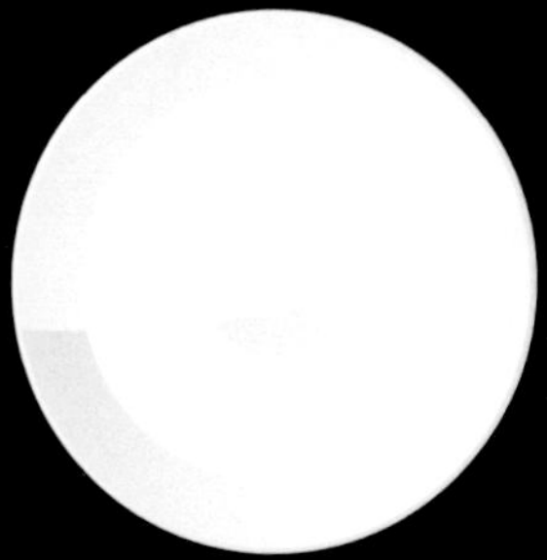

TENGA EN CUENTA

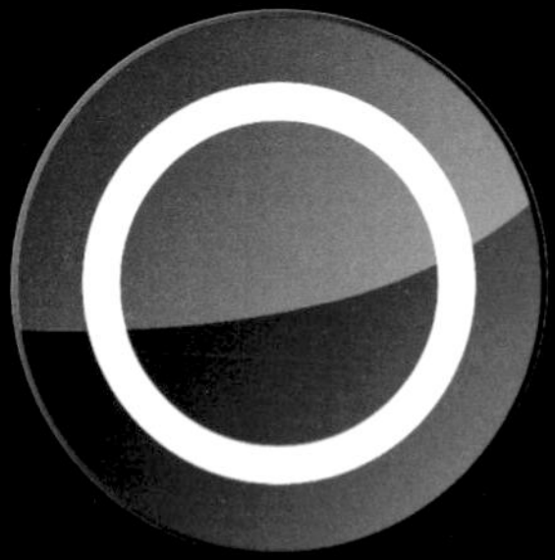

POSTURA CORRECTA

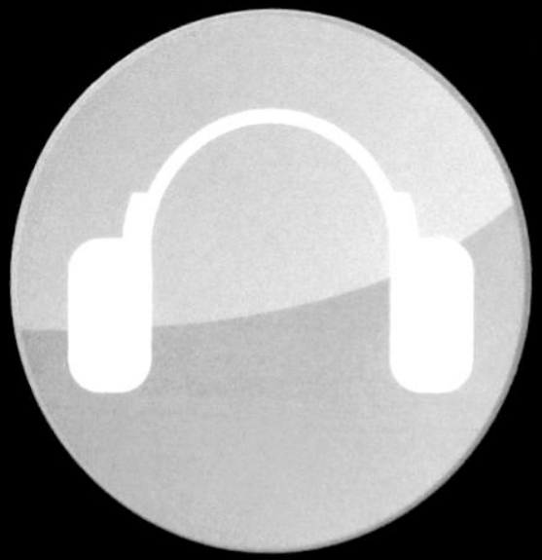

ESCUCHE EL DVD

SIMBOLOGÍA

Éstos son los símbolos que representan las partes de la batería y los movimientos que en ella se realizan:

BOMBO
Es el tambor más grande la batería, se golpea por medio de un mazo o martillo accionado por un pedal con el pie derecho.
Este símbolo representa el mazo del pedal.

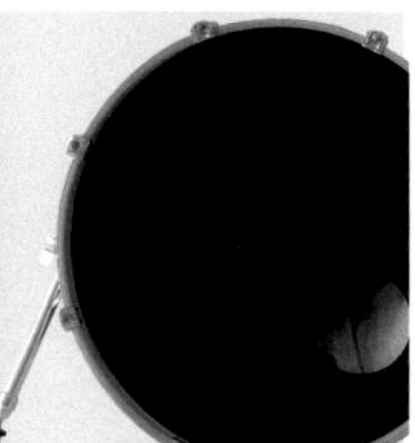

CAJA O REDOBLANTE
Este símbolo representa un golpe lleno en la caja o redoblante, es decir, un golpe normal en el centro del parche.

GOLPE DE ARO
Muy utilizado para cambiar el timbre de la caja, en ritmos específicos como la bossa-nova, el reggae o la samba.

REDOBLE CERRADO
Se realiza dejando rebotar la baqueta sobre el parche. Este símbolo muestra hasta dónde se realiza este rebote por medio de una línea quebrada o en zig zag. Representa la forma de la bordonera.

GOLPE EN EL BORDE
El borde de los tambores se puede usar al adornar un ritmo como si fuera otro instrumento más.

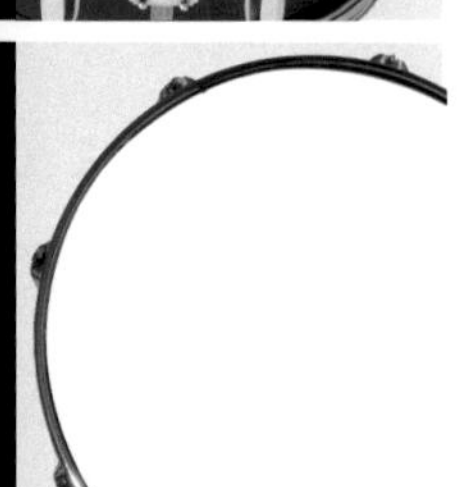

CHARLES O HI HAT
Consta de dos platos enfrentados entre sí. El plato que está debajo reposa sobre el tope del stand, el que está encima va sujeto a una varilla delgada que sale de la base y le da el movimiento. Este símbolo indica el charles cerrado.

ACENTO EN EL CHARLES
Sonido particular producido por el roce de los platos en posición entreabiertos, que se logra levantando el pie de la base del charles.

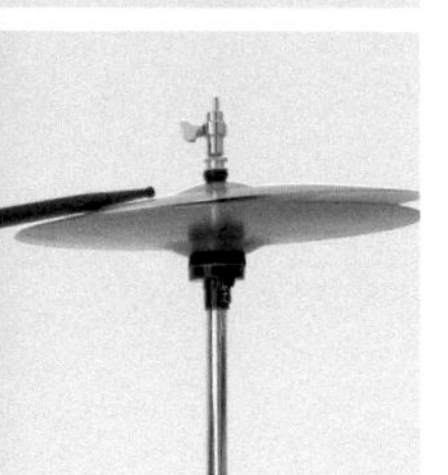

Charles con el pie
El pie del charles apoya el talón sobre el pedal de la máquina, para levantar sólo la parte delantera el tiempo indicado en la cuadrícula.

Flam
Rudimento que suena como su nombre, "FLAM". Está compuesto por dos golpes, el primero se realiza suave *(grace note)* y el segundo fuerte *(primary stroke)*.

Cencerro o campana
El cencerro o campana es una campana sin badajo de tamaño pequeño, semejante a los cencerros que llevan las vacas y otros animales en Europa.

Ride cymbal
Es el plato principal más grande colocado a nuestra derecha y que nos servirá para marcar la pulsación, alternando o complementando al charles.

Tom alto
Es el más pequeño de los tres, y su sonido es el más agudo.
Está situado como el primero, de izquierda a derecha, y encima del bombo.

Tom medio
Es el mediano, y su sonido es más grave que el del tom alto.
Está situado justo al lado derecho del tom alto y encima del bombo.

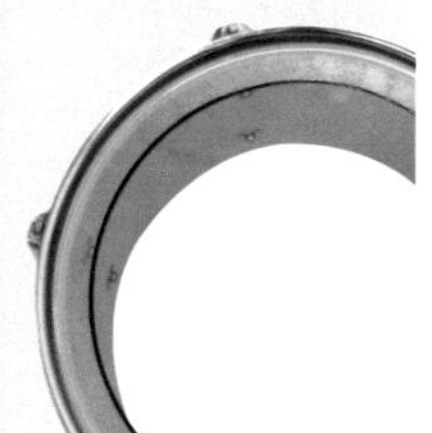

Timbal base
Es el más grande de los tres y se caracteriza por ser el más grave. Está situado al lado izquierdo de la batería, sostenido por tres patas graduables.

UNIDAD

1

1

EJERCICIOS BÁSICOS

Un baterista se caracteriza por tener completo dominio de sus extremidades y emplearlas independientemente para llegar a la totalidad de elementos que componen una batería.

En esta primera unidad, haremos algunos ejercicios básicos de cuatro por cuatro, donde los golpes del bombo y de la caja van a ir sobre los golpes del charles. De esta forma, daremos el primer paso para independizar el pie derecho (bombo) de la mano derecha (charles).

Para comenzar, adecue la batería a las dimensiones y la forma de su cuerpo, pues es necesario llegar a todos los puntos cómodamente. (altura de la silla, altura de los toms, posición de los platos, etc.).

Luego, adopte la postura correcta en la batería, de manera que pueda ver bien el instrumento y lo que sucede alrededor.

Identifique los símbolos que se van a utilizar en esta unidad:

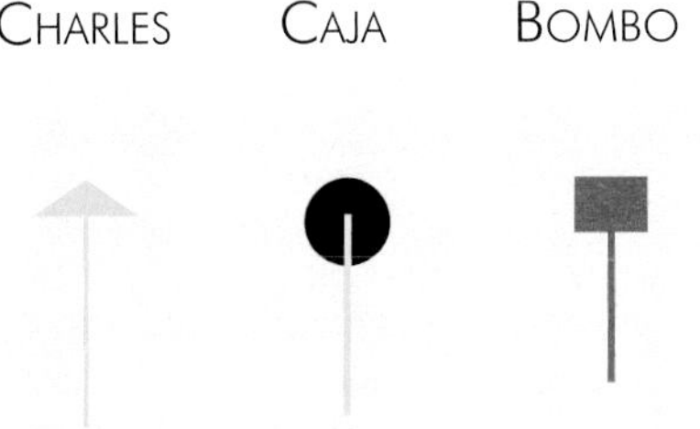

Escuche atentamente el DVD interactivo, practique los ejercicios comenzando por el tiempo más lento hasta el más rápido. Haga los ejercicios hasta estar seguro de que lleva el tiempo exacto, continúe con el siguiente tiempo y así hasta el último.

Tenga en cuenta que el charles debe sonar continuo y sin alteraciones de tiempo o intensidad de golpe. Los tiempos del bombo y del redoblante deben sonar simultáneos con el charles.

Haga los ejercicios lentamente, y a medida que vaya ganando seguridad ante el instrumento aumente la velocidad.

Para obtener mejores resultados, debe golpear el charles con la cabeza de la baqueta no con el cuerpo.

No olvide que los símbolos escritos en la última línea son los primeros del ejercicio, es decir, el primer tiempo. Se hace así para crear un *loop* que permita volver a comenzar sin parar. Para finalizar, acabe con el último golpe escrito, es decir, el primer tiempo del siguiente compás.

En esta unidad encontrará ritmos propios del acid jazz, disco y patrones simples en cuatro por cuatro utilizados en el pop.

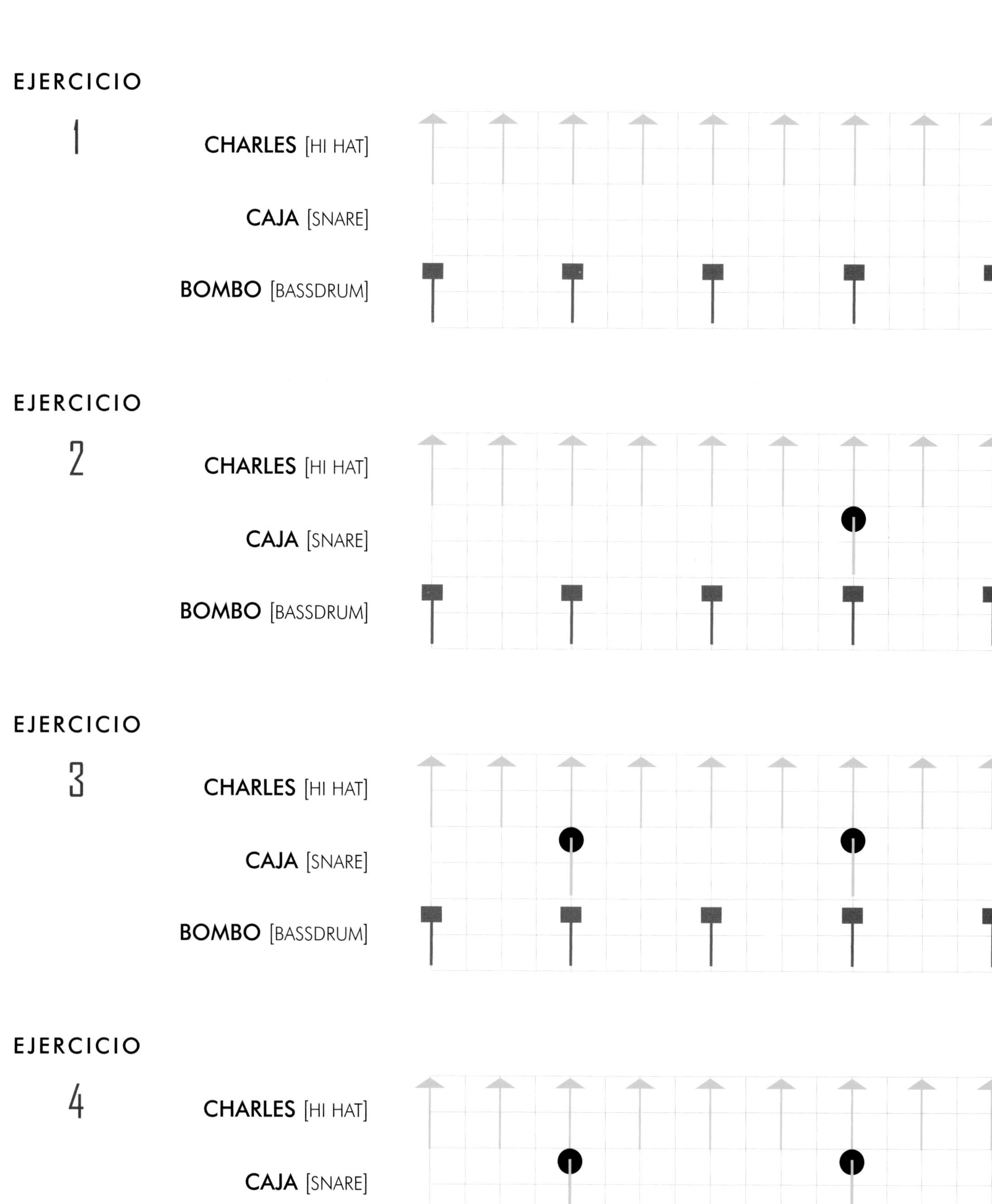
EJERCICIO
1
CHARLES [HI HAT]
CAJA [SNARE]
BOMBO [BASSDRUM]
EJERCICIO
2
CHARLES [HI HAT]
CAJA [SNARE]
BOMBO [BASSDRUM]
EJERCICIO
3
CHARLES [HI HAT]
CAJA [SNARE]
BOMBO [BASSDRUM]
EJERCICIO
4
CHARLES [HI HAT]
CAJA [SNARE]
BOMBO [BASSDRUM]

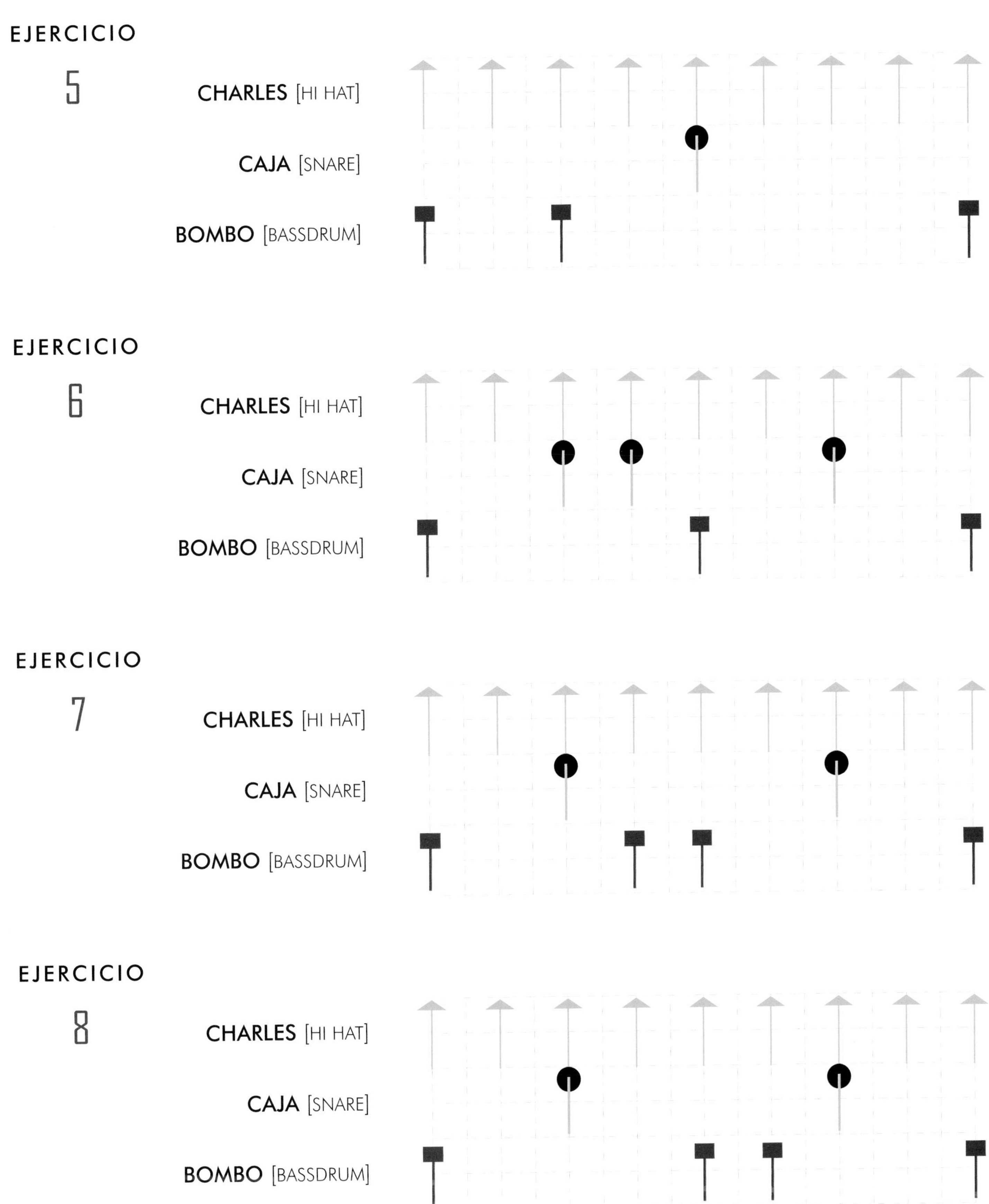
EJERCICIO
5
CHARLES [HI HAT]
CAJA [SNARE]
BOMBO [BASSDRUM]
EJERCICIO
6
CHARLES [HI HAT]
CAJA [SNARE]
BOMBO [BASSDRUM]
EJERCICIO
7
CHARLES [HI HAT]
CAJA [SNARE]
BOMBO [BASSDRUM]
EJERCICIO
8
CHARLES [HI HAT]
CAJA [SNARE]
BOMBO [BASSDRUM]

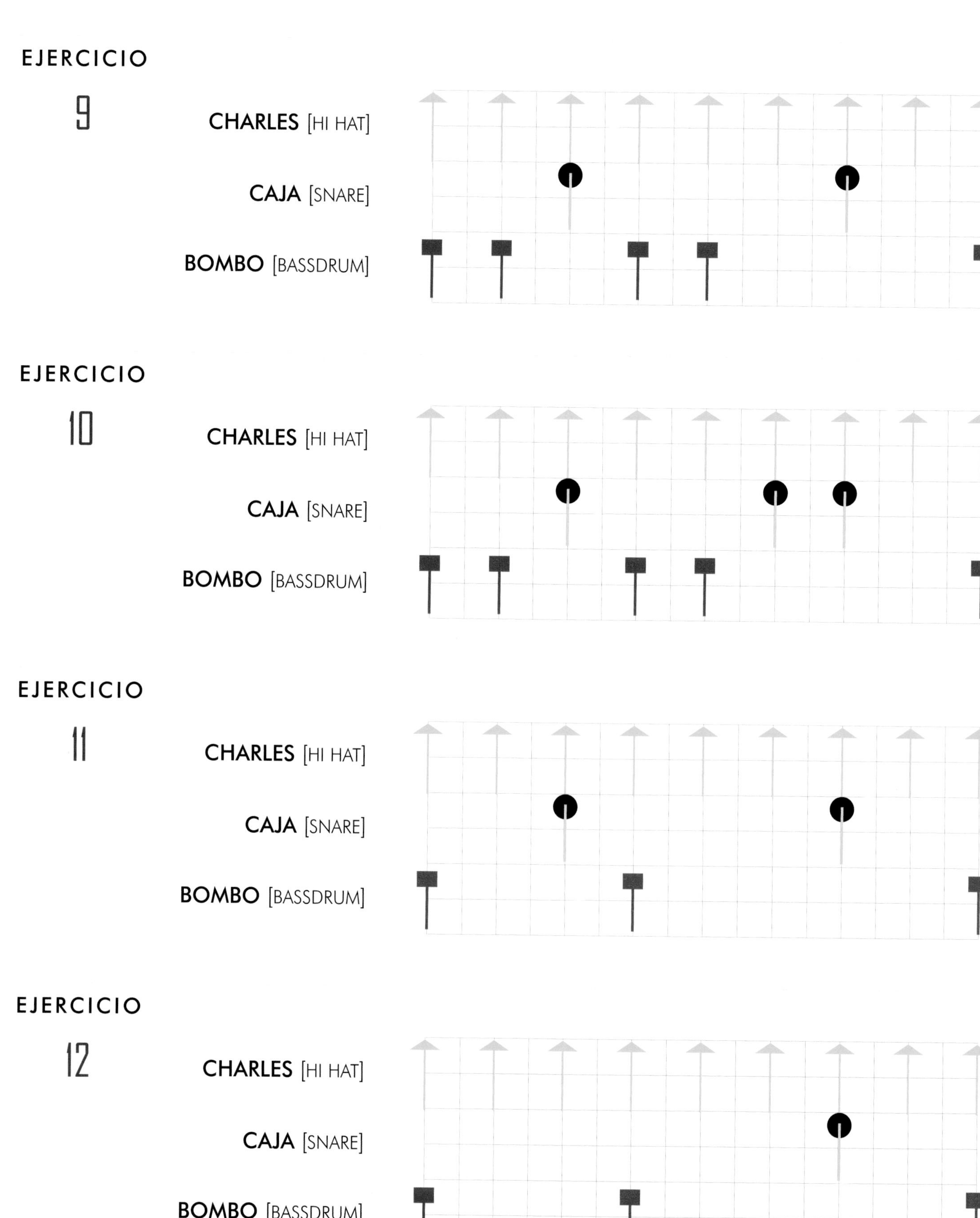
EJERCICIO
9
CHARLES [HI HAT]
CAJA [SNARE]
BOMBO [BASSDRUM]
EJERCICIO
10
CHARLES [HI HAT]
CAJA [SNARE]
BOMBO [BASSDRUM]
EJERCICIO
11
CHARLES [HI HAT]
CAJA [SNARE]
BOMBO [BASSDRUM]
EJERCICIO
12
CHARLES [HI HAT]
CAJA [SNARE]
BOMBO [BASSDRUM]

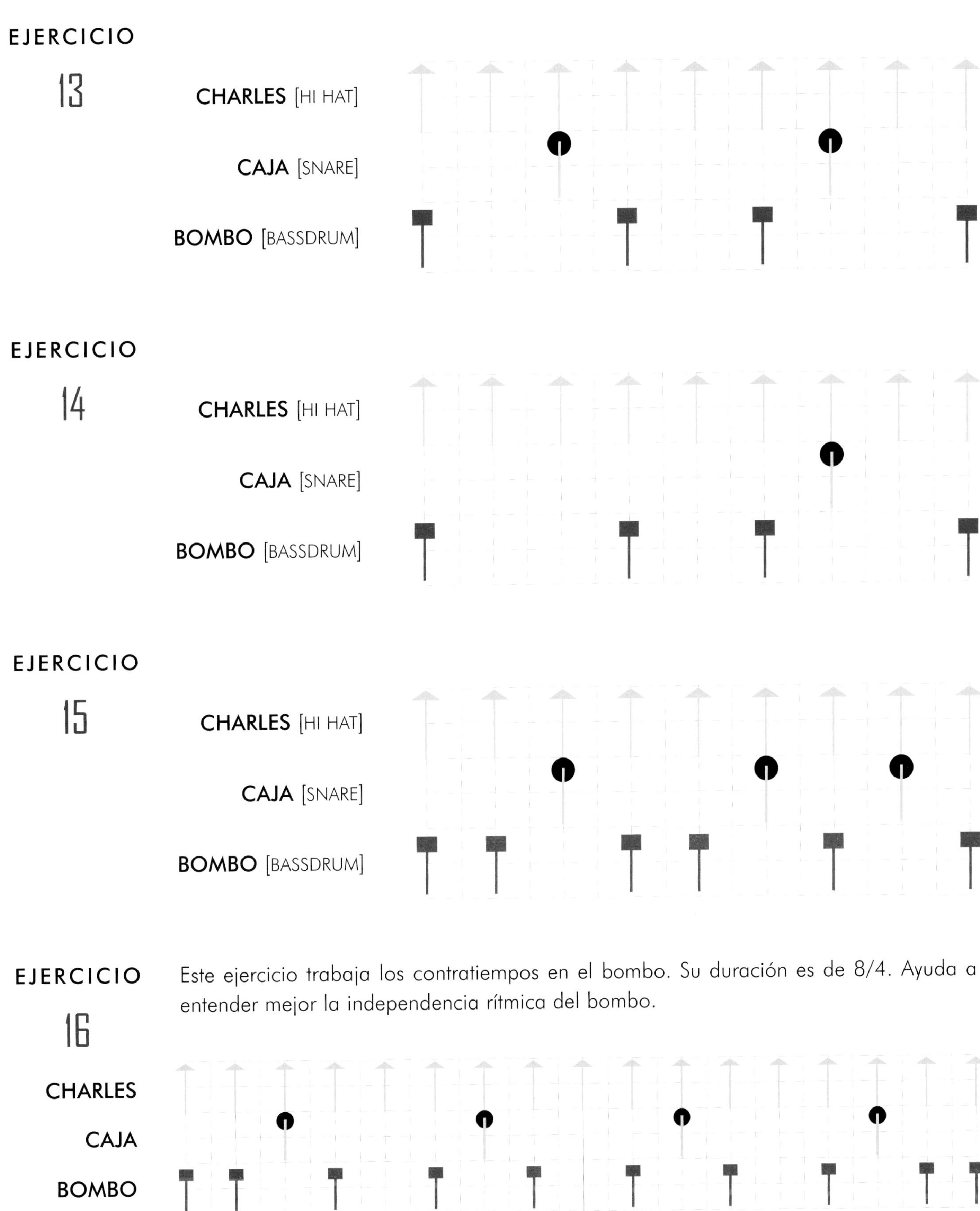
EJERCICIO
13
CHARLES [HI HAT]
CAJA [SNARE]
BOMBO [BASSDRUM]
EJERCICIO
14
CHARLES [HI HAT]
CAJA [SNARE]
BOMBO [BASSDRUM]
EJERCICIO
15
CHARLES [HI HAT]
CAJA [SNARE]
BOMBO [BASSDRUM]
EJERCICIO
16
Este ejercicio trabaja los contratiempos en el bombo. Su duración es de 8/4. Ayuda a entender mejor la independencia rítmica del bombo.
CHARLES
CAJA
BOMBO

Para finalizar esta unidad, vamos a realizar un ejercicio con los toms, con el fin de utilizar todos los tambores de la batería. La posición de las manos es la misma que en los ejercicios anteriores, por lo tanto, los golpes en los toms se efectúan con la mano izquierda debajo de la mano que va al charles.

Este ejercicio sirve para comenzar a dominar el campo de acción con el instrumento.

EJERCICIO

17

CHARLES [HI HAT]

TOM ALTO

TOM MEDIO

TIMBAL BASE

CAJA [SNARE]

BOMBO [BASSDRUM]

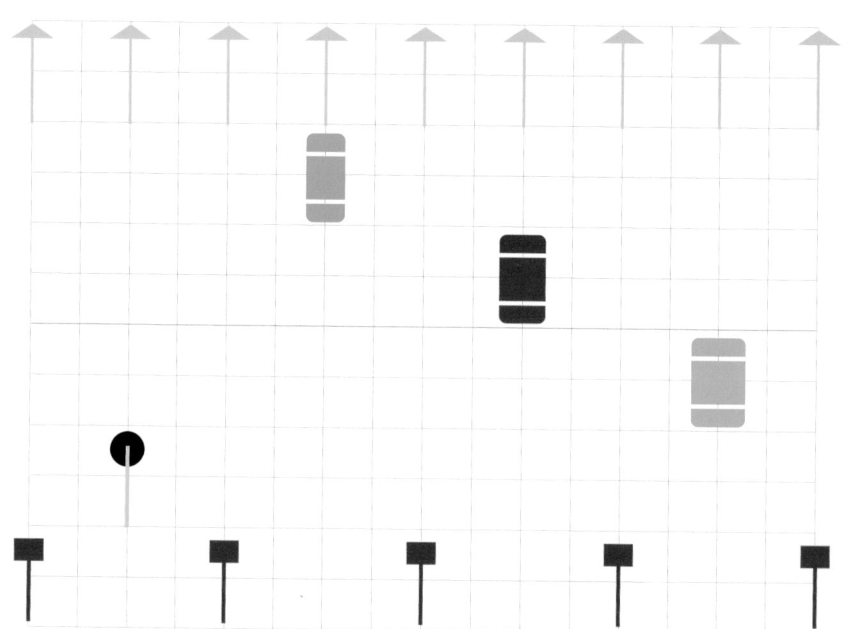

Si desea realizar una autoevaluación para valorar su grado de aprendizaje, haga los ejercicios del primero al último sin parar y sin atrasarse o adelantarse en el tiempo. Consiga un metrónomo que le marque el tiempo.

UNIDAD

2

2

CONTRATIEMPOS

En esta segunda unidad vamos a empezar a utilizar golpes en la mitad de los tiempos del charles, es decir, en contratiempos.

Estos contratiempos se logran dando el golpe justo cuando la mano con la que estamos pegando en el charles se halla en su punto más alto: en la mitad.

Comenzaremos haciendo contratiempos con la caja y luego con el bombo.

Es importante mantener el tiempo en la mente, apoyados por el charles, que va a ser como nuestro metrónomo. No olvide que los símbolos escritos en la última línea son los primeros del ejercicio, es decir, el primer tiempo.

El charles es el elemento clave de la batería para llevar el tiempo, pues es el que marca el pulso. La batería es la base de un grupo en el que se van a apoyar los demás instrumentos. Practique con un metrónomo, y si no lo tiene, utilice pistas, es decir, música grabada profesionalmente.

Realice estos ejercicios con paciencia, sin esforzarse. Sea consciente de que está aprendiendo y tómeselo con calma.

Los golpes del charles deben sonar con la misma intensidad para una sola línea. Lo mismo debe hacer con los golpes de caja y de bombo, pues cada uno es un instrumento separado que es ejecutado por una sola persona.

En la batería es más difícil tocar lento que rápido y lo mismo ocurre con el volumen: es más difícil tocar suave que duro. Trate de dominar desde el principio estas dos cosas y en seguida verá los resultados.

Mantenga la espalda recta relajada y los hombros relajados. Y adecue la batería al tamaño de su cuerpo.

Escuche atentamente el DVD, practique los ejercicios comenzando por el tiempo más lento hasta el más rápido.

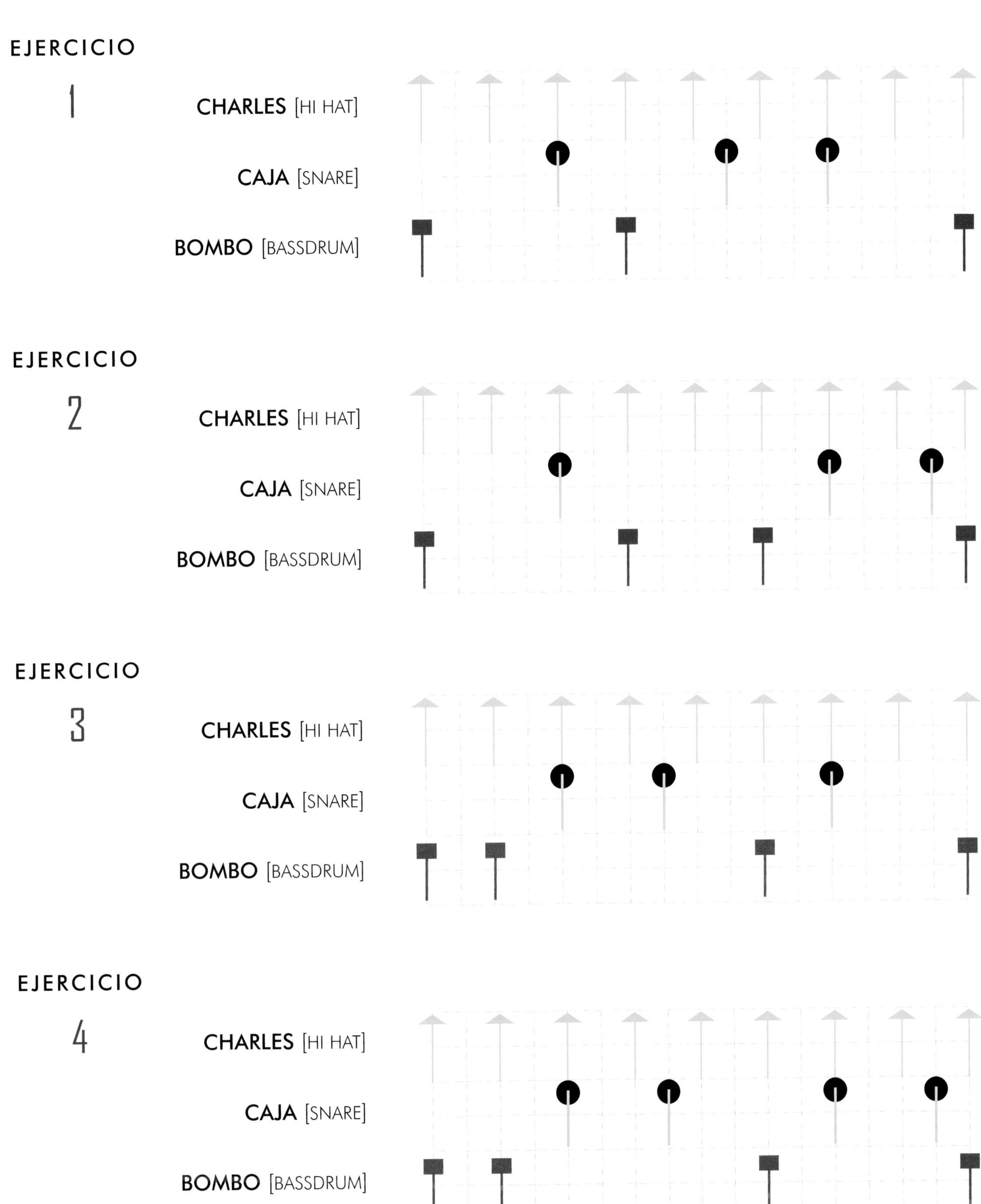
EJERCICIO
1
CHARLES [HI HAT]
CAJA [SNARE]
BOMBO [BASSDRUM]
EJERCICIO
2
CHARLES [HI HAT]
CAJA [SNARE]
BOMBO [BASSDRUM]
EJERCICIO
3
CHARLES [HI HAT]
CAJA [SNARE]
BOMBO [BASSDRUM]
EJERCICIO
4
CHARLES [HI HAT]
CAJA [SNARE]
BOMBO [BASSDRUM]

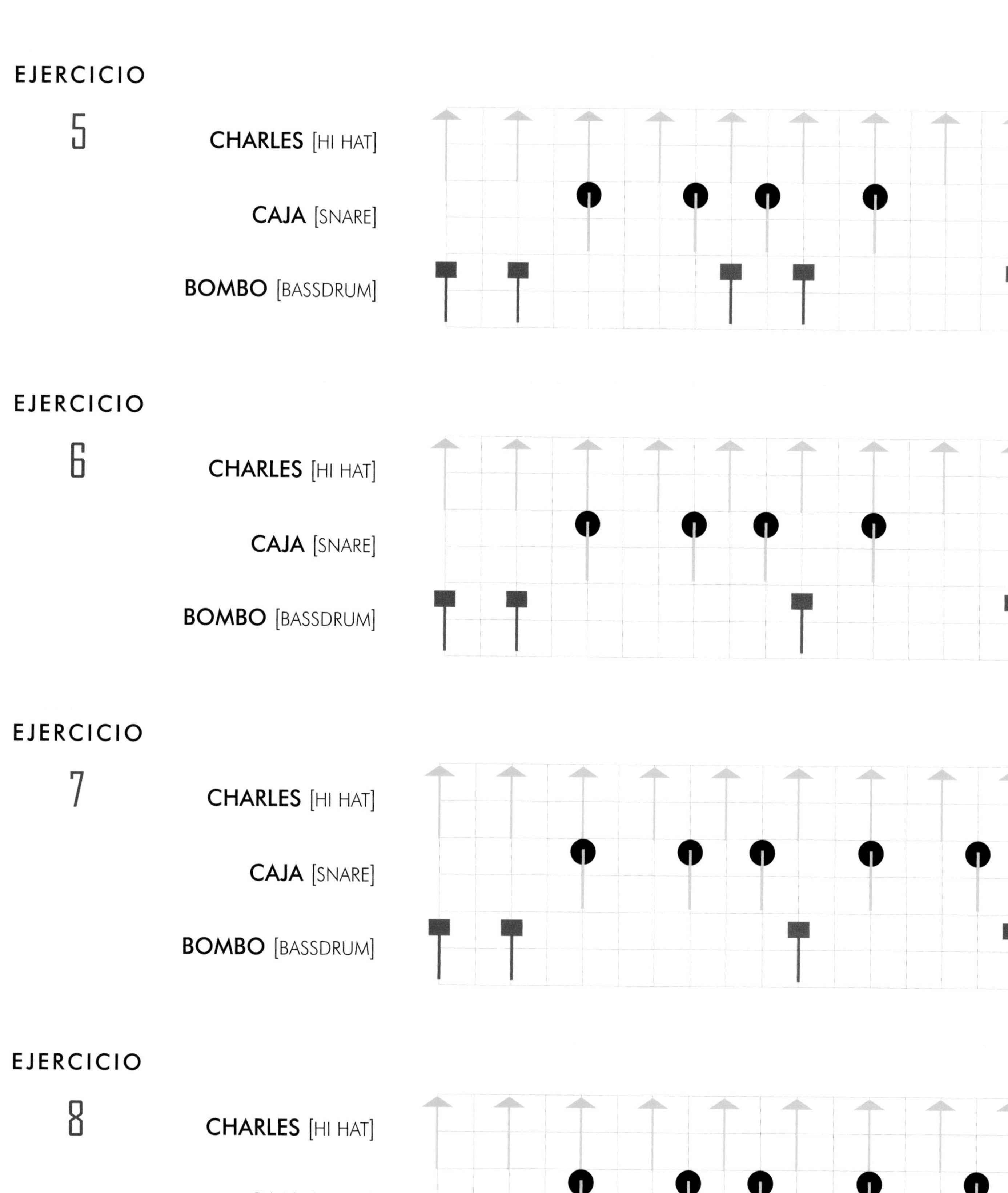
EJERCICIO
5
CHARLES [HI HAT]
CAJA [SNARE]
BOMBO [BASSDRUM]
EJERCICIO
6
CHARLES [HI HAT]
CAJA [SNARE]
BOMBO [BASSDRUM]
EJERCICIO
7
CHARLES [HI HAT]
CAJA [SNARE]
BOMBO [BASSDRUM]
EJERCICIO
8
CHARLES [HI HAT]
CAJA [SNARE]
BOMBO [BASSDRUM]

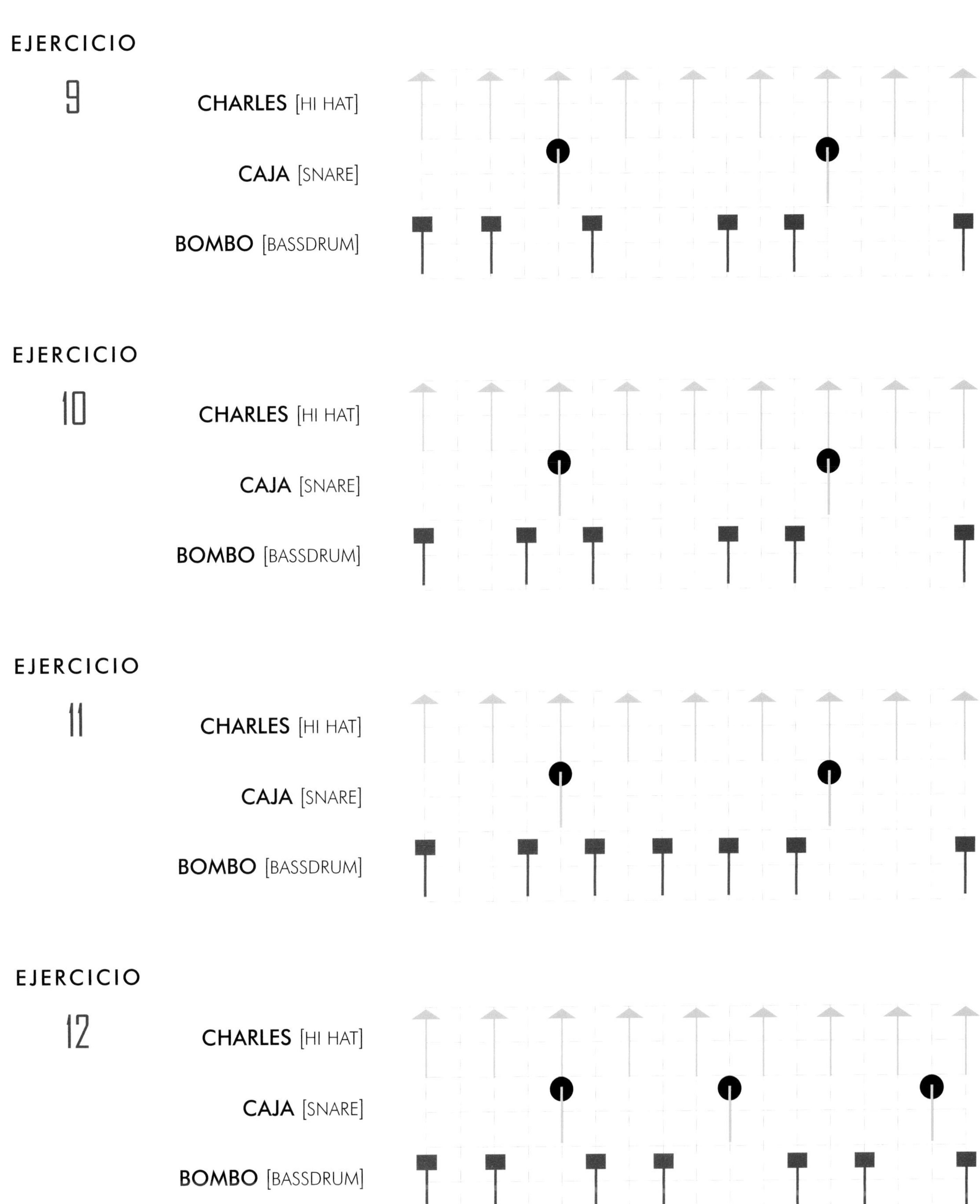
EJERCICIO
9
CHARLES [HI HAT]
CAJA [SNARE]
BOMBO [BASSDRUM]
EJERCICIO
10
CHARLES [HI HAT]
CAJA [SNARE]
BOMBO [BASSDRUM]
EJERCICIO
11
CHARLES [HI HAT]
CAJA [SNARE]
BOMBO [BASSDRUM]
EJERCICIO
12
CHARLES [HI HAT]
CAJA [SNARE]
BOMBO [BASSDRUM]

EJERCICIO

13

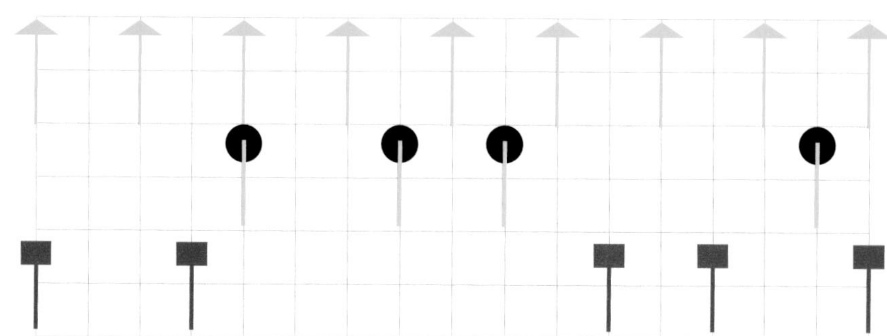

EJERCICIO

14

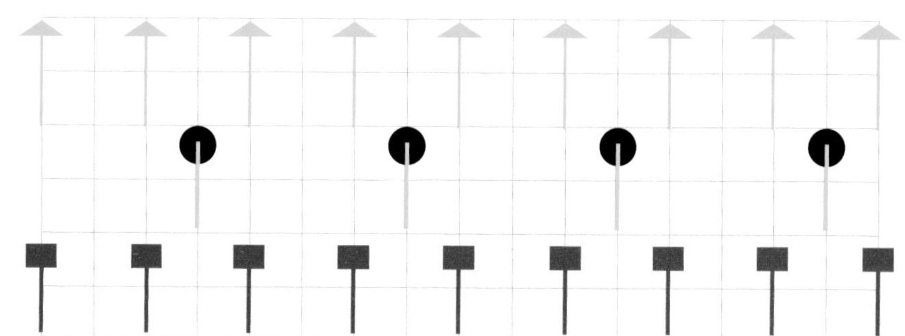

EJERCICIO

15

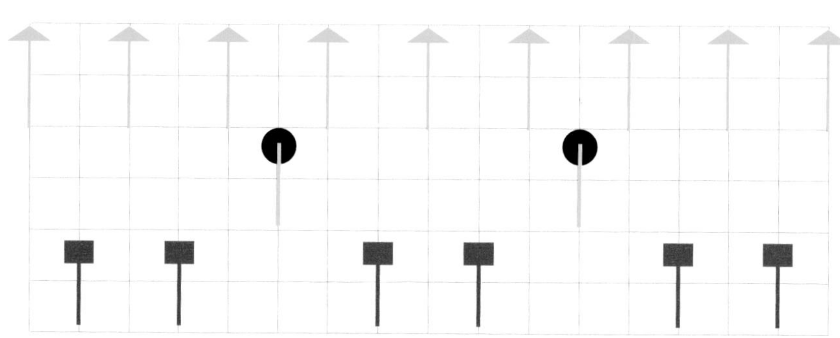

Para finalizar esta unidad vamos a ejecutar dos ejercicios con toms con el fin de involucrar nuevamente todos los tambores. Además, comenzaremos a jugar con patrones rítmicos de tres contra dos.

Recuerde que la batería debe estar afinada en tonos descendentes, desde la caja hasta el bombo.

EJERCICIO

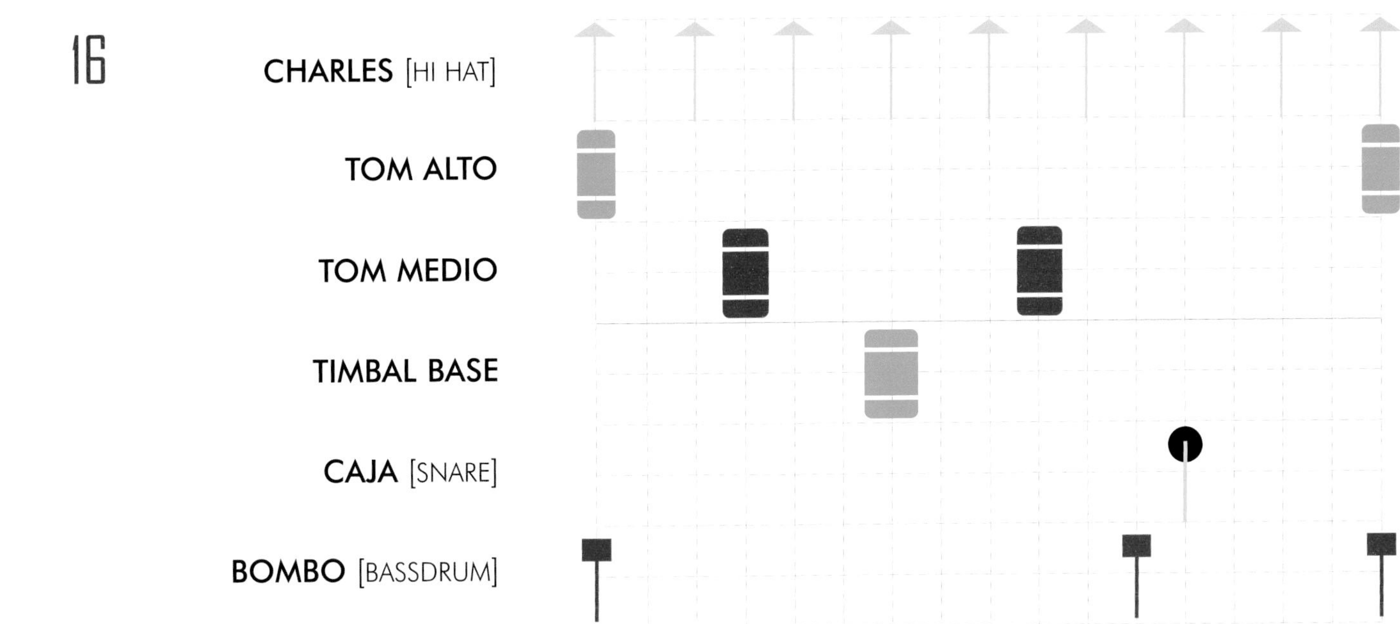

No olvide que el charles debe sonar continuo, sin adelantarse ni atrasarse, y con la misma intensidad de golpe. Esto último debe aplicarse también con la caja y el bombo, pues es la firmeza y sutileza en los golpes lo que define y distingue a un buen baterista.

EJERCICIO

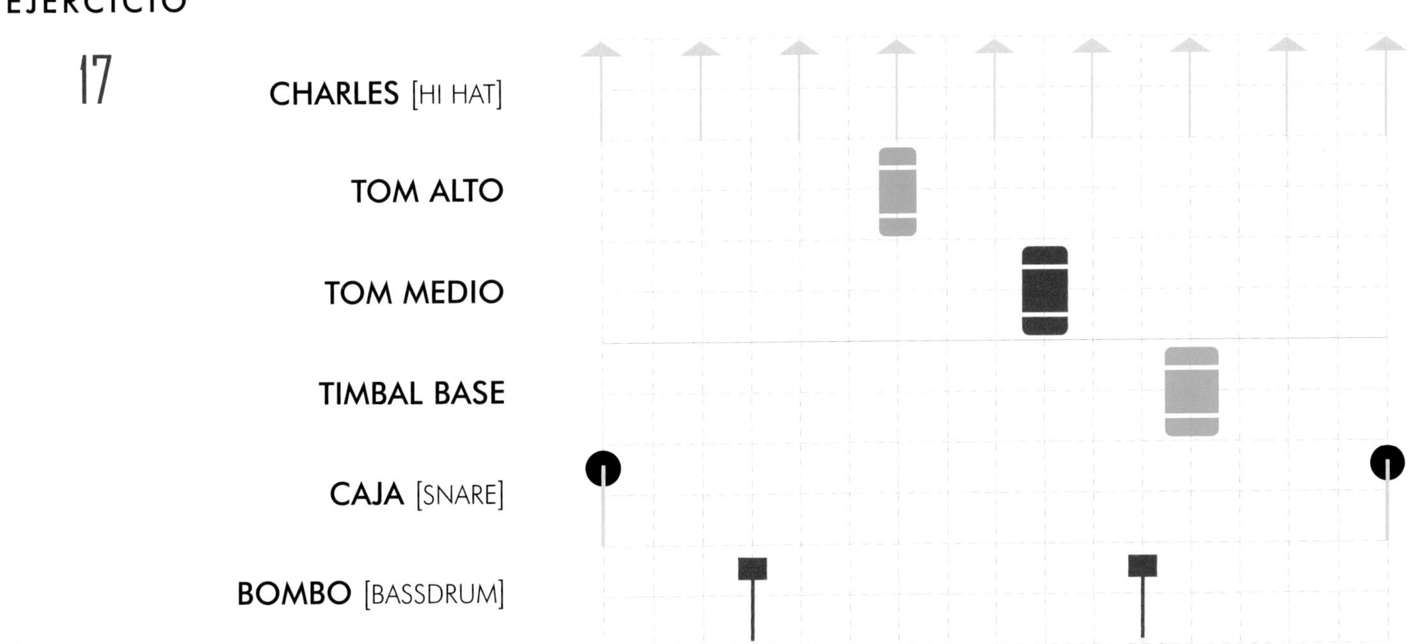

Si desea realizar una autoevaluación para valorar su grado de aprendizaje, haga los ejercicios del primero al último sin parar y sin atrasarse o adelantarse en el tiempo.

UNIDAD 3

SEMICORCHEAS

En esta unidad uniremos golpes que van al tiempo del charles con los que están en la mitad (contratiempos), formando así semicorcheas unidas.

Para hacer estos ejercicios (ritmos) correctamente, siga estos dos pasos:

- Identifique los golpes en la cuadrícula.
- Observe los espacios que hay entre golpe y golpe. Igual distancia entre uno y otro.

La cuadrícula es una guía que le permitirá comprender mejor los ejercicios. Fíjese en cómo se distribuyen los símbolos en ella.

Conserve la espalda recta y los hombros relajados. Si comienza a sentir molestias musculares deje de tocar y haga ejercicios que le permitan estirar los músculos.

Escuche el DVD con atención. Tenga en cuenta que los ejercicios están grabados con el tiempo exacto y que son una ayuda eficaz que reemplaza el metrónomo.

El charles debe sonar continuo en el tiempo y con la misma intensidad de golpe.

EJERCICIO 1

CHARLES [HI HAT]

CAJA [SNARE]

BOMBO [BASSDRUM]

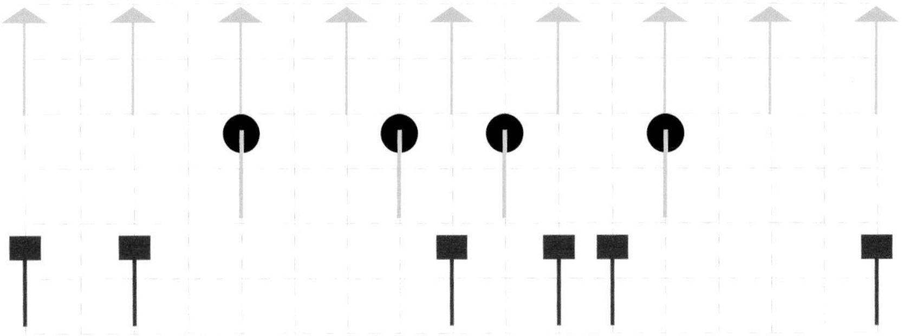

EJERCICIO 2

CHARLES [HI HAT]

CAJA [SNARE]

BOMBO [BASSDRUM]

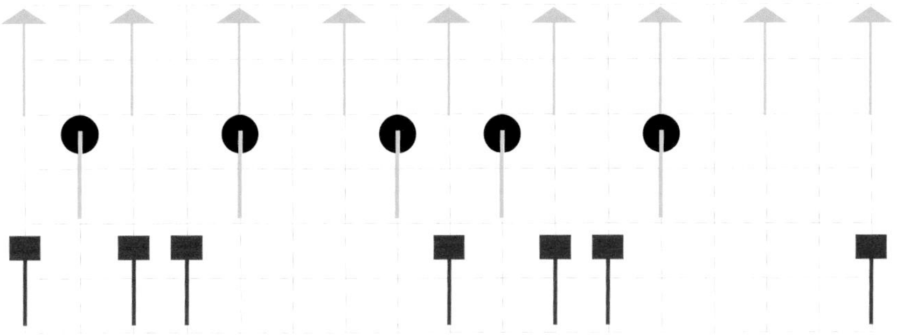

EJERCICIO 3

CHARLES [HI HAT]

CAJA [SNARE]

BOMBO [BASSDRUM]

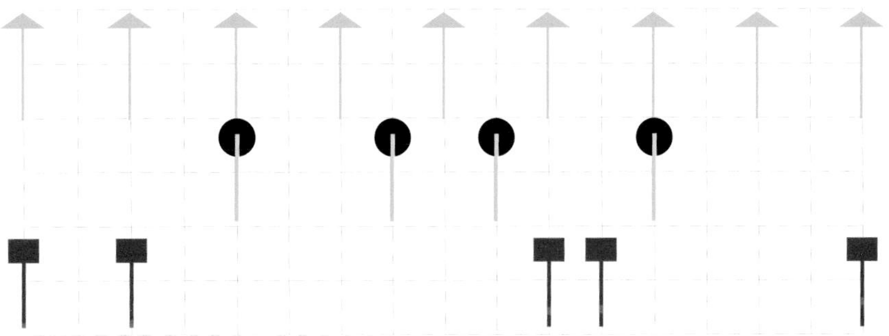

EJERCICIO

4

CHARLES [HI HAT]

CAJA [SNARE]

BOMBO [BASSDRUM]

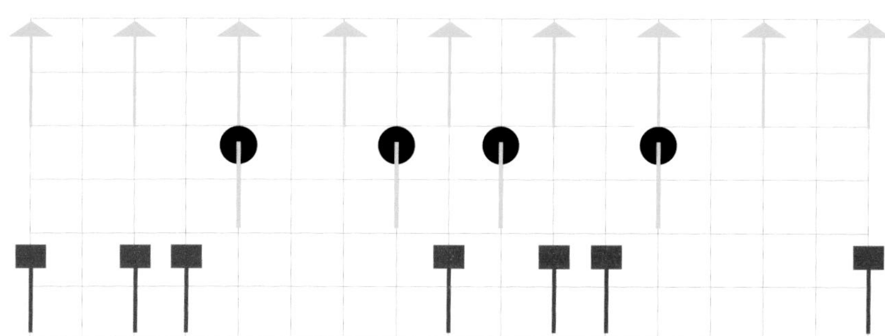

EJERCICIO

5

CHARLES [HI HAT]

CAJA [SNARE]

BOMBO [BASSDRUM]

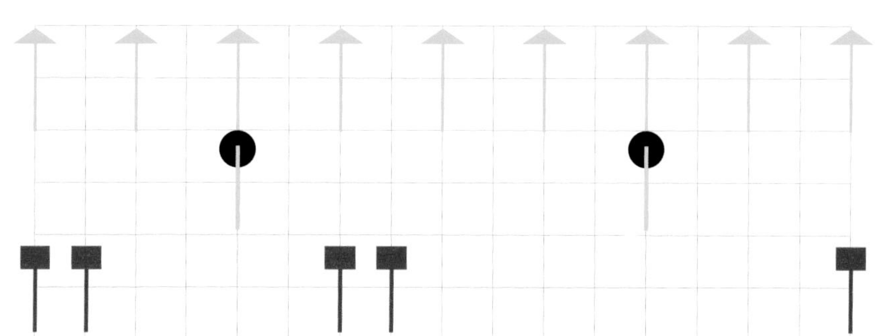

EJERCICIO

6

CHARLES [HI HAT]

CAJA [SNARE]

BOMBO [BASSDRUM]

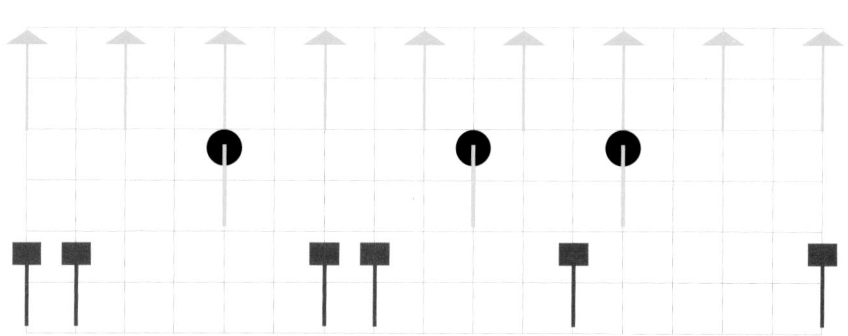

EJERCICIO

7

CHARLES [HI HAT]

CAJA [SNARE]

BOMBO [BASSDRUM]

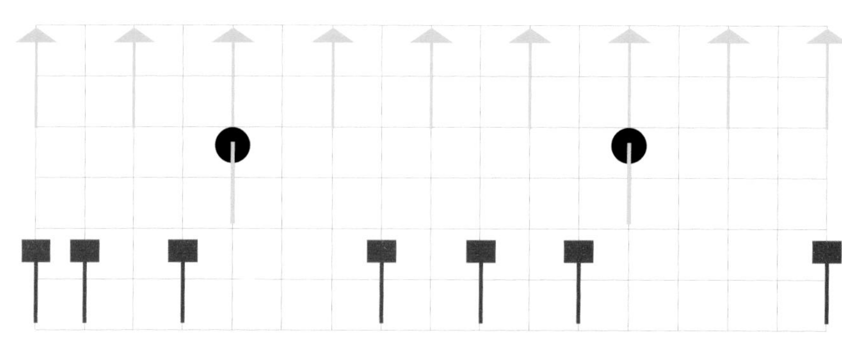

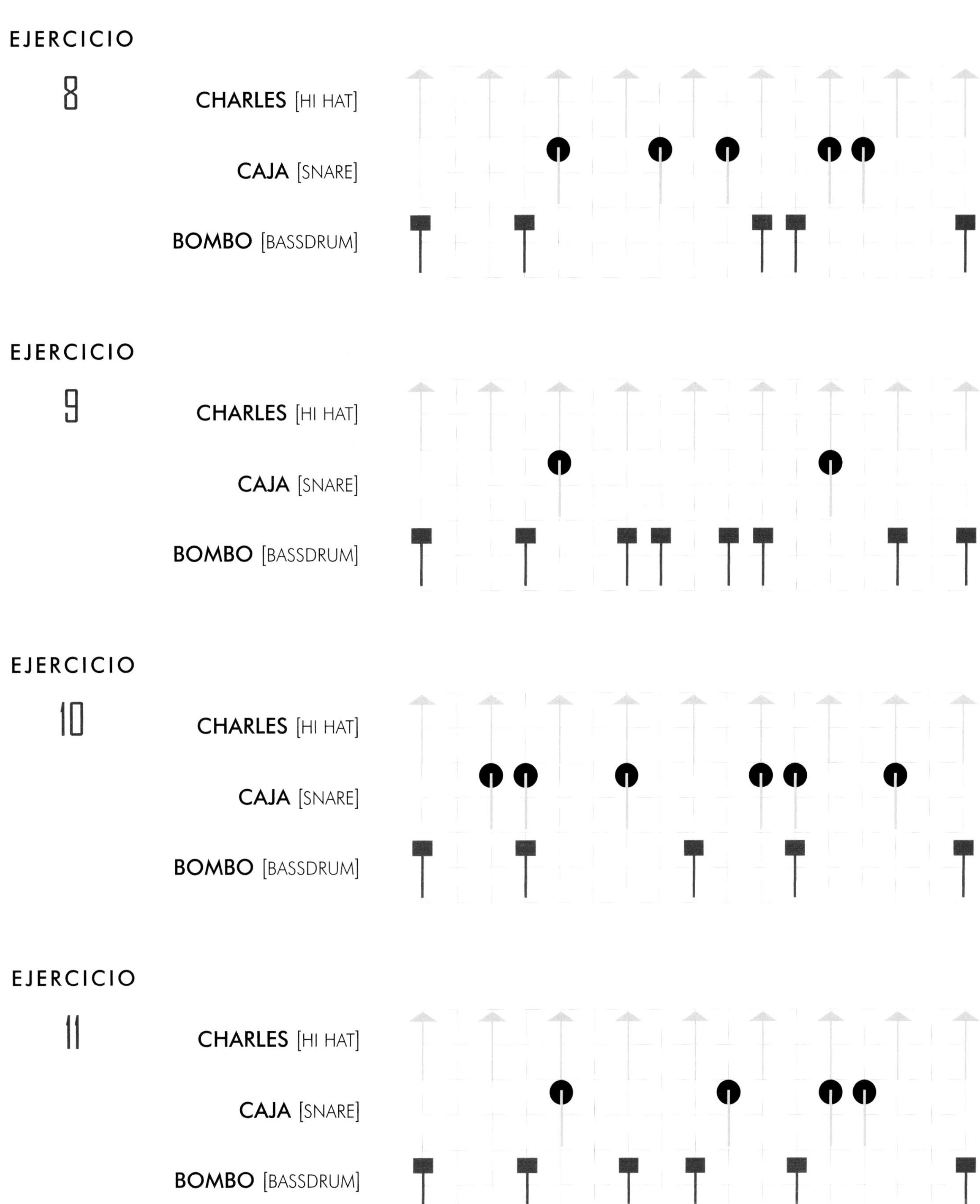
EJERCICIO
8
CHARLES [HI HAT]
CAJA [SNARE]
BOMBO [BASSDRUM]
EJERCICIO
9
CHARLES [HI HAT]
CAJA [SNARE]
BOMBO [BASSDRUM]
EJERCICIO
10
CHARLES [HI HAT]
CAJA [SNARE]
BOMBO [BASSDRUM]
EJERCICIO
11
CHARLES [HI HAT]
CAJA [SNARE]
BOMBO [BASSDRUM]

EJERCICIO

12

CHARLES [HI HAT]

CAJA [SNARE]

BOMBO [BASSDRUM]

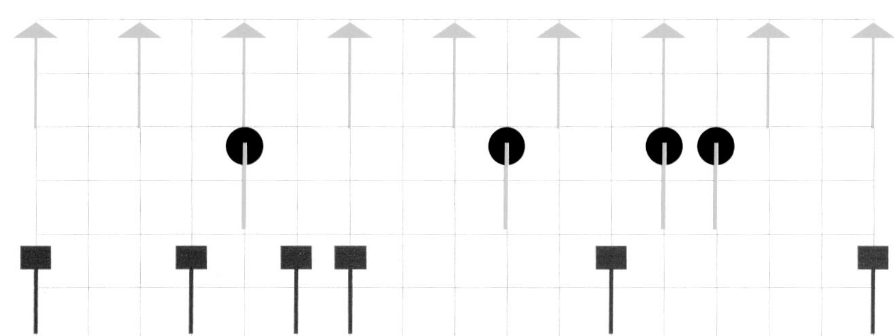

EJERCICIO

13

CHARLES [HI HAT]

CAJA [SNARE]

BOMBO [BASSDRUM]

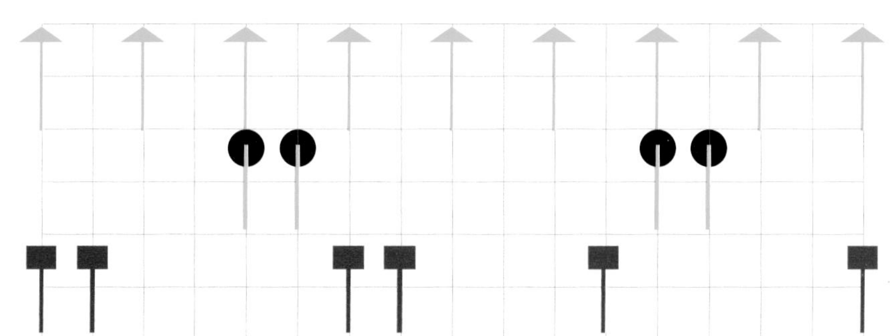

EJERCICIO

14

CHARLES [HI HAT]

CAJA [SNARE]

BOMBO [BASSDRUM]

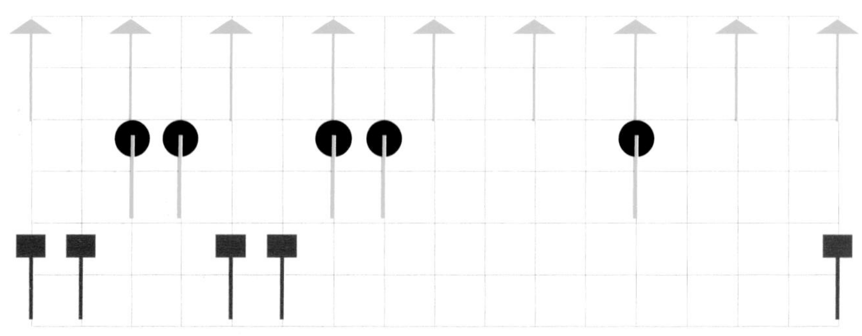

EJERCICIO

15

CHARLES [HI HAT]

CAJA [SNARE]

BOMBO [BASSDRUM]

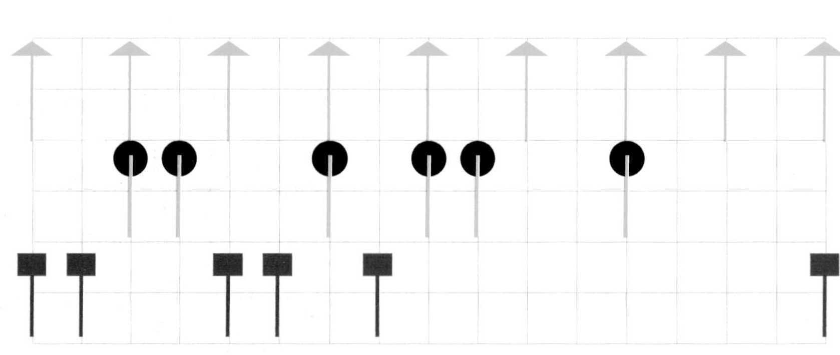

Ahora vamos a hacer dos ejercicios con semicorcheas unidas utilizando los toms. Estos ejercicios nos sirven para adquirir un mayor dominio de estos instrumentos, y para crear ritmos a partir de ellos.

No olvide que el charles debe sonar continuo, sin adelantarse ni atrasarse, y con la misma intensidad de golpe.

EJERCICIO

16

CHARLES [HI HAT]

TOM ALTO

TOM MEDIO

CAJA [SNARE]

BOMBO [BASSDRUM]

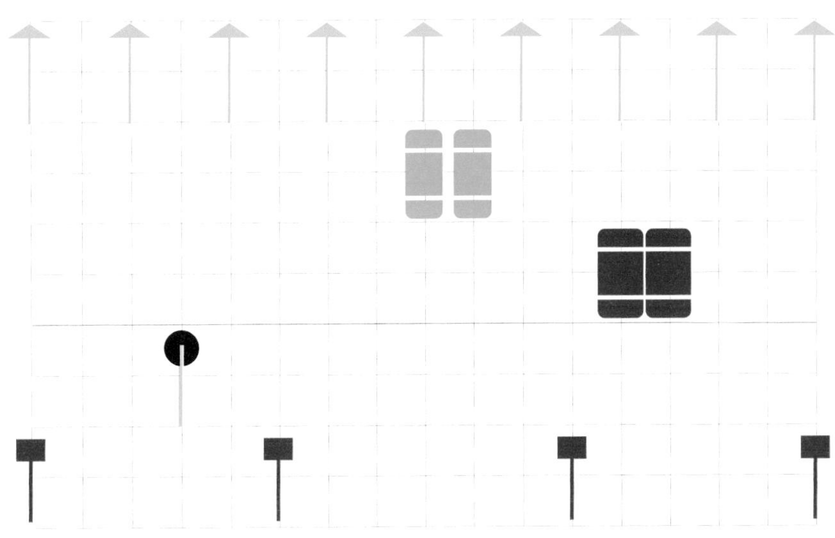

EJERCICIO

17

CHARLES [HI HAT]

TOM ALTO

TOM MEDIO

TIMBAL BASE

CAJA [SNARE]

BOMBO [BASSDRUM]

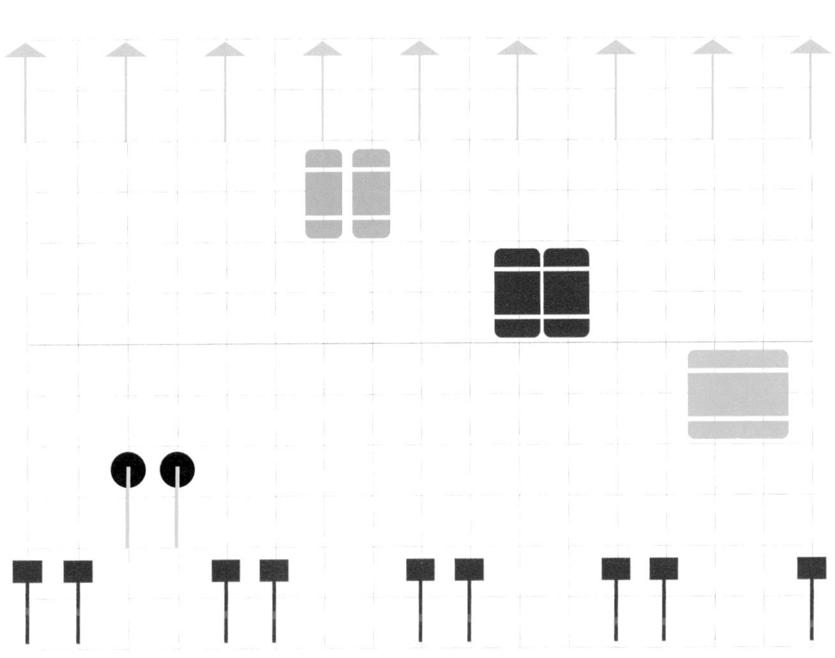

EJERCICIO 18

CHARLES [HI HAT]

CAJA [SNARE]

BOMBO [BASSDRUM]

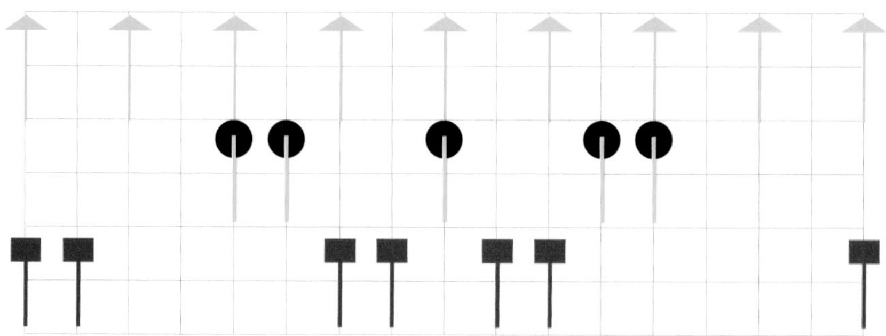

EJERCICIO 19

CHARLES [HI HAT]

CAJA [SNARE]

BOMBO [BASSDRUM]

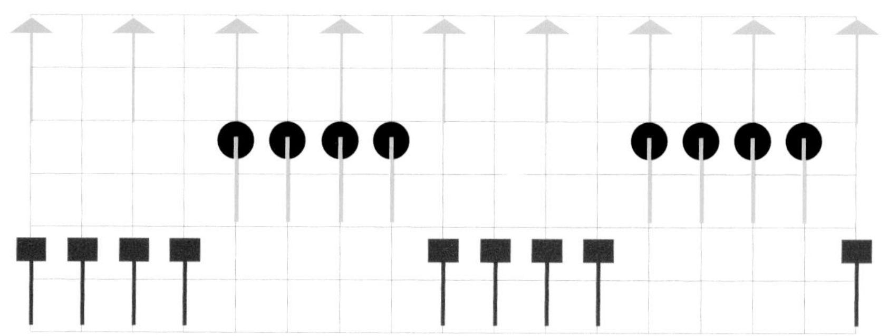

EJERCICIO 20

CHARLES [HI HAT]

CAJA [SNARE]

BOMBO [BASSDRUM]

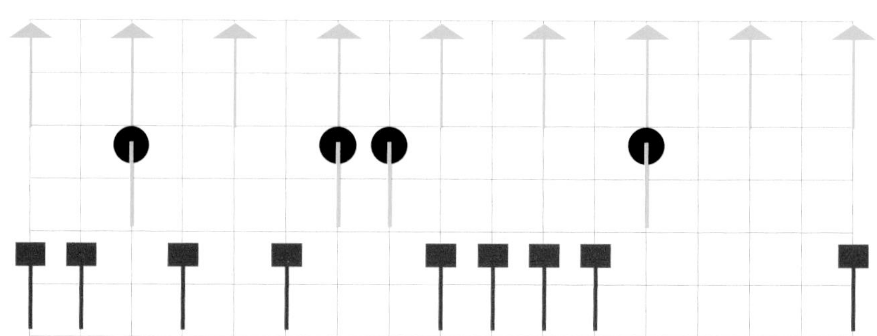

Si desea realizar una autoevaluación para valorar su grado de aprendizaje, haga los ejercicios del primero al último sin parar y sin atrasarse o adelantarse en el tiempo. Consiga un metrónomo que le marque el tiempo.

UNIDAD 4

GOLPE DE ARO

En esta unidad, vamos a aprender y a practicar el golpe de aro. Se llama así al sonido producido por el contacto de la baqueta con el aro.

De acuerdo con la posición de apoyo de la baqueta sobre la caja se pueden descubrir distintos tonos, y usarlos para diferenciar los colores musicales. Combinando el golpe de aro con el golpe lleno en la caja es posible crear nuevos patrones con variedad de matices.

Para realizar el golpe de aro, primero coloque la baqueta sobre la caja, y asegúrese de que el cuerpo permanece dentro del aro que sujeta los tornillos, y la cabeza afuera. Luego sujete la baqueta con los dedos índice y pulgar, dejando que la palma haga presión hacia abajo.

El golpe se realiza levantando sólo la parte superior de la baqueta (cabeza), dejándola caer sobre el aro según el lugar donde esté escrito.

De acuerdo con la posición donde se encuentre el cuerpo de la baqueta obtendrá un golpe diferente. Busque el que más se acomode a las cualidades de su caja y recuérdelo.

Haga los ejercicios a la velocidad que le permita avanzar sin cometer errores, y auméntela sólo cuando esté seguro de hacerlo bien. No olvide que los símbolos escritos en la última línea son los primeros del ejercicio, es decir, el primer tiempo.

Los golpes de cada parte de la batería deben ser constantes en intensidad, para crear una base uniforme.

Escuche atentamente el DVD interactivo, practique los ejercicios comenzando por el tiempo más lento hasta el más rápido. Continúe hasta estar seguro de que lleva el tiempo exacto, luego practique con el siguiente tiempo y así hasta el último.

EJERCICIO

1

CHARLES [HI HAT]

GOLPE DE ARO [RING SHOT]

BOMBO [BASSDRUM]

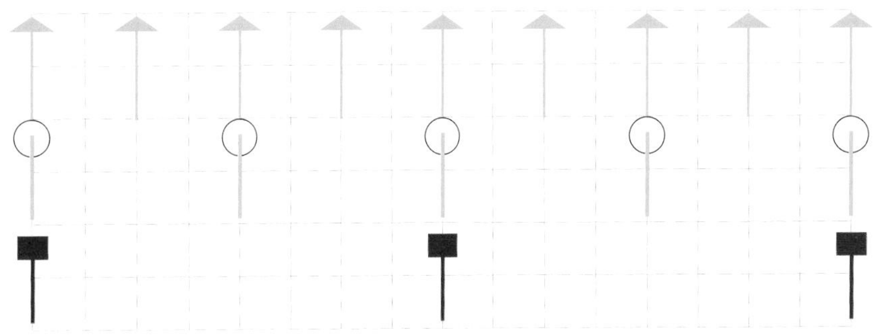

EJERCICIO

2

CHARLES [HI HAT]

GOLPE DE ARO [RING SHOT]

BOMBO [BASSDRUM]

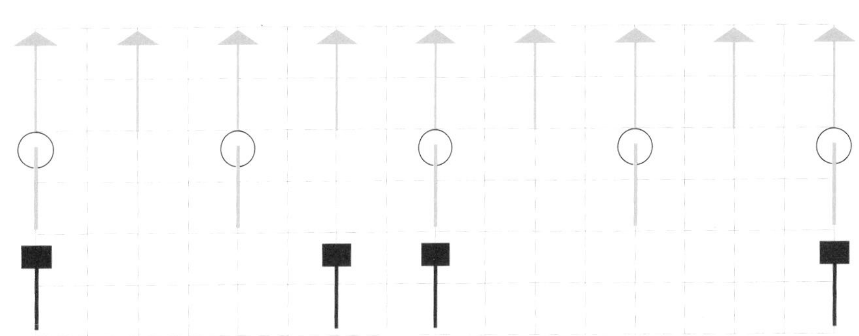

EJERCICIO

3

CHARLES [HI HAT]

GOLPE DE ARO [RING SHOT]

BOMBO [BASSDRUM]

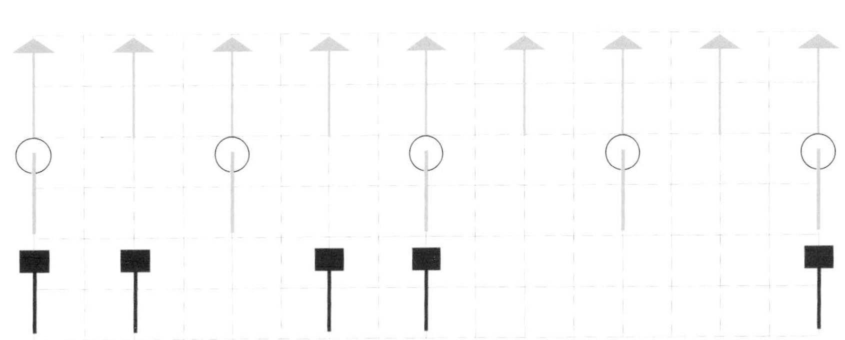

EJERCICIO

4

CHARLES [HI HAT]

GOLPE DE ARO [RING SHOT]

BOMBO [BASSDRUM]

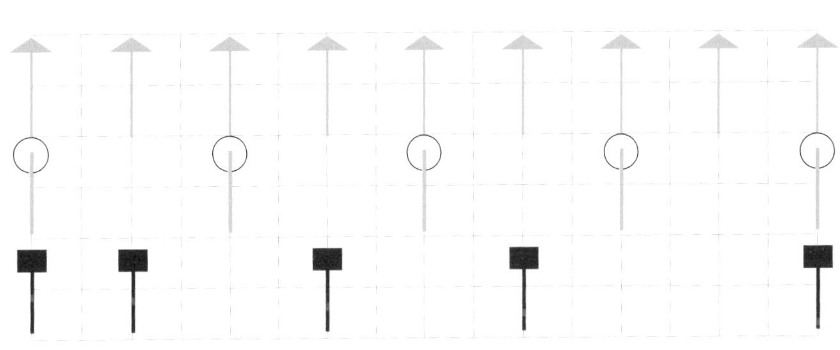

EJERCICIO
5

CHARLES [HI HAT]

GOLPE DE ARO [RING SHOT]

BOMBO [BASSDRUM]

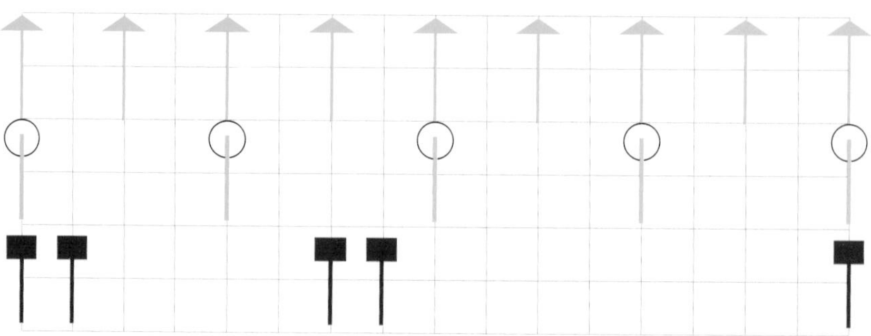

EJERCICIO
6

CHARLES [HI HAT]

GOLPE DE ARO [RING SHOT]

BOMBO [BASSDRUM]

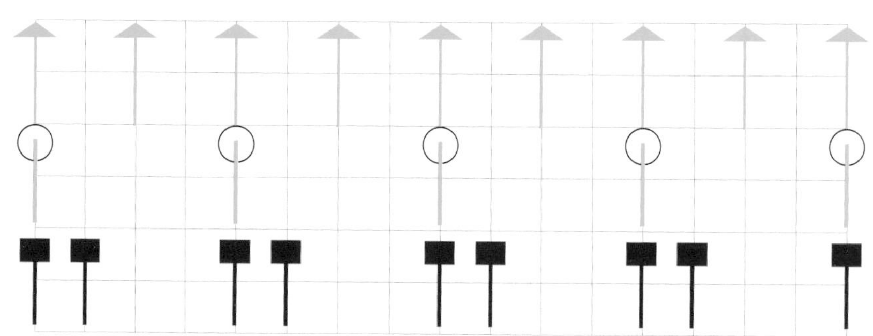

EJERCICIO
7

CHARLES [HI HAT]

GOLPE DE ARO [RING SHOT]

BOMBO [BASSDRUM]

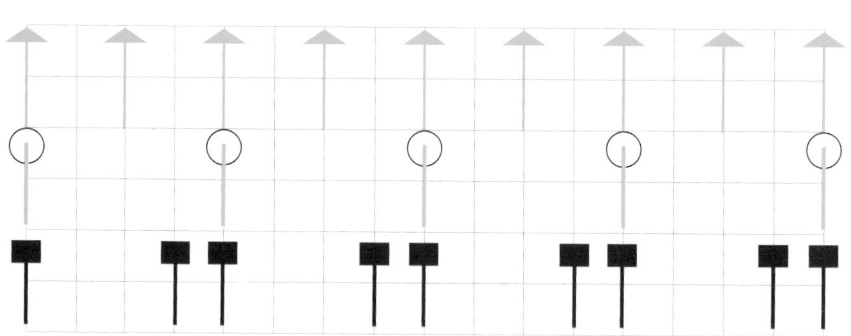

EJERCICIO
8

CHARLES [HI HAT]

GOLPE DE ARO [RING SHOT]

BOMBO [BASSDRUM]

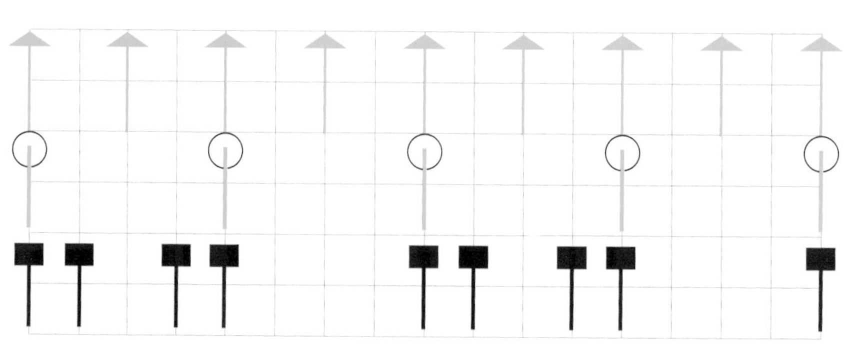

EJERCICIO

9

CHARLES [HI HAT]

GOLPE DE ARO [RING SHOT]

BOMBO [BASSDRUM]

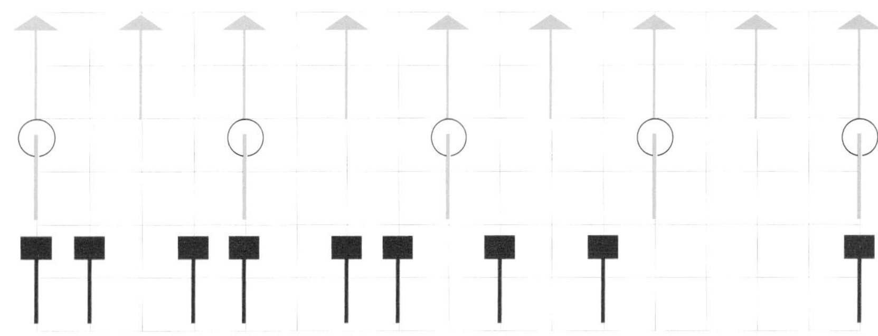

EJERCICIO

10

CHARLES [HI HAT]

GOLPE DE ARO [RING SHOT]

BOMBO [BASSDRUM]

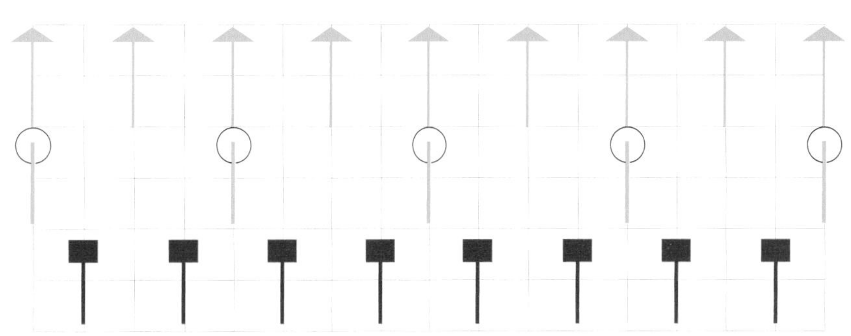

EJERCICIO

11

CHARLES [HI HAT]

GOLPE DE ARO [RING SHOT]

BOMBO [BASSDRUM]

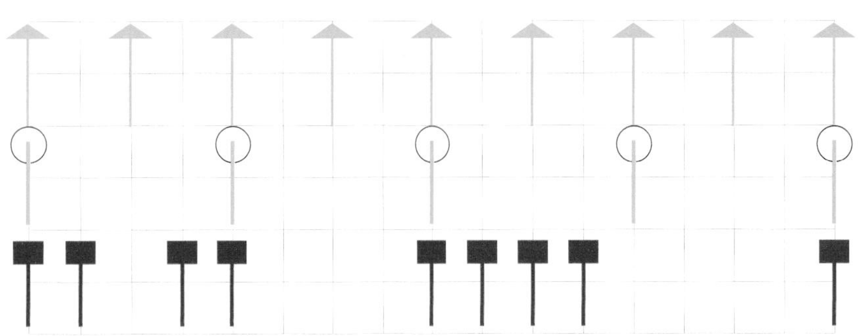

Si desea realizar una autoevaluación para valorar su grado de aprendizaje, haga los ejercicios del primero al último sin parar y sin atrasarse o adelantarse en el tiempo. Consiga un metrónomo que le marque el tiempo.

UNIDAD

5

5

CHARLES EN NEGRAS

En esta unidad el charles va en negras (unidad de tiempo), es decir, al doble del tiempo en el que lo estaba trabajando. Gráficamente, se entiende por estar escritas cada cuatro líneas.

El manejo de los silencios es tal vez una de las cosas más complicadas de lograr en la música. Por lo tanto, preste mucha atención a esta unidad.

El baterista debe tener muy claros los tiempos musicales en la mente, pues es el encargado de marcar el tiempo en una banda, orquesta, etc.

La seguridad en uno mismo es muy importante en el momento de interpretar un ritmo, y esto sólo se logra cuando se entiende perfectamente lo que se está haciendo. Así pues, realice los ejercicios sin prisa y con la certeza de ir hacia adelante sólo cuando sea necesario.

Los ritmos que llevan el charles en negras son muy utilizados en el rock, dejando el charles entreabierto.

Conserve la espalda recta y los hombros relajados, mantenga la mano derecha paralela al charles y acuérdese de mirar los toms de frente.

Escuche atentamente el DVD interactivo, practique los ejercicios comenzando por el tiempo más lento y avance hasta el más rápido. Continúe hasta estar seguro de que lleva el tiempo exacto, luego practique con el siguiente tiempo y así hasta el último.

No olvide que los símbolos escritos en la última línea son los primeros del ejercicio, es decir, el primer tiempo.

EJERCICIO 1

CHARLES [HI HAT]

CAJA [SNARE]

BOMBO [BASSDRUM]

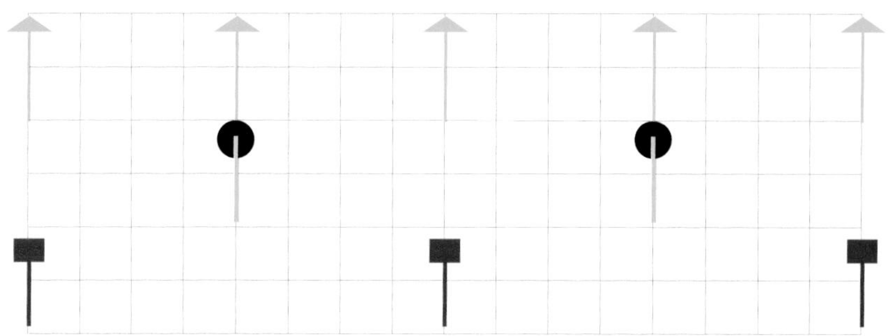

EJERCICIO 2

CHARLES [HI HAT]

CAJA [SNARE]

BOMBO [BASSDRUM]

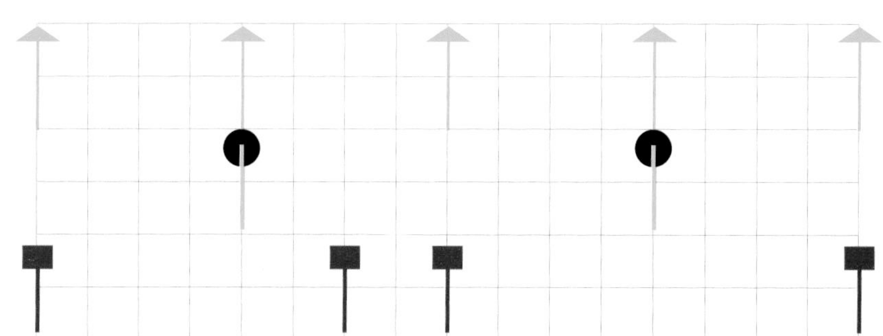

EJERCICIO 3

CHARLES [HI HAT]

CAJA [SNARE]

BOMBO [BASSDRUM]

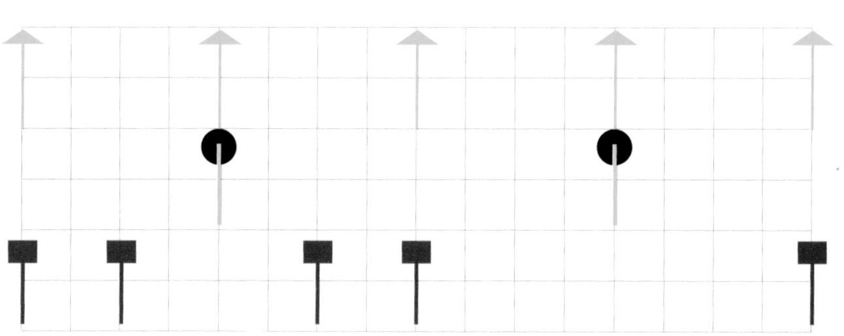

EJERCICIO 4

CHARLES [HI HAT]

CAJA [SNARE]

BOMBO [BASSDRUM]

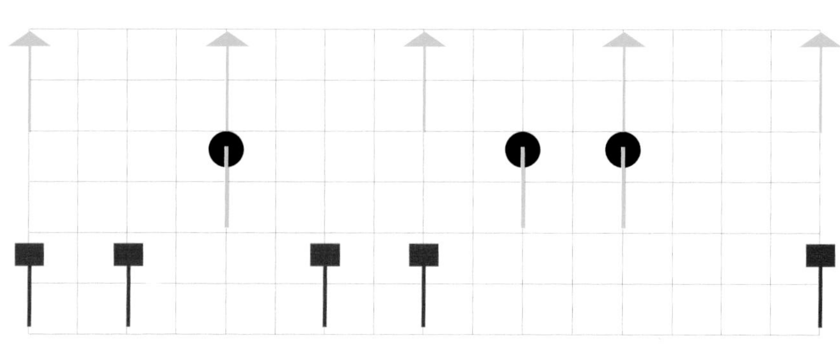

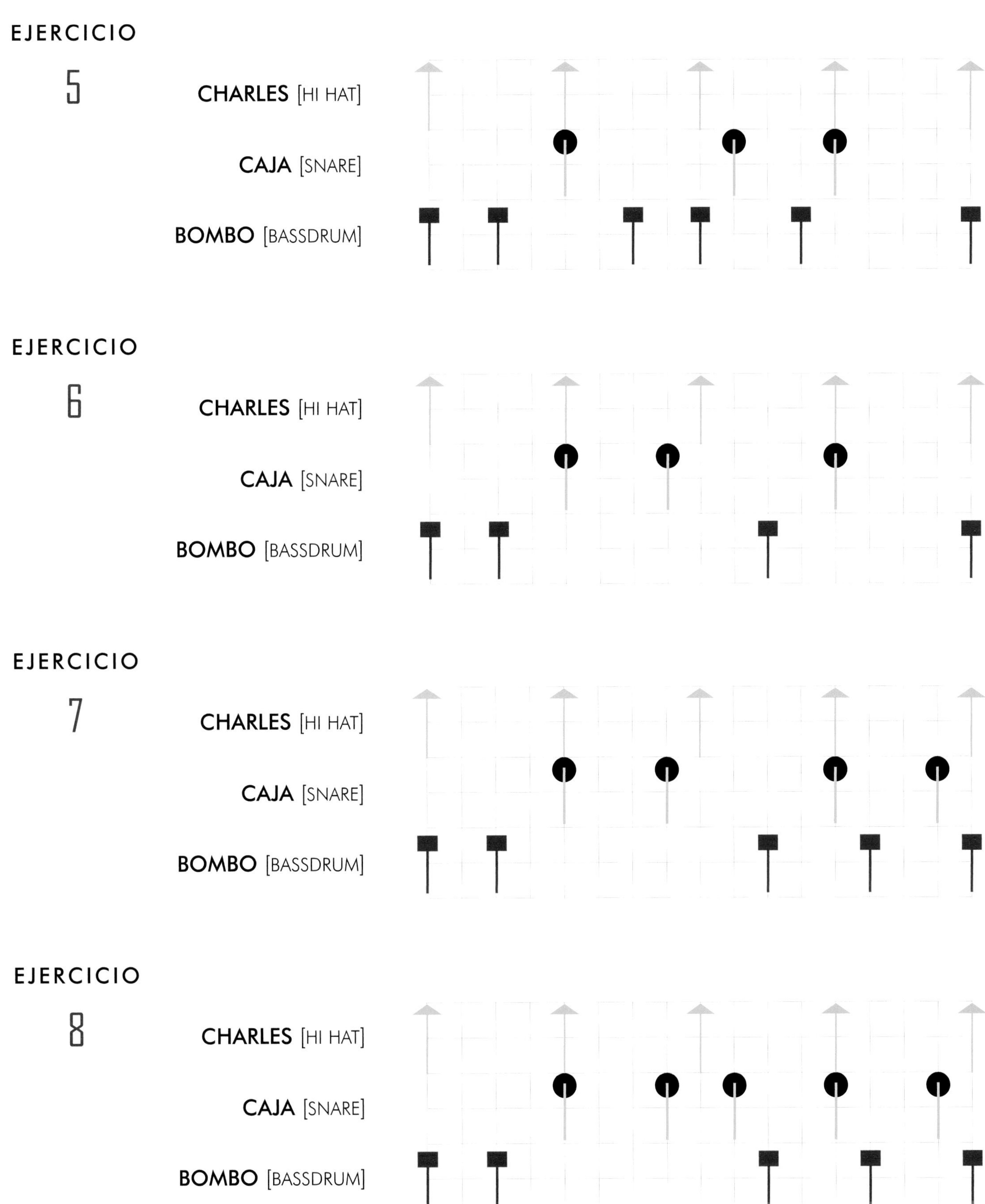
EJERCICIO
5
CHARLES [HI HAT]
CAJA [SNARE]
BOMBO [BASSDRUM]
EJERCICIO
6
CHARLES [HI HAT]
CAJA [SNARE]
BOMBO [BASSDRUM]
EJERCICIO
7
CHARLES [HI HAT]
CAJA [SNARE]
BOMBO [BASSDRUM]
EJERCICIO
8
CHARLES [HI HAT]
CAJA [SNARE]
BOMBO [BASSDRUM]

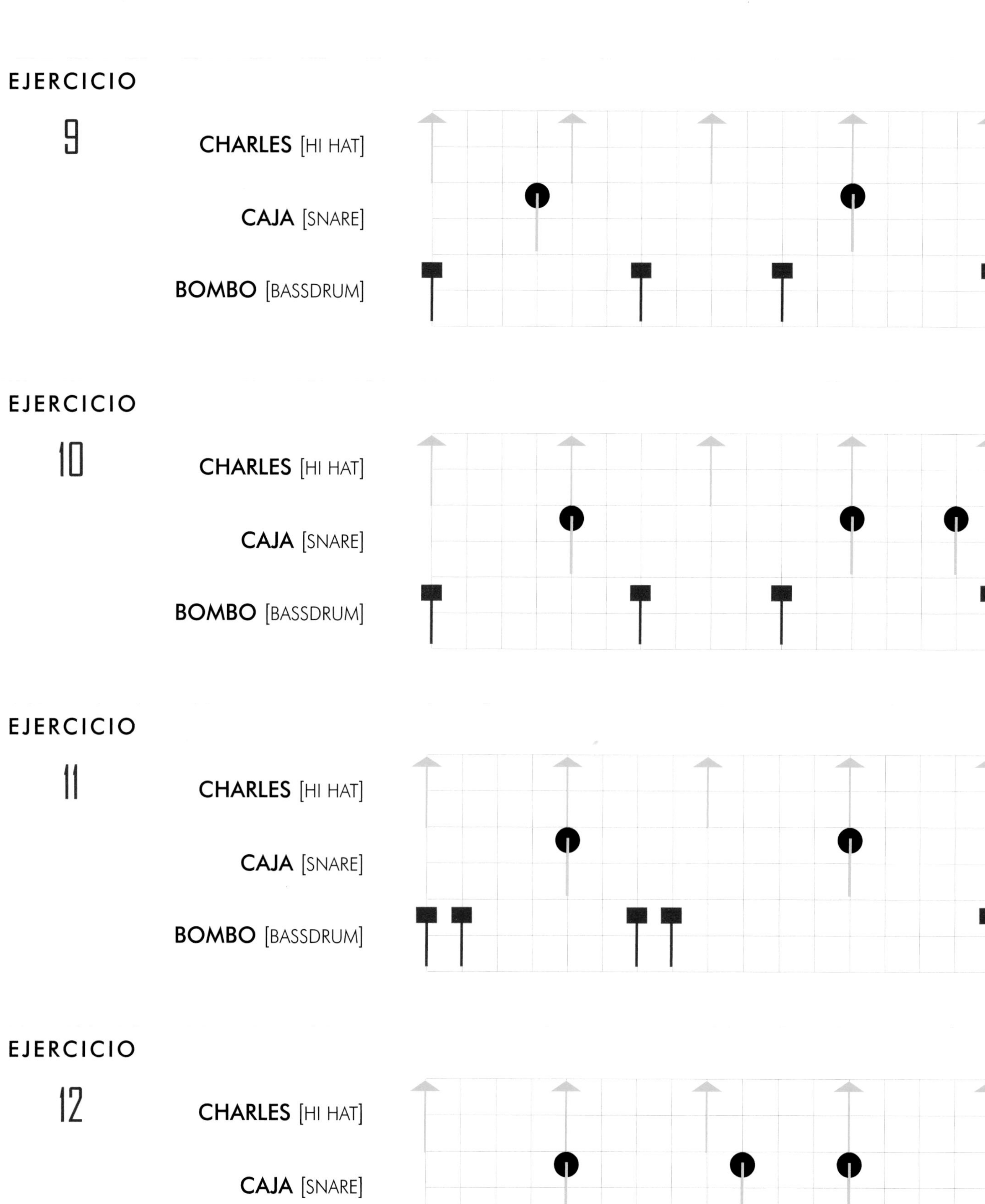
EJERCICIO
9
CHARLES [HI HAT]
CAJA [SNARE]
BOMBO [BASSDRUM]
EJERCICIO
10
CHARLES [HI HAT]
CAJA [SNARE]
BOMBO [BASSDRUM]
EJERCICIO
11
CHARLES [HI HAT]
CAJA [SNARE]
BOMBO [BASSDRUM]
EJERCICIO
12
CHARLES [HI HAT]
CAJA [SNARE]
BOMBO [BASSDRUM]

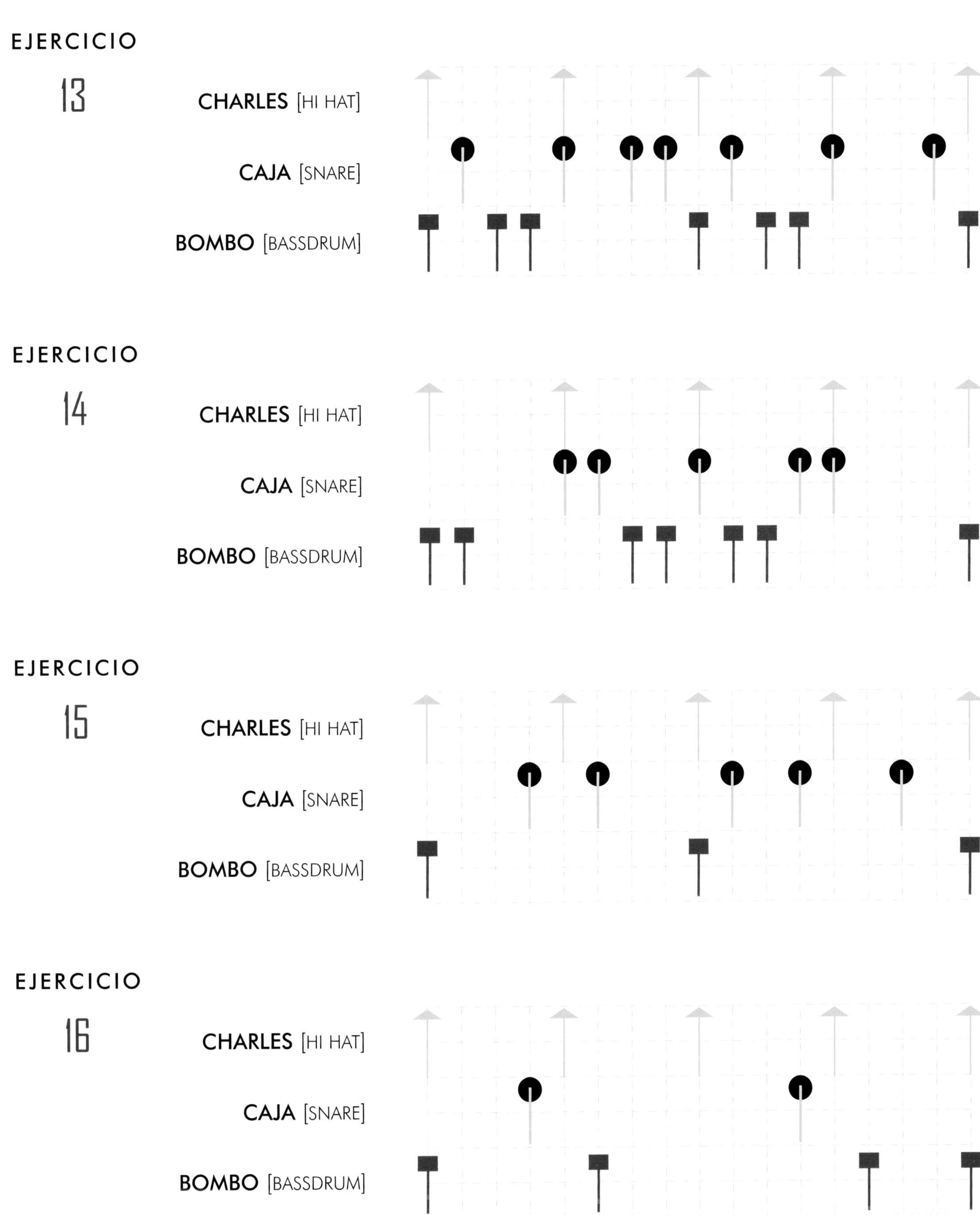
EJERCICIO
13
CHARLES [HI HAT]
CAJA [SNARE]
BOMBO [BASSDRUM]
EJERCICIO
14
CHARLES [HI HAT]
CAJA [SNARE]
BOMBO [BASSDRUM]
EJERCICIO
15
CHARLES [HI HAT]
CAJA [SNARE]
BOMBO [BASSDRUM]
EJERCICIO
16
CHARLES [HI HAT]
CAJA [SNARE]
BOMBO [BASSDRUM]

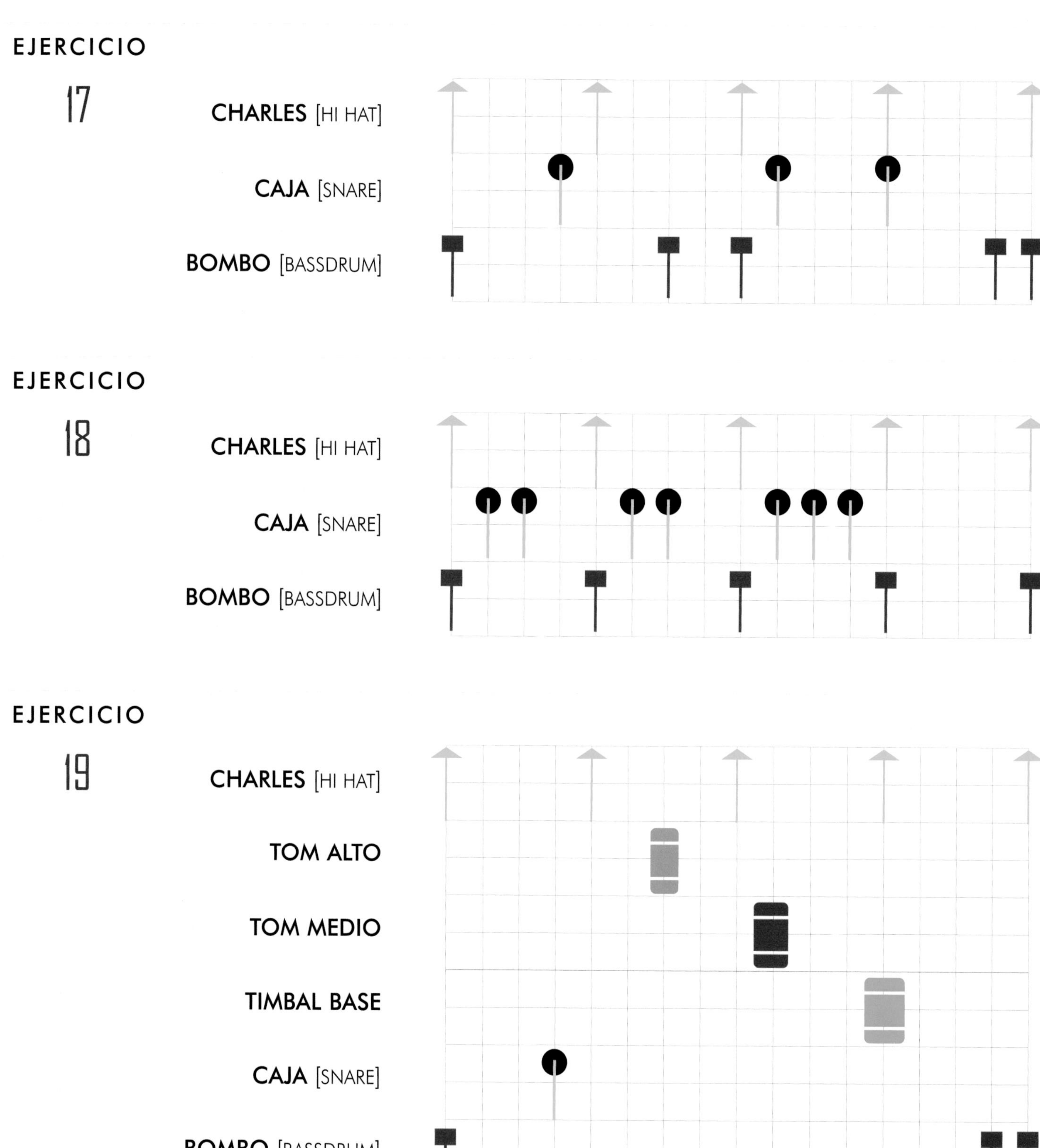

Si desea realizar una autoevaluación para valorar su grado de aprendizaje, haga los ejercicios del primero al último sin parar y sin atrasarse o adelantarse en el tiempo. Consiga un metrónomo que le marque el tiempo

UNIDAD

6

6

REDOBLE CERRADO

Se logra dejando rebotar la baqueta contra el parche. Para ello, primero se sujeta la baqueta fuertemente con los dedos índice y pulgar, y se extienden los demás dedos hacia fuera, tal como se muestra en las siguientes fotos.

El tiempo de duración del rebote está señalado con la línea quebrada roja.

Hay que encontrar el punto de presión exacto según el tiempo de duración del rebote, pues si se hace mucha presión hacia la caja, el rebote será corto o nulo, y si se relaja demasiado, sonará desordenado.

Sujete la baqueta con los dedos índice y pulgar firmemente, mientras los demás la sostienen con suavidad.

Al dejar caer la baqueta contra el parche suelte los dedos meñique, anular y corazón, sacándolos hacia fuera, mientras el pulgar y el anular sujetan firme la baqueta. Esto creará la tensión necesaria para que la baqueta rebote contra el parche el tiempo deseado. Mientras más tensión haya, el rebote será más cerrado, por lo tanto, controle la fuerza de tensión según la duración del rebote.

Para terminar recoja los dedos meñique, anular y corazón, dejando la mano en la posición inicial.

Valor de las notas

Este símbolo, que representa la forma del entorchado, muestra hasta dónde se realiza este rebote por medio de una línea quebrada o en zigzag.

Es aconsejable no dejar la baqueta contra el parche hasta que se termina el último golpe del redoble, pues estos últimos suenan muy dispersos y son difíciles de controlar.

Fíjese en la cuadrícula, y en la ubicación de los símbolos en ella.

Los golpes del rebote varían según la afinación del tambor en que se ejecute, la cabeza de la baqueta y de la fuerza con que se realice. Por lo tanto, practique este rebote hasta que el sonido sea parejo.

Mantenga la presión constante sobre los dedos índice y pulgar, para que la baqueta cumpla su función.

Debe manejar este rebote controlado, oiga atentamente el DVD, y practique el redoble hasta poder hacerlo en tiempos largos. No olvide que los símbolos escritos en la última línea son los primeros del ejercicio, es decir, el primer tiempo.

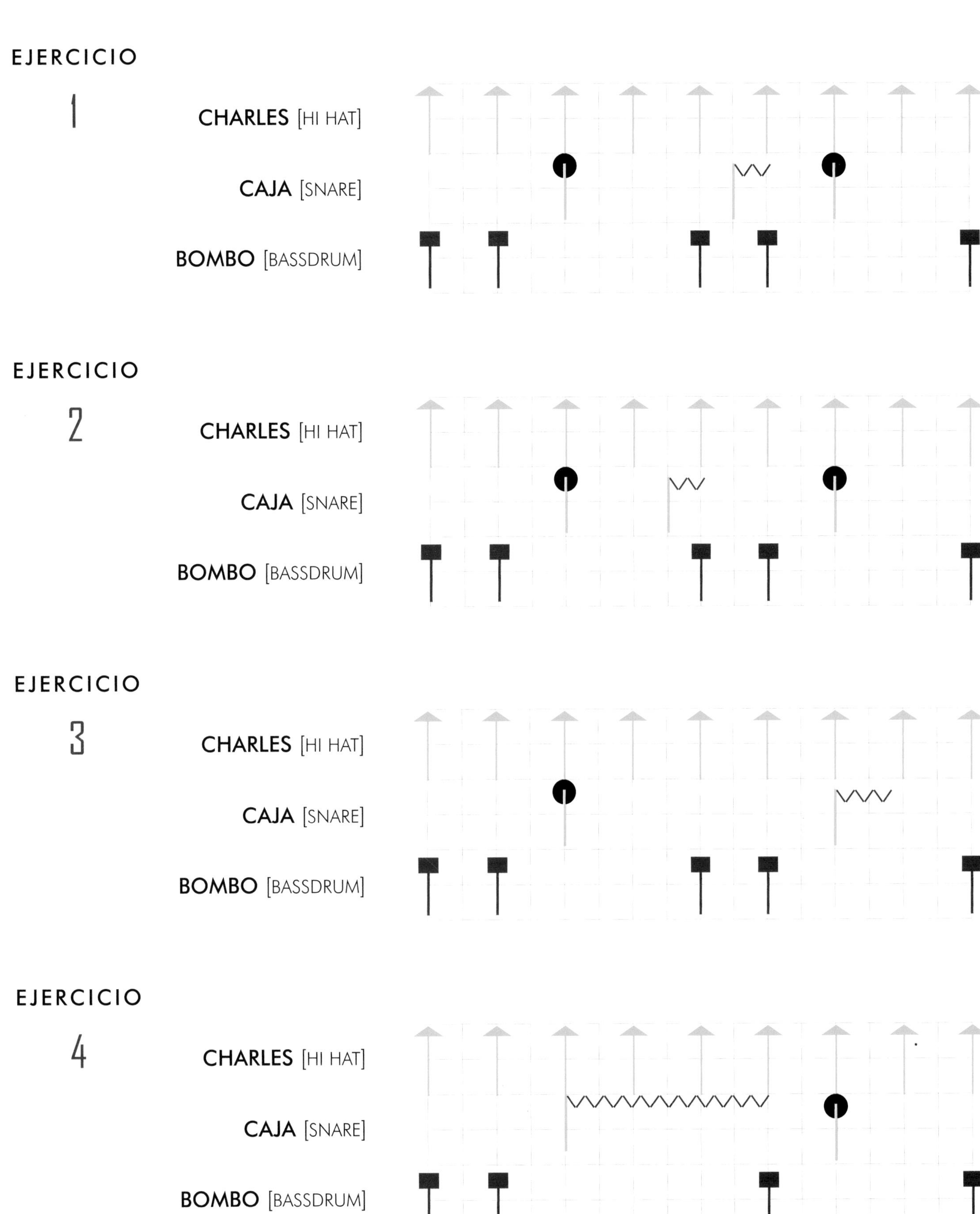
EJERCICIO
1
CHARLES [HI HAT]
CAJA [SNARE]
BOMBO [BASSDRUM]
EJERCICIO
2
CHARLES [HI HAT]
CAJA [SNARE]
BOMBO [BASSDRUM]
EJERCICIO
3
CHARLES [HI HAT]
CAJA [SNARE]
BOMBO [BASSDRUM]
EJERCICIO
4
CHARLES [HI HAT]
CAJA [SNARE]
BOMBO [BASSDRUM]

CHARLES [HI HAT]

CAJA [SNARE]

BOMBO [BASSDRUM]

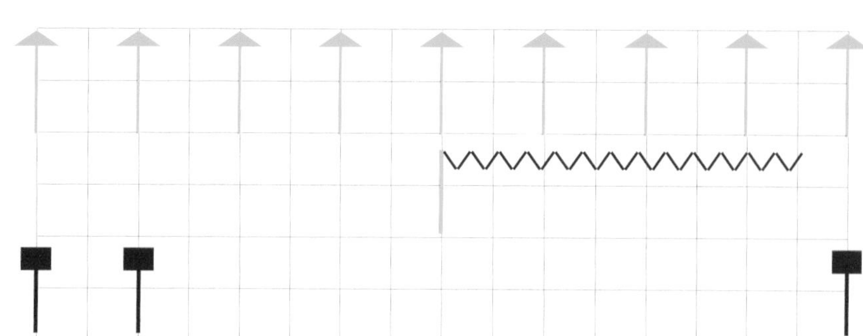

EJERCICIO

6

CHARLES [HI HAT]

CAJA [SNARE]

BOMBO [BASSDRUM]

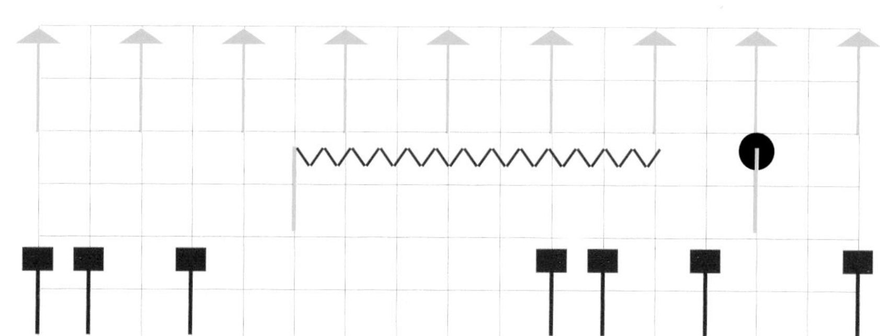

EJERCICIO

7

CHARLES [HI HAT]

CAJA [SNARE]

BOMBO [BASSDRUM]

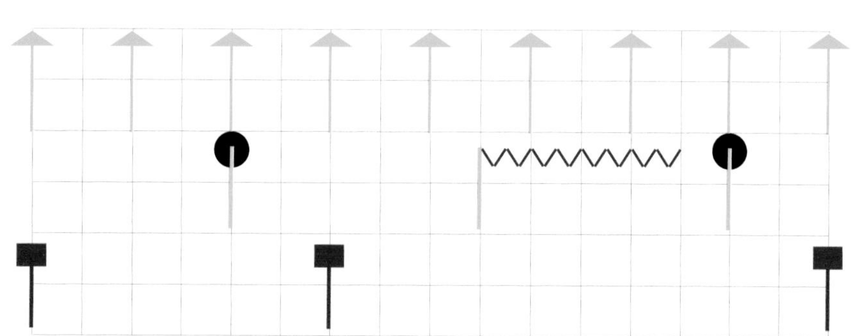

EJERCICIO

8

CHARLES [HI HAT]

CAJA [SNARE]

BOMBO [BASSDRUM]

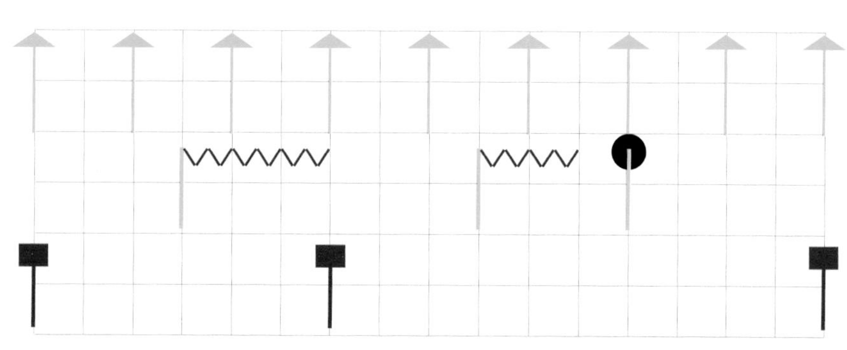

EJERCICIO 9

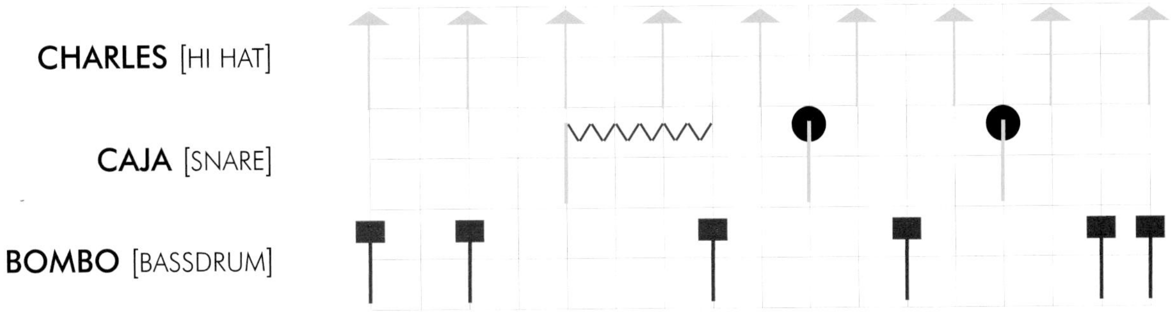

CHARLES [HI HAT]

CAJA [SNARE]

BOMBO [BASSDRUM]

EJERCICIO 10

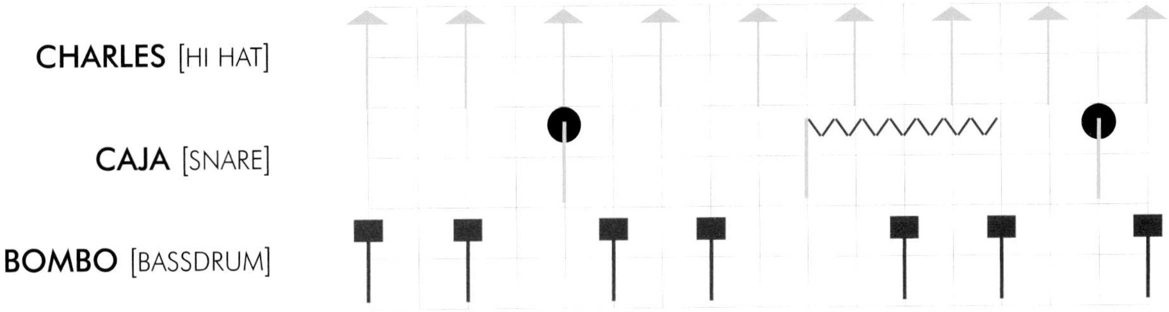

CHARLES [HI HAT]

CAJA [SNARE]

BOMBO [BASSDRUM]

Si desea realizar una autoevaluación para valorar su grado de aprendizaje, haga los ejercicios del primero al último sin parar y sin atrasarse o adelantarse en el tiempo. Consiga un metrónomo que le marque el tiempo.

UNIDAD 7

7

TRESILLOS

En esta unidad vamos a realizar dos y tres golpes de caja y de bombo en la mitad de los tiempos del charles como se puede observar en la cuadrícula.

Esto se conoce como tresillo, y consiste en un grupo de tres notas que se tocan en el tiempo que se deberían tocar sólo dos. En la escritura tradicional se reconoce por tener una barra sobre ellas con el número 3.

El charles está anotado cada dos líneas negras, es decir, en corcheas. Los golpes que veremos ahora son tresillos de semicorchea, están en la mitad del charles. Golpes de dos y tres en el bombo y en la caja, que se logran haciéndolos justo cuando la mano que marca el charles se halla en su parte más alta (justo en la mitad).

Estos ejercicios le ayudarán a tener soltura con el pie derecho, y ello le permitirá practicar muchos ritmos, desde el rock duro hasta el reggae.

En todo el método observará que se hace énfasis en el tiempo, pues es necesario recalcar que el baterista es el encargado de marcarlo cuando toca en una banda, una orquesta, o en un grupo.

Mantenga la postura correcta para evitar dolores musculares.

Recuerde que el charles debe sonar continuo, sin acelerarse ni atrasarse; y con la misma intensidad de golpe. El charles le indicará el tiempo de ejecución de los ejercicios.

Escuche con atención el DVD interactivo, practique los ejercicios comenzando por el tiempo más lento hasta el más rápido. Continúe hasta estar seguro de que lleva el tiempo exacto, luego practique con el siguiente tiempo y así hasta el último. No olvide que los símbolos escritos en la última línea son los primeros del ejercicio, es decir, el primer tiempo.

EJERCICIO

1

CHARLES [HI HAT]

CAJA [SNARE]

BOMBO [BASSDRUM]

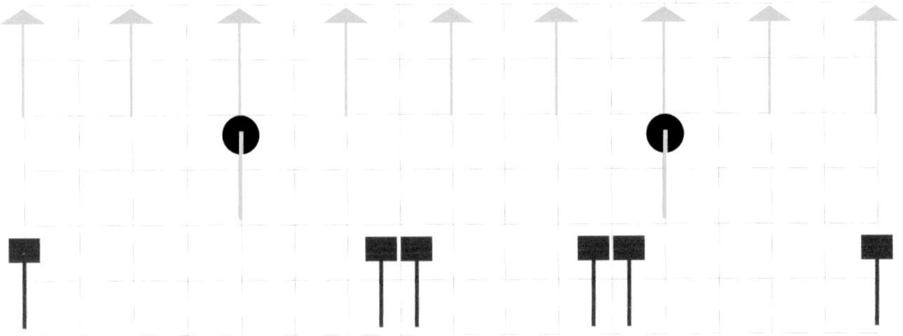

EJERCICIO

2

CHARLES [HI HAT]

CAJA [SNARE]

BOMBO [BASSDRUM]

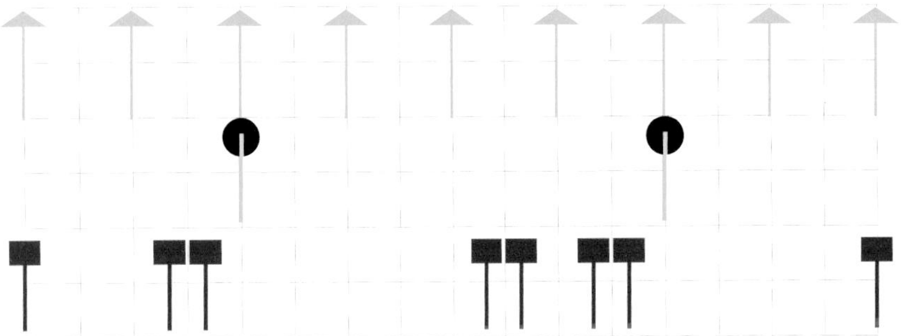

EJERCICIO

3

CHARLES [HI HAT]

CAJA [SNARE]

BOMBO [BASSDRUM]

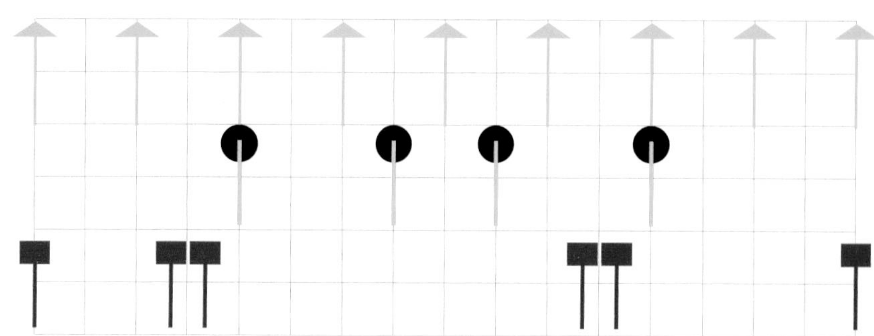

EJERCICIO

4

CHARLES [HI HAT]

CAJA [SNARE]

BOMBO [BASSDRUM]

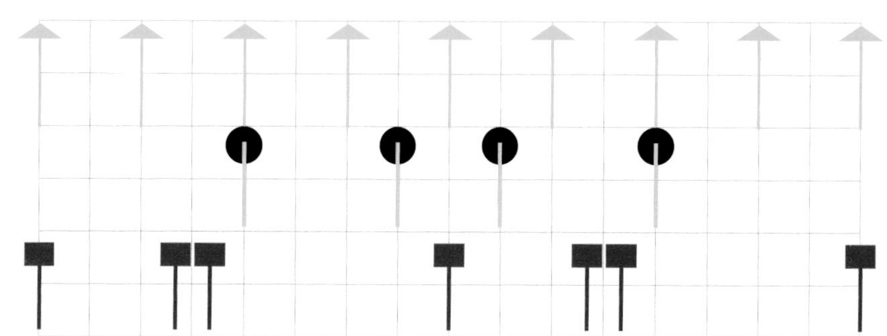

EJERCICIO

5

CHARLES [HI HAT]

CAJA [SNARE]

BOMBO [BASSDRUM]

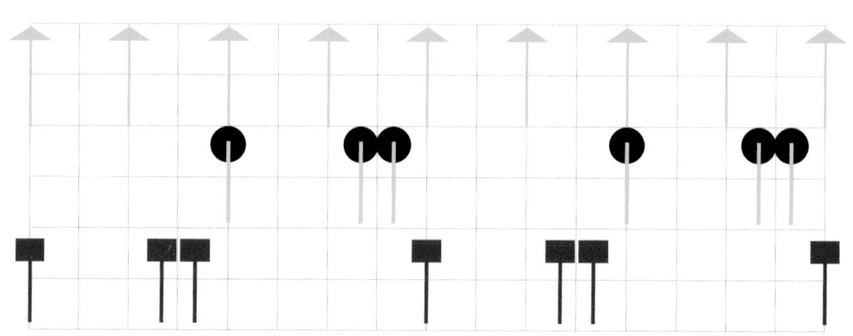

EJERCICIO

6

CHARLES [HI HAT]

CAJA [SNARE]
Y GOLPE DE ARO

BOMBO [BASSDRUM]

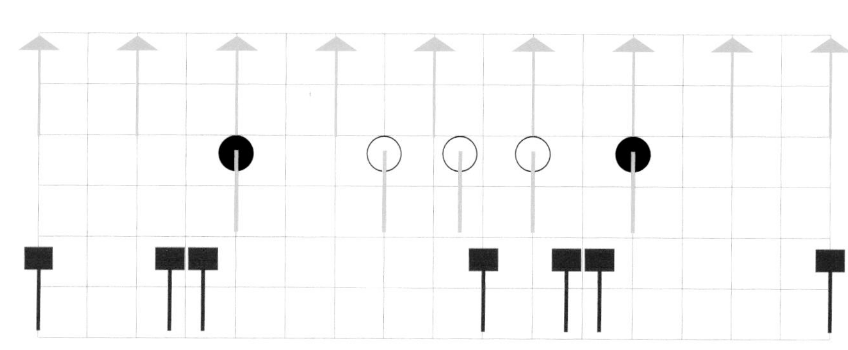

EJERCICIO 7

CHARLES [HI HAT]

CAJA [SNARE]

BOMBO [BASSDRUM]

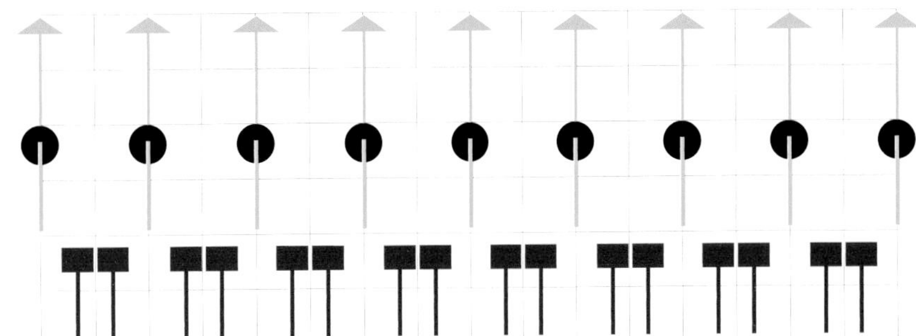

EJERCICIO 8

CHARLES [HI HAT]

CAJA [SNARE]

BOMBO [BASSDRUM]

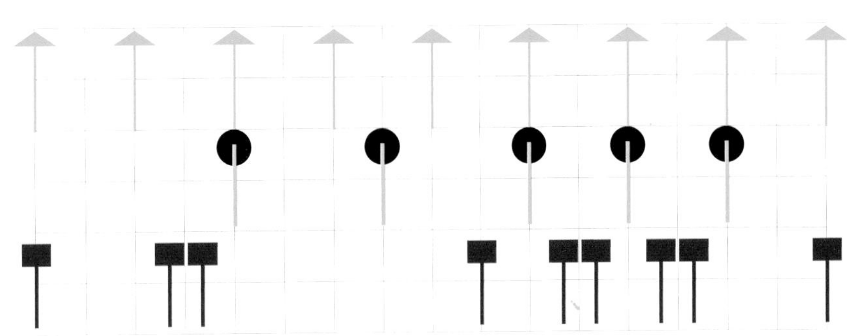

EJERCICIO 9

CHARLES [HI HAT]

CAJA [SNARE]

BOMBO [BASSDRUM]

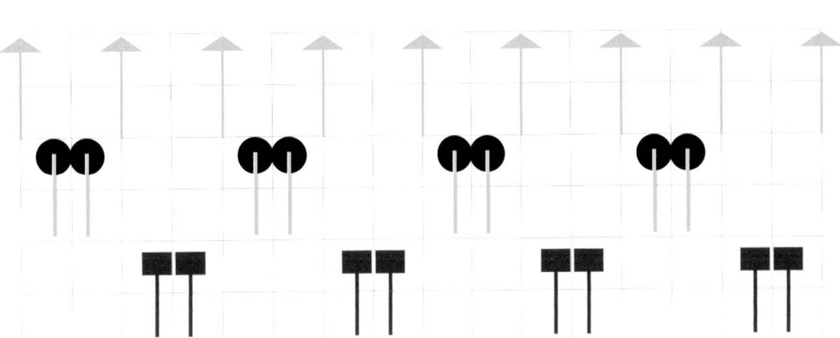

EJERCICIO 10

CHARLES [HI HAT]

CAJA [SNARE]

BOMBO [BASSDRUM]

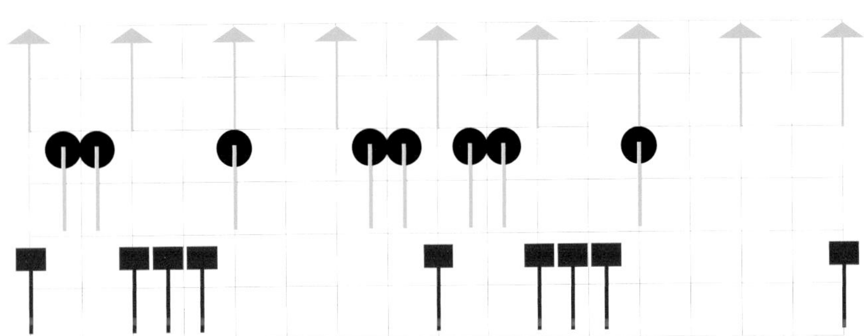

UNIDAD

8

DOS POR CUATRO [2/4]

Estos ritmos, muy utilizados en el rock, el ska o el punk, sirven para crear una aceleración mezclada con los patrones de cuatro por cuatro.

No olvide que lo importante de estos ejercicios es hacerlos en un tiempo rápido, es decir, con el pulso a más de cien.

El charles, como en todos los ejercicios realizados hasta el momento, es de gran ayuda para marcar el tiempo del patrón rítmico.

Es importante mantener la postura adecuada y hacer ejercicios para estirar los músculos antes de empezar a tocar el instrumento. Esto le evitará dolores musculares.

Los golpes en cada parte de la batería deben sonar con igual intensidad de fuerza. Cuando se toca una canción, hay que dar espacio para que los demás instrumentos suenen armoniosamente, y para que la voz se entienda.

Escuche atentamente el DVD, practique los ejercicios comenzando por el tiempo más lento y avance hasta el más rápido. Continúe hasta estar seguro de que lleva el tiempo exacto, luego practique con el siguiente tiempo y así hasta el último. No olvide que los símbolos escritos en la última línea son los primeros del ejercicio, es decir, el primer tiempo.

EJERCICIO

1

CHARLES [HI HAT]

CAJA [SNARE]

BOMBO [BASSDRUM]

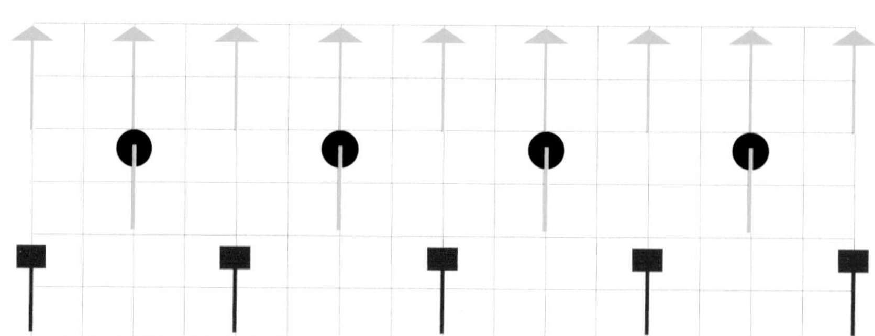

EJERCICIO

2

CHARLES [HI HAT]

CAJA [SNARE]

BOMBO [BASSDRUM]

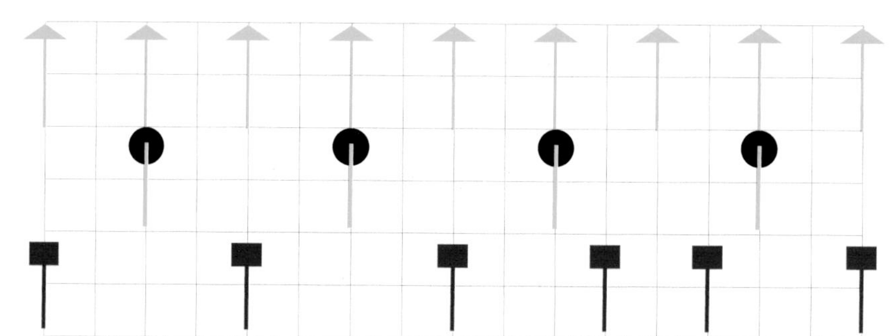

EJERCICIO

3

CHARLES [HI HAT]

CAJA [SNARE]

BOMBO [BASSDRUM]

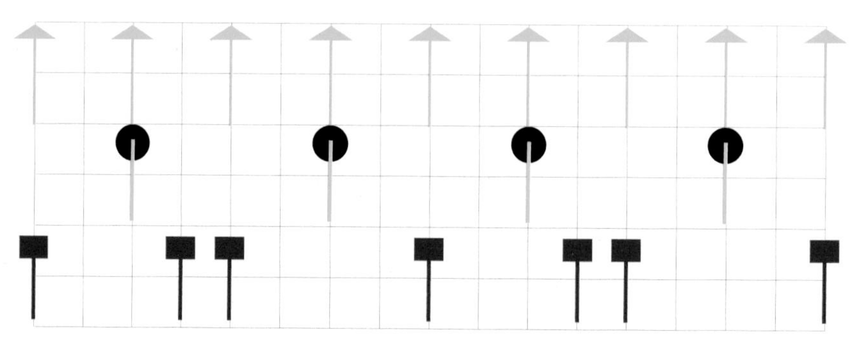

EJERCICIO

4

CHARLES [HI HAT]

CAJA [SNARE]

BOMBO [BASSDRUM]

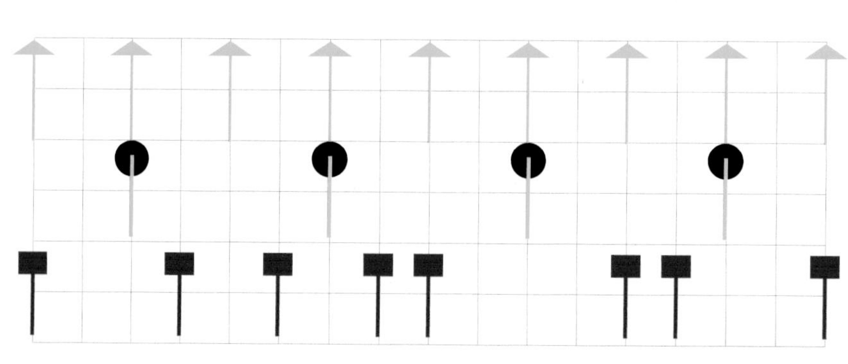

EJERCICIO 5

CHARLES [HI HAT]

CAJA [SNARE]

BOMBO [BASSDRUM]

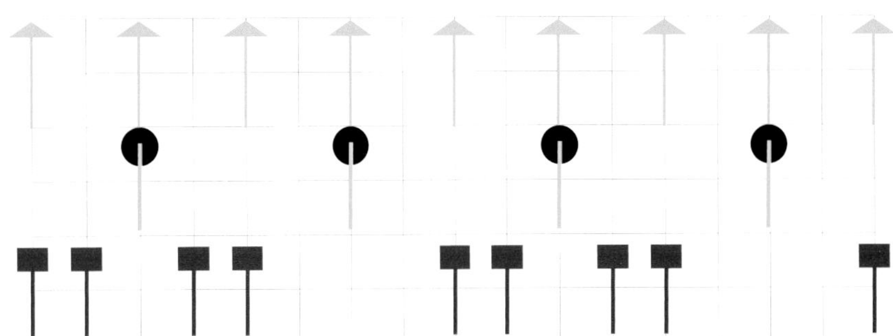

EJERCICIO 6

CHARLES [HI HAT]

CAJA [SNARE]

BOMBO [BASSDRUM]

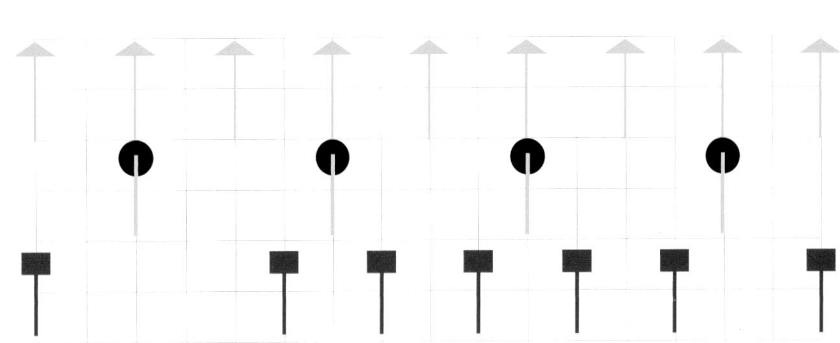

EJERCICIO 7

CHARLES [HI HAT]

CAJA [SNARE]

BOMBO [BASSDRUM]

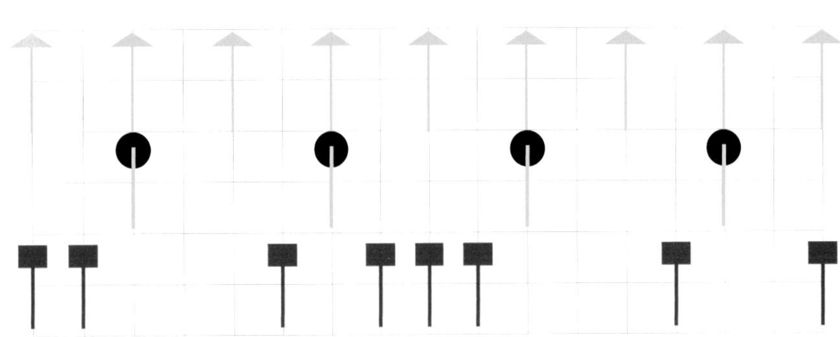

EJERCICIO 8

CHARLES [HI HAT]

CAJA [SNARE]

BOMBO [BASSDRUM]

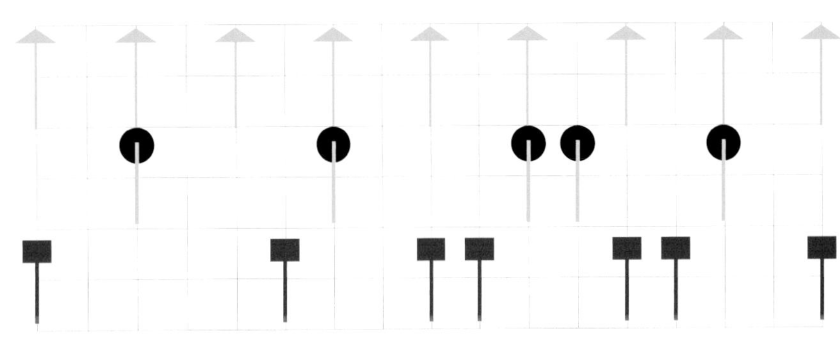

CHARLES [HI HAT]

CAJA [SNARE]

BOMBO [BASSDRUM]

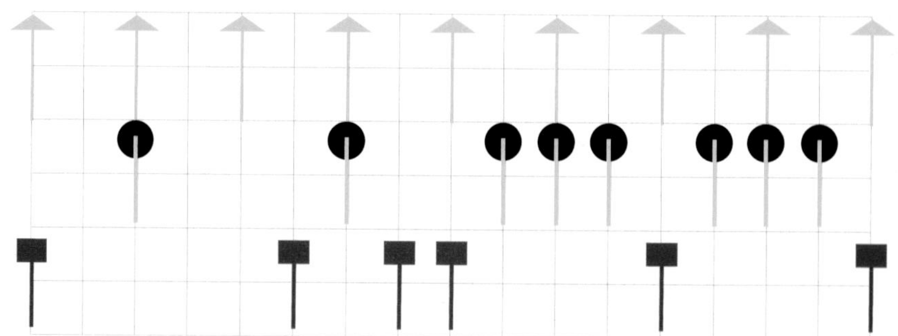

EJERCICIO

10

CHARLES [HI HAT]

CAJA [SNARE]

BOMBO [BASSDRUM]

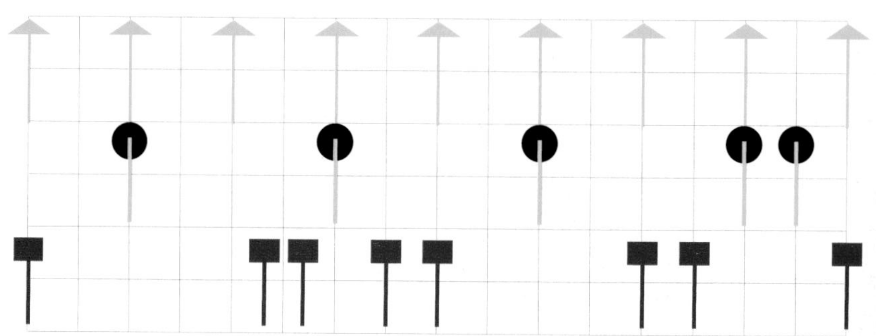

Si desea realizar una autoevaluación para valorar su grado de aprendizaje, haga los ejercicios del primero al último sin parar y sin atrasarse o adelantarse en el tiempo. Consiga un metrónomo que le marque el tiempo.

UNIDAD 9

SINCOPA

Es el desplazamiento del acento regular de una obra. Resultaría de la prolongación de un mismo sonido de un tiempo o parte débil del mismo compás a un tiempo o parte débil del mismo compás o del siguiente, esto hace que las partes débiles se escuchen como fuertes y viceversa, produciéndose así una contradicción rítmica.

La sincopa ha sido utilizada por los compositores de todas las épocas y aparece con frecuencia en la música folclórica. El jazz y el reggae la emplean como uno de sus principales recursos.

Los ejercicios de esta unidad están escritos en compases de 8 x 4, es decir, el doble de largos. El objetivo es crear patrones sincopados que permitan comprender mejor el tema.

Es importante tomar la cuadrícula como guía, pues permite entender mejor el ejercicio y llevar el tiempo de una manera matemática. No olvide que los símbolos escritos en la última línea son los primeros del ejercicio, es decir, el primer tiempo.

Ponga atención a la postura que adopta mientras toca la batería, para evitar dolores musculares y desarrollar malos hábitos.

Escuche atentamente el DVD interactivo, practique los ejercicios comenzando por el tiempo más lento y avance hasta el más rápido. Continúe hasta estar seguro de que lleva el tiempo exacto, luego practique el siguiente tiempo y así hasta el último.

EJERCICIO 1

CHARLES
CAJA
BOMBO

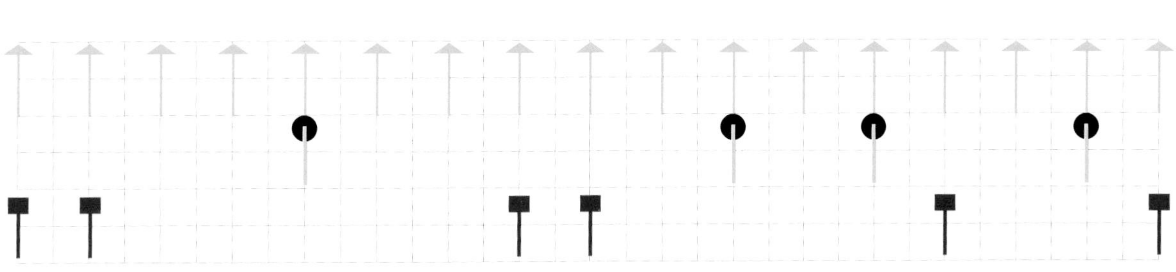

Ahora vamos a introducir los toms en los ejercicios con el fin de dar mayor independencia a sus extremidades y así poder abrir más el campo de acción en la batería.

Mantenemos la misma posición de manos que en los ejercicios anteriores; por lo tanto, los golpes en los toms los realizaremos con la mano izquierda debajo de la mano que va al charles.

EJERCICIO 2

CHARLES
TOM ALTO
CAJA
BOMBO

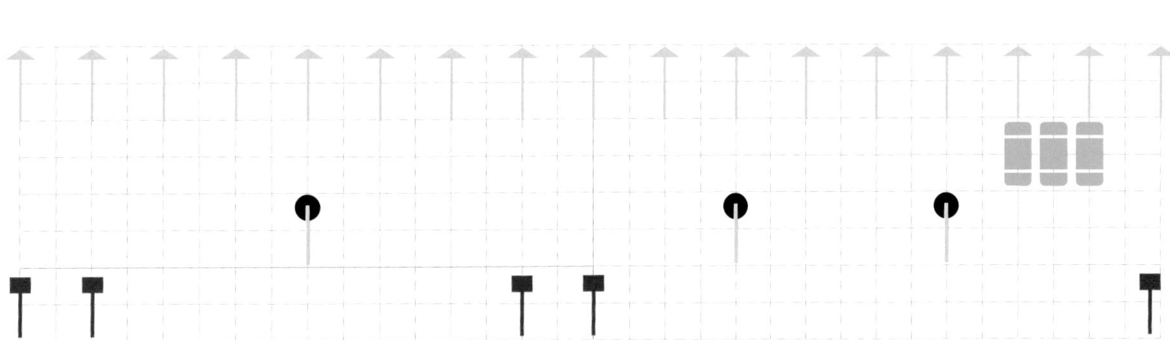

EJERCICIO 3

CHARLES
CAJA
BOMBO

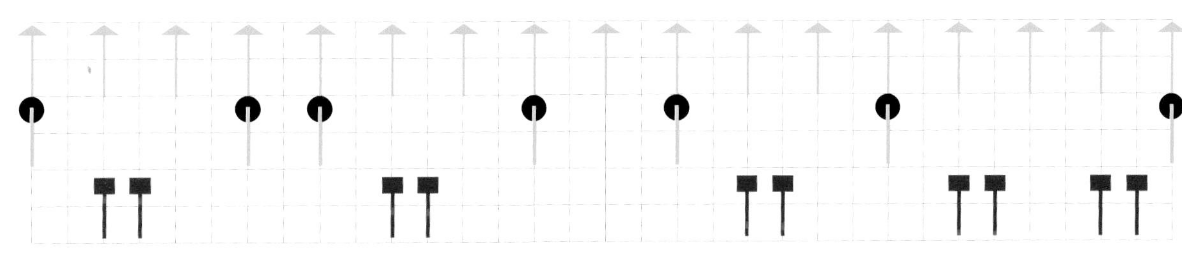

EJERCICIO

4

CHARLES
CAJA
BOMBO

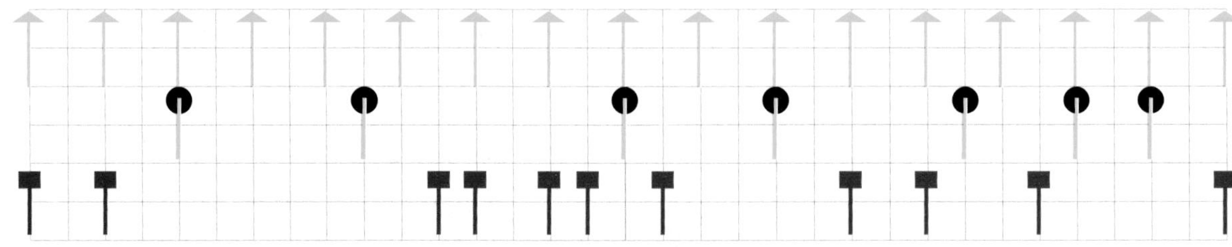

EJERCICIO

5

CHARLES
CAJA
BOMBO

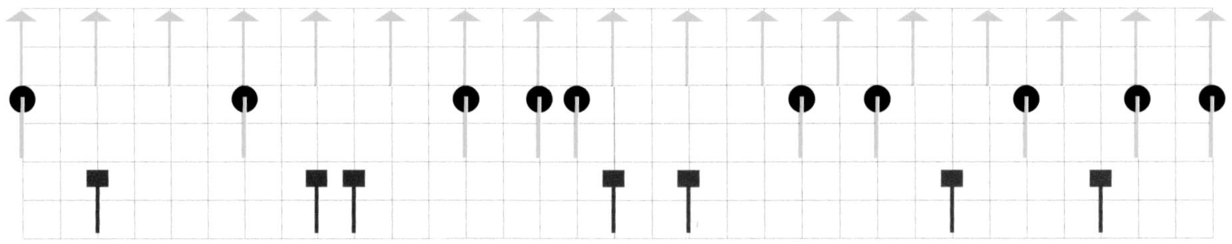

EJERCICIO

6

CHARLES
CAJA
BOMBO

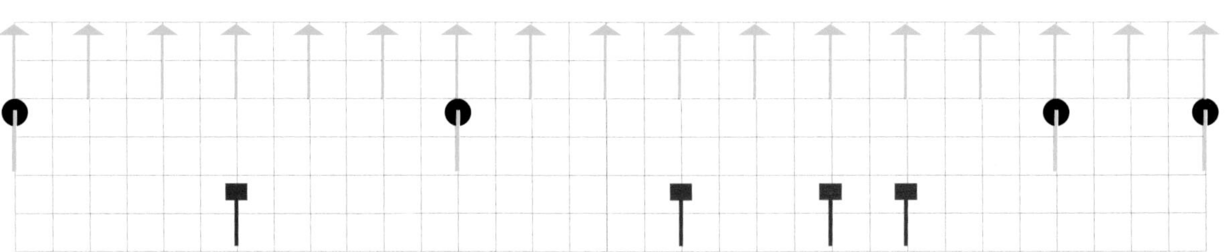

EJERCICIO

7

CHARLES
CAJA
BOMBO

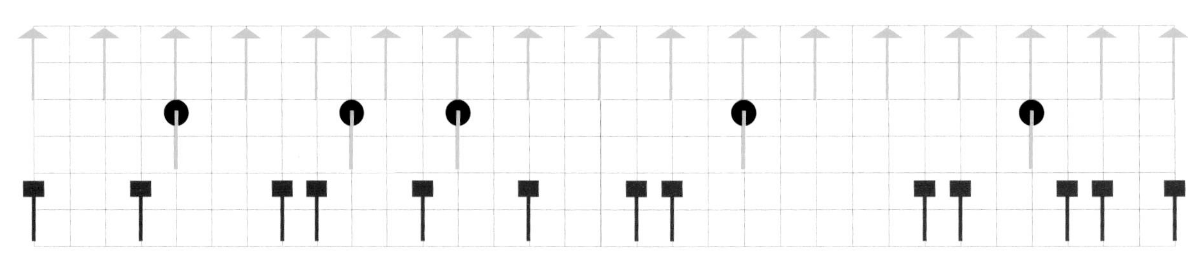

EJERCICIO 8

CHARLES
TOM ALTO
TOM MEDIO
TIMBAL BASE
CAJA
GOLPE EN EL ARO
BOMBO

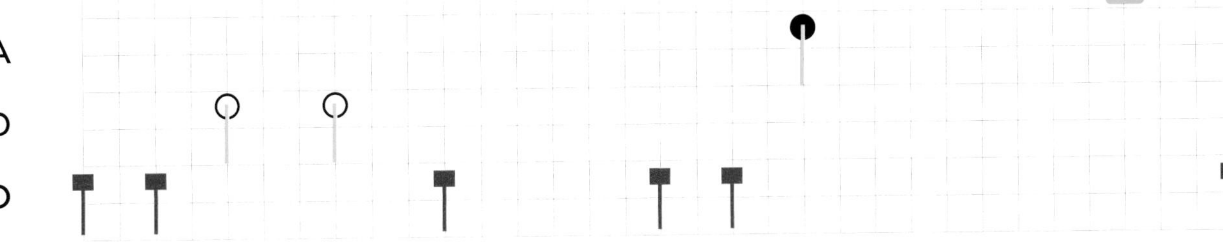

EJERCICIO 9

CHARLES
CAJA
GOLPE EN EL ARO
BOMBO

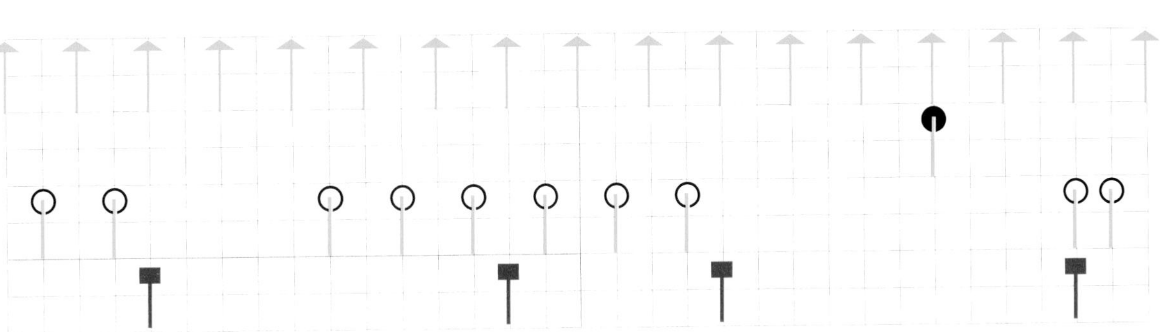

Si desea realizar una autoevaluación para valorar su grado de aprendizaje, haga los ejercicios del primero al último sin parar y sin atrasarse o adelantarse en el tiempo. Consiga un metrónomo que le marque el tiempo.

UNIDAD 10

TRES POR CUATRO [3/4]

Esta unidad está dedicada a los compases de tres por cuatro, es decir, aquellos donde la negra (unidad de tiempo) está tres veces dentro del compás.

Este tiempo de compás es el que se utilizó para componer los bellos vals de épocas pasadas, y una de las composiciones más sagradas, el blues.

También es utilizada en la actualidad por los compositores de música folclórica de todo el planeta.

Los golpes del charles, de la caja y del bombo deben sonar con la misma intensidad en su ejecución. Esto creará una base sólida sobre la cual se soportarán los demás instrumentos.

Escuche atentamente el DVD interactivo, practique los ejercicios comenzando por el tiempo más lento y avance hasta el más rápido. Continúe hasta estar seguro de que lleva el tiempo exacto, luego practique con el siguiente tiempo y así hasta el último.

Recuerde que la cuadrícula es una guía matemática que le muestra la división del compás, y la ubicación de los símbolos.

EJERCICIO

1

CHARLES [HI HAT]

CAJA [SNARE]

BOMBO [BASSDRUM]

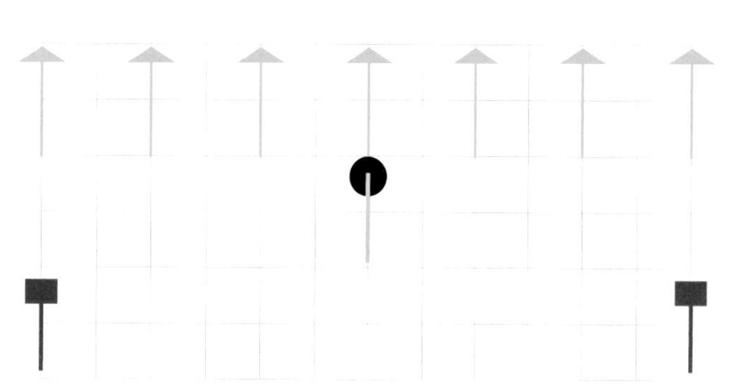

EJERCICIO

2

CHARLES [HI HAT]

CAJA [SNARE]

BOMBO [BASSDRUM]

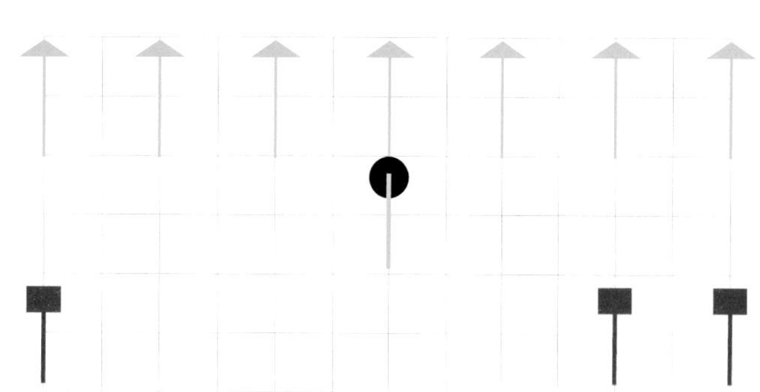

EJERCICIO

3

CHARLES [HI HAT]

CAJA [SNARE]

BOMBO [BASSDRUM]

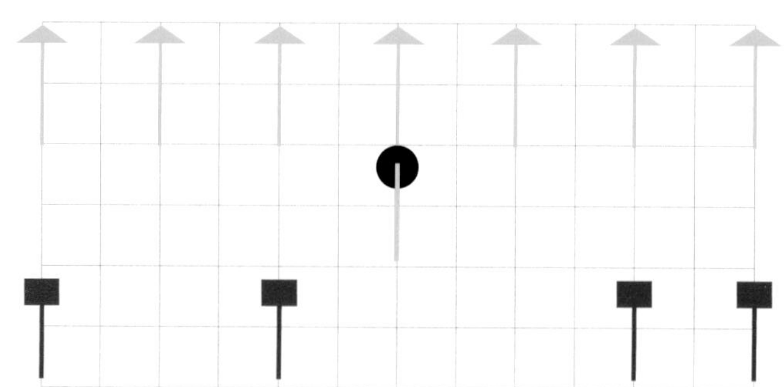

EJERCICIO

4

CHARLES [HI HAT]

CAJA [SNARE]

BOMBO [BASSDRUM]

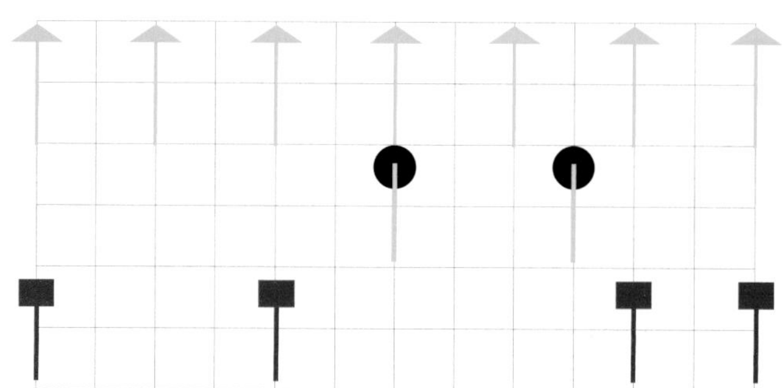

EJERCICIO

5

CHARLES [HI HAT]

GOLPE DE ARO [RING SHOT]

BOMBO [BASSDRUM]

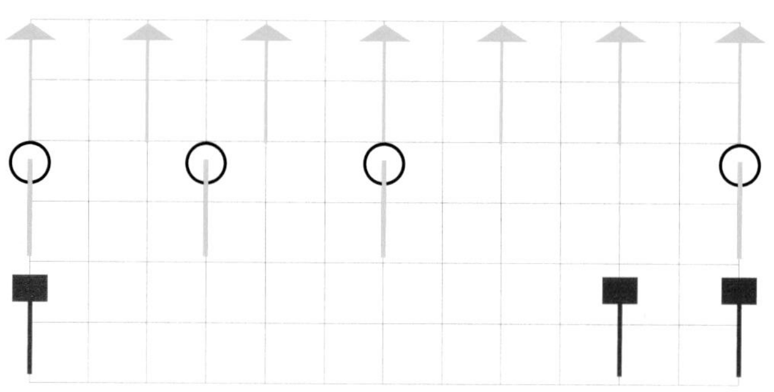

EJERCICIO

6

CHARLES [HI HAT]

GOLPE DE ARO [RING SHOT]

BOMBO [BASSDRUM]

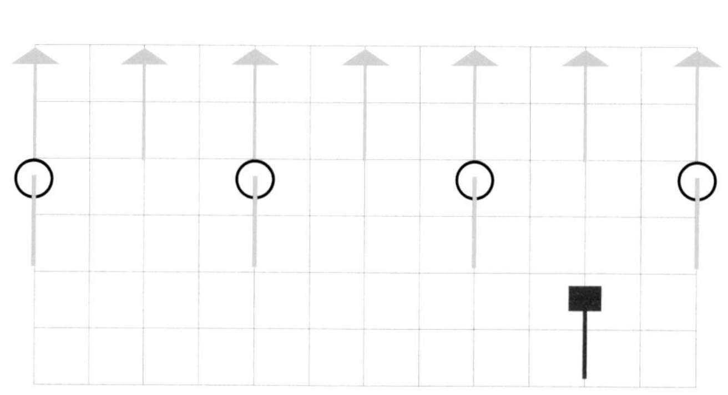

EJERCICIO

7

CHARLES [HI HAT]

GOLPE DE ARO [RING SHOT]

BOMBO [BASSDRUM]

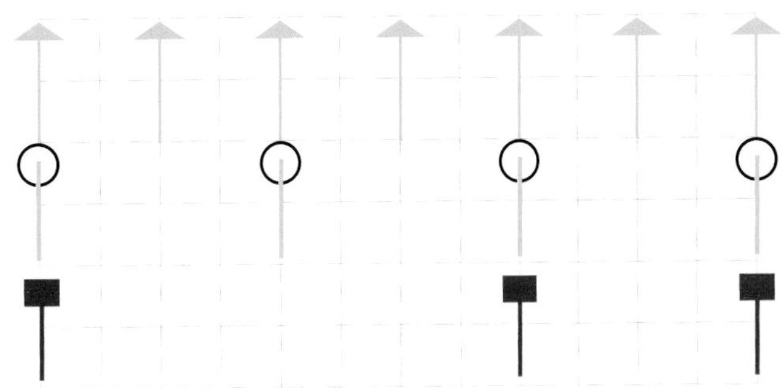

EJERCICIO

8

CHARLES [HI HAT]

GOLPE DE ARO [RING SHOT]

BOMBO [BASSDRUM]

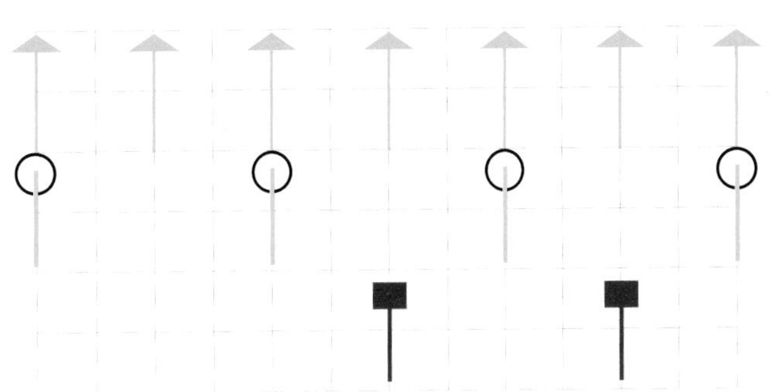

EJERCICIO

9

CHARLES [HI HAT]

GOLPE DE ARO [RING SHOT]

BOMBO [BASSDRUM]

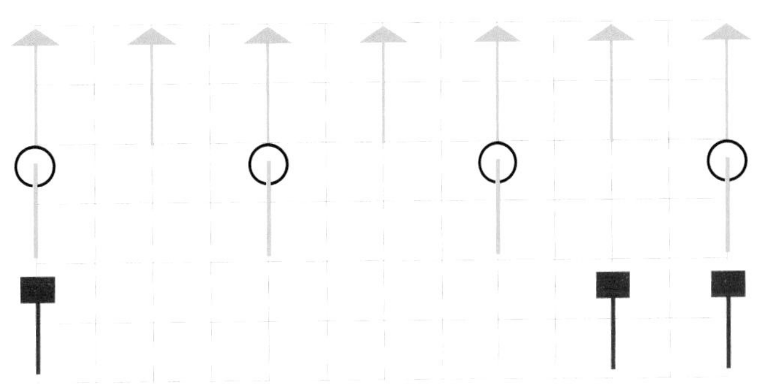

EJERCICIO

10

CHARLES [HI HAT]

GOLPE DE ARO [RING SHOT]

BOMBO [BASSDRUM]

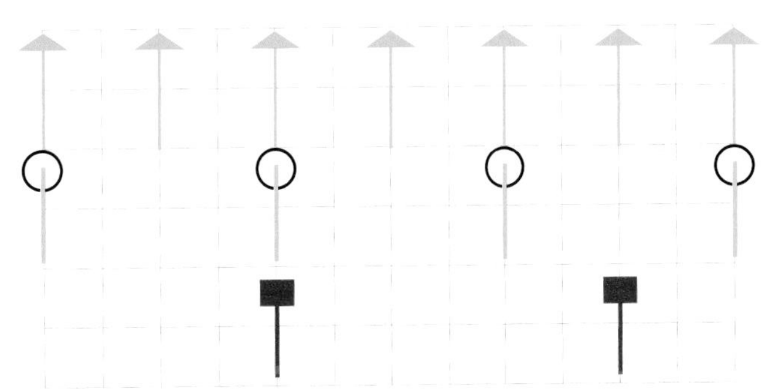

EJERCICIO

11

CHARLES [HI HAT]

GOLPE DE ARO [RING SHOT]

BOMBO [BASSDRUM]

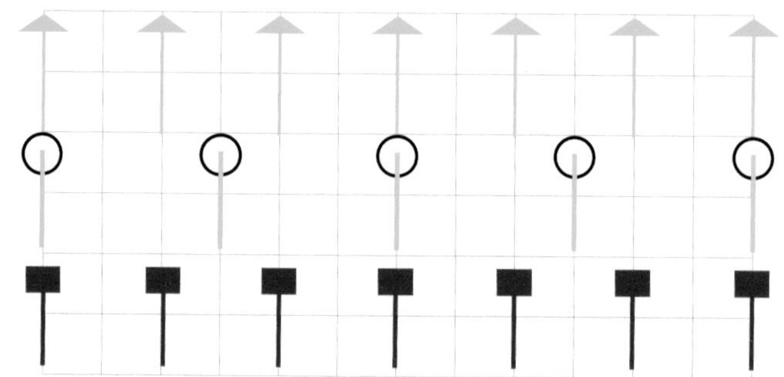

EJERCICIO

12

CHARLES [HI HAT]

GOLPE DE ARO [RING SHOT]

BOMBO [BASSDRUM]

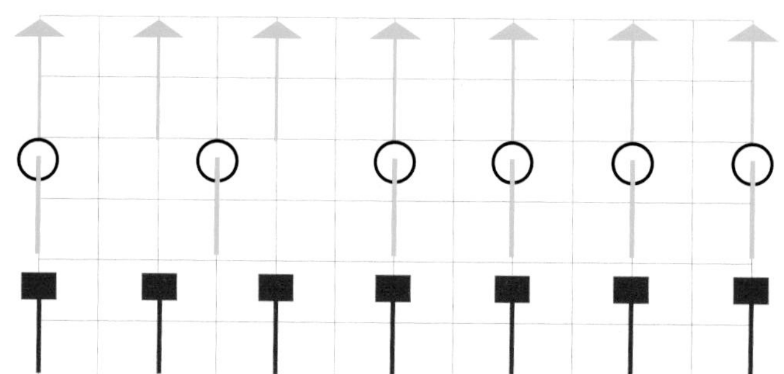

EJERCICIO

13

CHARLES [HI HAT]

GOLPE DE ARO [RING SHOT]

BOMBO [BASSDRUM]

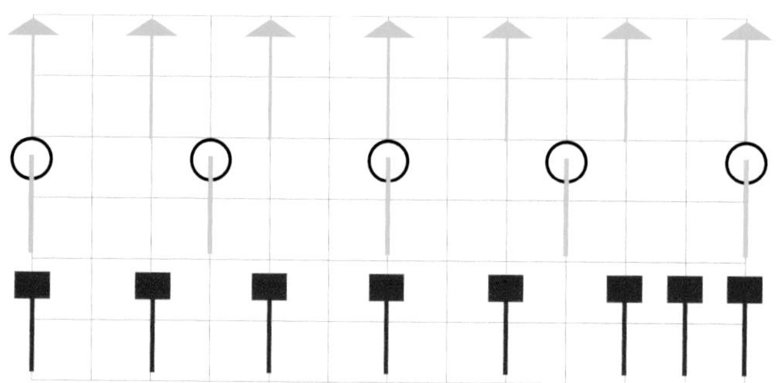

EJERCICIO

14

CHARLES [HI HAT]

GOLPE DE ARO [RING SHOT]

BOMBO [BASSDRUM]

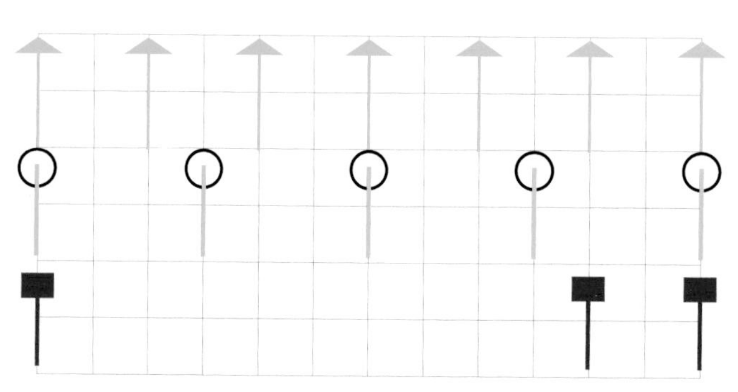

EJERCICIO

15

CHARLES [HI HAT]

GOLPE DE ARO [RING SHOT]

BOMBO [BASSDRUM]

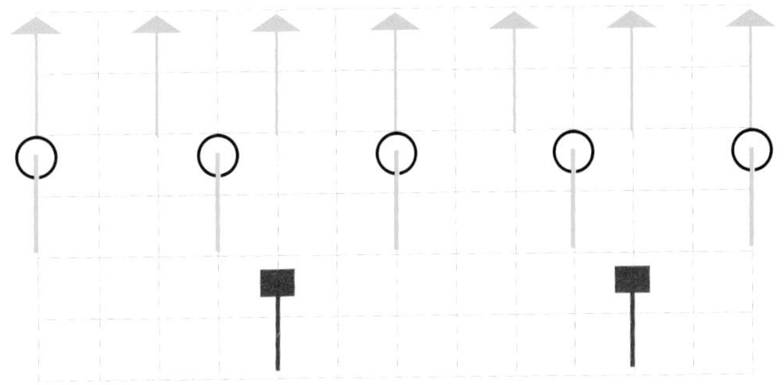

EJERCICIO

16

CHARLES [HI HAT]

GOLPE DE ARO [RING SHOT]

BOMBO [BASSDRUM]

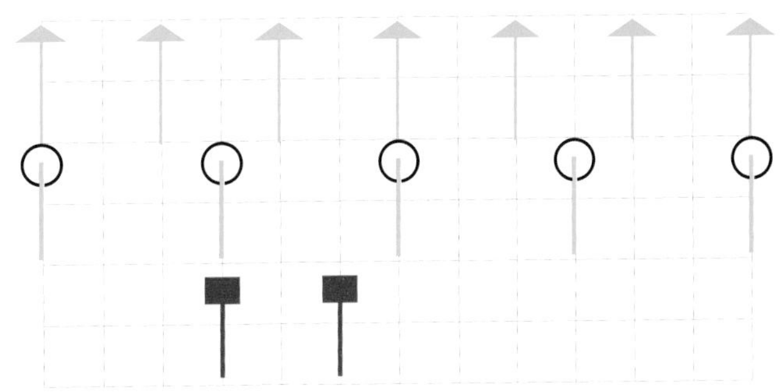

EJERCICIO

17

CHARLES [HI HAT]

GOLPE DE ARO [RING SHOT]

BOMBO [BASSDRUM]

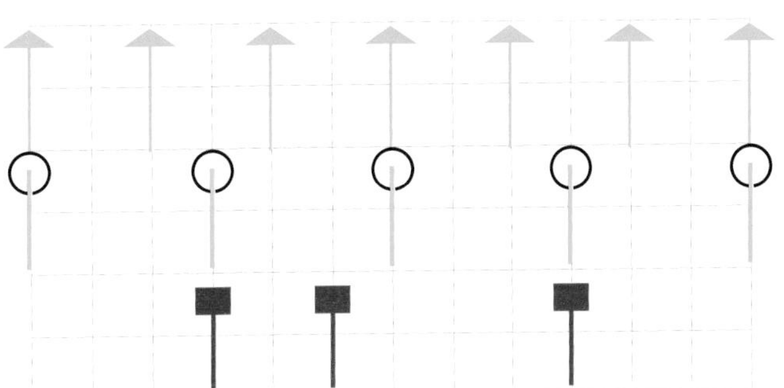

Si desea realizar una autoevaluación para valorar su grado de aprendizaje, haga los ejercicios del primero al último sin parar y sin atrasarse o adelantarse en el tiempo. Consiga un metrónomo que le marque el tiempo.

UNIDAD

11

11

CHARLES CON LAS DOS MANOS

Comenzamos el método avanzado utilizando las dos manos en el charles. Cada mano va alternando golpes a un punto del charles, primero procedemos con la mano derecha y luego con la izquierda tal como se ve en los siguientes ejercicios; y a un punto, para que el sonido producido por los golpes sea parejo y similar.

Con estos ejercicios comenzamos a trabajar una idea circular, que se irá independizando a medida que entren en función más partes de la batería.

CAMPANA (CENCERRO)

Este símbolo representa la campana o cencerro, utilizada en jazz latino o en la salsa.

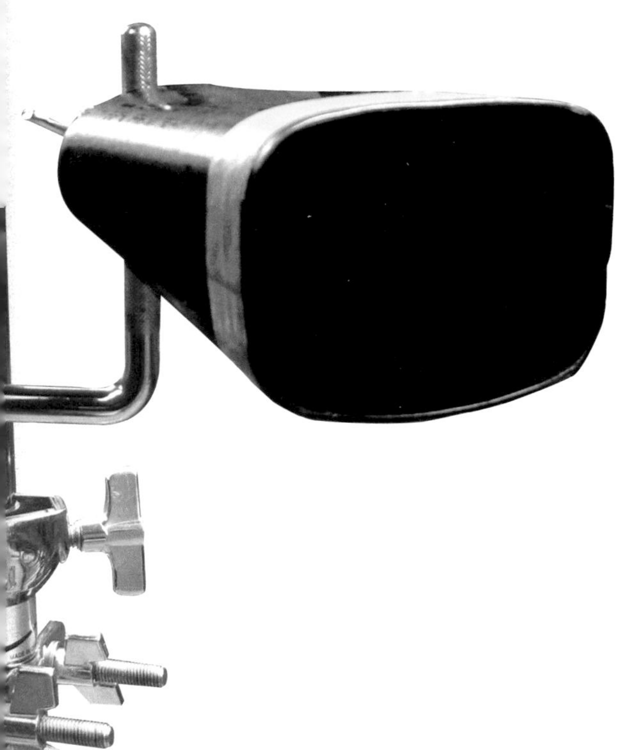

Primero adecue la batería de la manera que le resulte más cómoda (altura de la silla, altura de los toms, etc.).

Luego, adopte la postura correcta delante de la batería siguiendo los pasos antes descritos.

Identifique los símbolos que vamos a utilizar en esta unidad:

CHARLES CAJA BOMBO CENCERRO

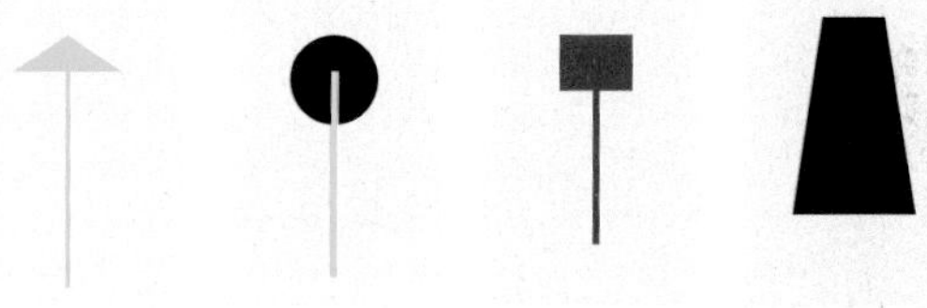

Tenga en cuenta que el charles debe sonar continuo y sin alteraciones de tiempo o intensidad de golpe. Los tiempos del bombo y de la caja deben sonar simultáneos con el charles.

Haga los ejercicios lentamente, y a medida que vaya afianzando su seguridad ante el instrumento aumente la velocidad.

Para obtener mejores resultados, recuerde que el golpe en el charles debe hacerse con la cabeza de la baqueta y no con el cuerpo.

Escuche atentamente el DVD, practique los ejercicios comenzando por el tiempo más lento y avance hasta el más rápido. No olvide que los símbolos escritos en la última línea son los primeros del ejercicio, es decir, el primer tiempo.

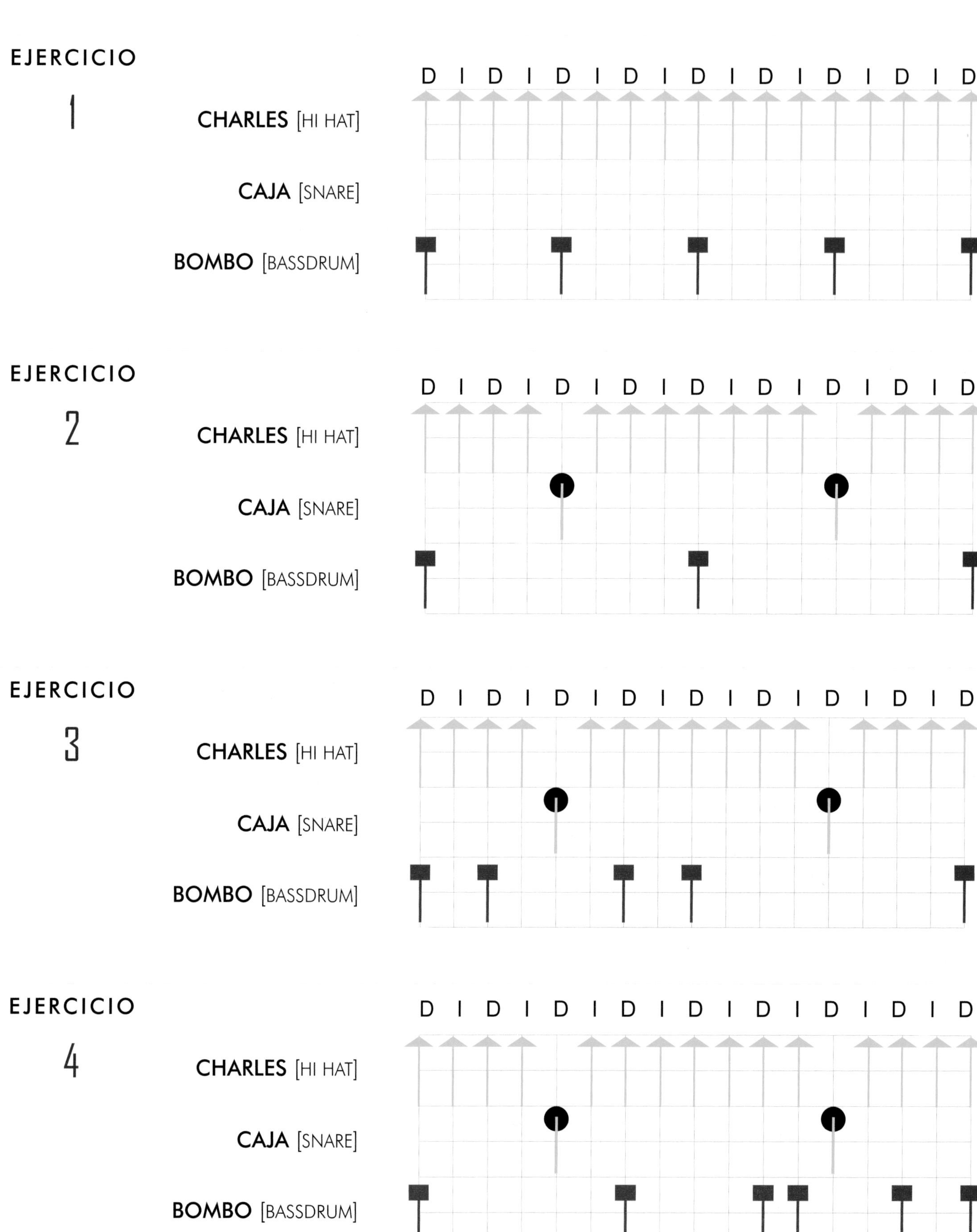
EJERCICIO
1
D I D I D I D I D I D I D I D I D
CHARLES [HI HAT]
CAJA [SNARE]
BOMBO [BASSDRUM]
EJERCICIO
2
D I D I D I D I D I D I D I D I D
CHARLES [HI HAT]
CAJA [SNARE]
BOMBO [BASSDRUM]
EJERCICIO
3
D I D I D I D I D I D I D I D I D
CHARLES [HI HAT]
CAJA [SNARE]
BOMBO [BASSDRUM]
EJERCICIO
4
D I D I D I D I D I D I D I D I D
CHARLES [HI HAT]
CAJA [SNARE]
BOMBO [BASSDRUM]

EJERCICIO
5

CHARLES [HI HAT]

CAJA [SNARE]

BOMBO [BASSDRUM]

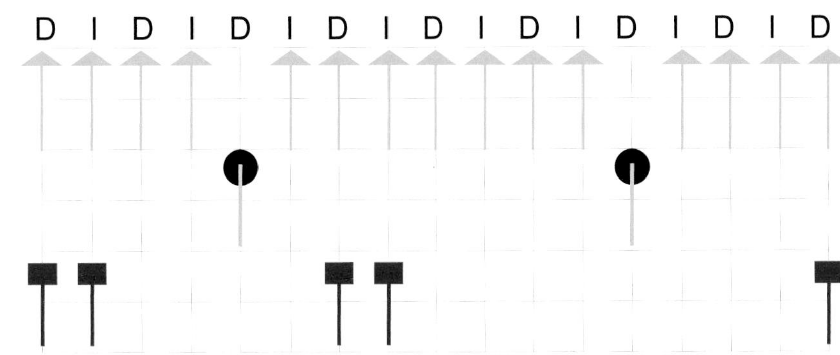

EJERCICIO
6

CHARLES [HI HAT]

CAJA [SNARE]

BOMBO [BASSDRUM]

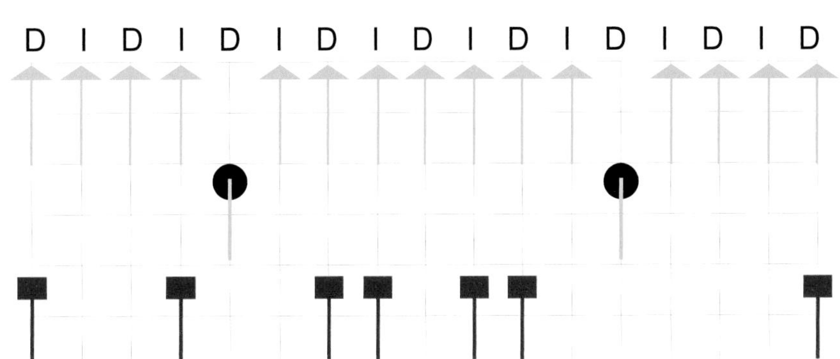

El cencerro o campana es un instrumento de percusión con forma de campana pequeña sin badajo.

Es semejante a los cencerros que llevan las vacas y otros animales en Europa. Puede estar fijo a un soporte y es golpeado con una baqueta especial para ello. Suelen fabricarse en cobre, acero o en aleación de acero.

EJERCICIO
7

CENCERRO [CAMPANA]

CHARLES [HI HAT]

BOMBO [BASSDRUM]

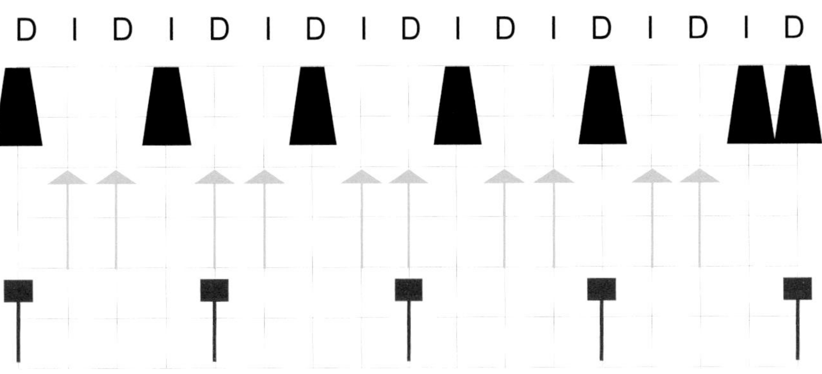

EJERCICIO 8

CENCERRO [CAMPANA]

CHARLES [HI HAT]

CAJA [SNARE]

BOMBO [BASSDRUM]

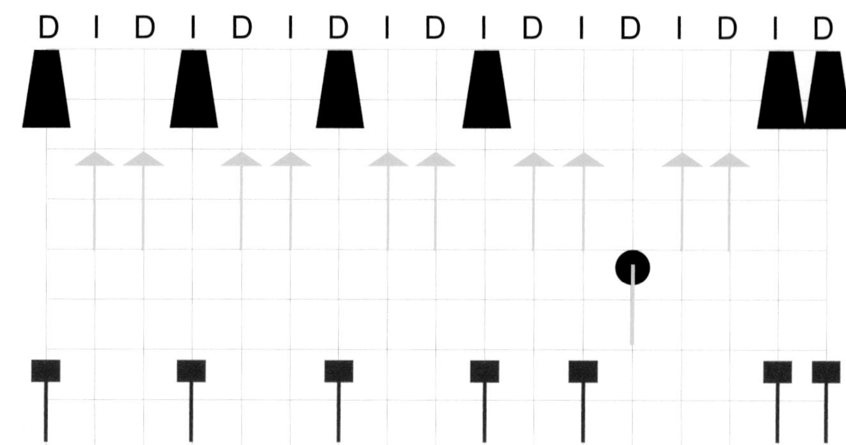

EJERCICIO 9

CENCERRO [CAMPANA]

CHARLES [HI HAT]

CAJA [SNARE]

BOMBO [BASSDRUM]

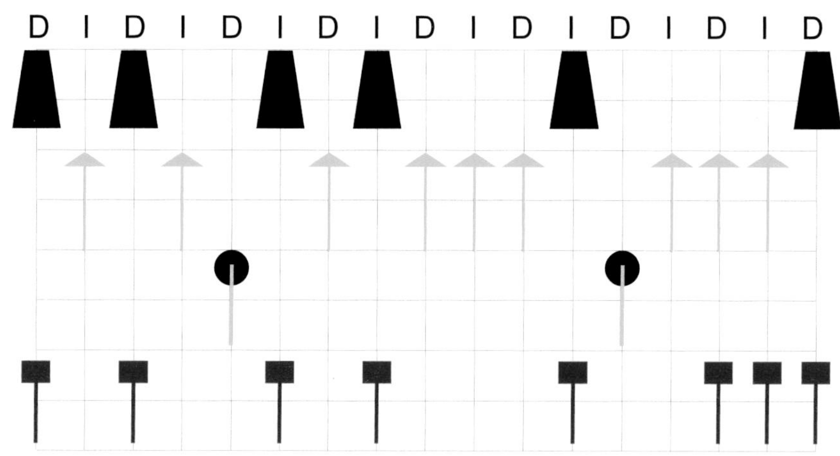

Vamos a continuar los ejercicios con charles, caja y bombo; esta vez alternando las manos con contratiempos de corchea y sincopas, con el fin de ir procurando soltura mientras la constante circular sigue marcada por las letras D e I (derecha e izquierda).

EJERCICIO 10

CHARLES [HI HAT]

CAJA [SNARE]

BOMBO [BASSDRUM]

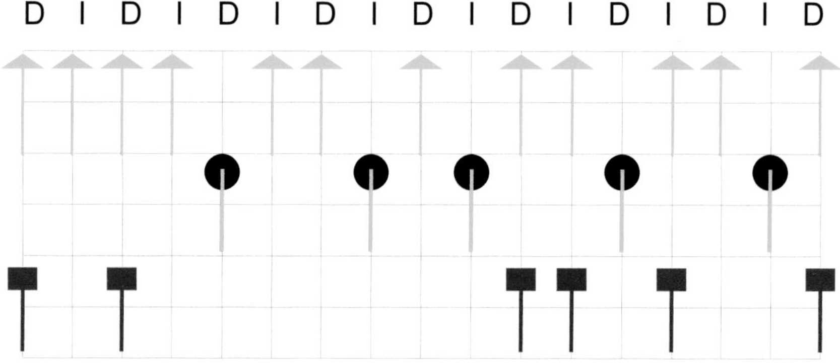

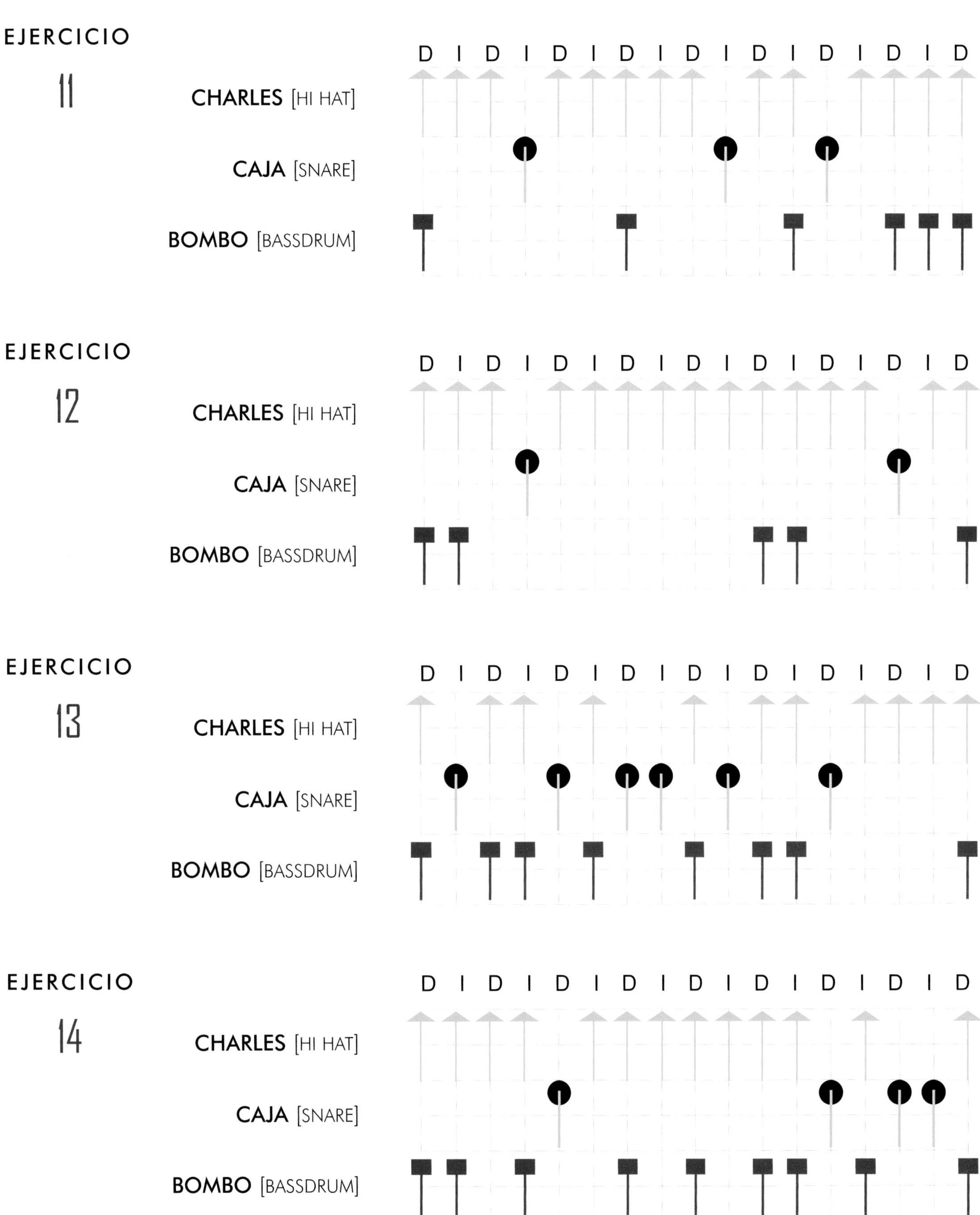
EJERCICIO
11
D I D I D I D I D I D I D I D I D
CHARLES [HI HAT]
CAJA [SNARE]
BOMBO [BASSDRUM]
EJERCICIO
12
D I D I D I D I D I D I D I D I D
CHARLES [HI HAT]
CAJA [SNARE]
BOMBO [BASSDRUM]
EJERCICIO
13
D I D I D I D I D I D I D I D I D
CHARLES [HI HAT]
CAJA [SNARE]
BOMBO [BASSDRUM]
EJERCICIO
14
D I D I D I D I D I D I D I D I D
CHARLES [HI HAT]
CAJA [SNARE]
BOMBO [BASSDRUM]

Seguimos ahora con ejercicios en dos por cuatro. Fíjese cómo al estar doblado el charles, la sensación de aceleración se hace evidente.

Como ejercicio personal, realice cambios de ritmo en el charles, haciéndolo a dos manos y a una con los ejercicios del método básico.

EJERCICIO

15

CHARLES [HI HAT]

CAJA [SNARE]

BOMBO [BASSDRUM]

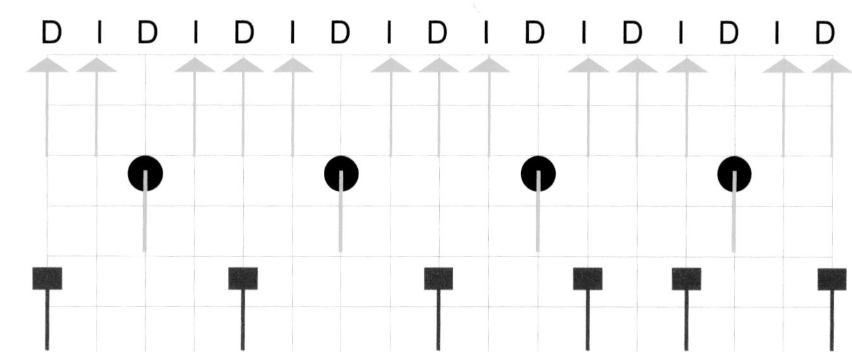

EJERCICIO

16

CHARLES [HI HAT]

CAJA [SNARE]

BOMBO [BASSDRUM]

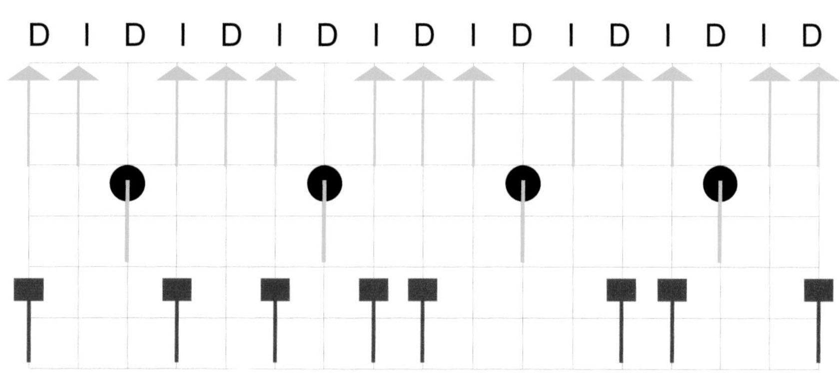

EJERCICIO

17

CHARLES [HI HAT]

CAJA [SNARE]

BOMBO [BASSDRUM]

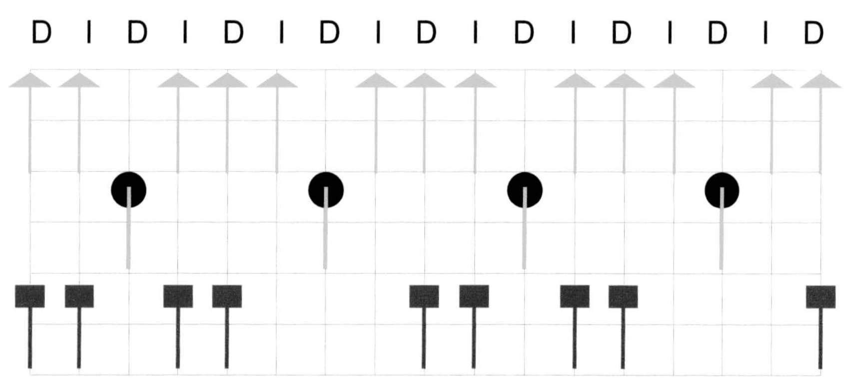

EJERCICIO 18

CHARLES [HI HAT]

CAJA [SNARE]

BOMBO [BASSDRUM]

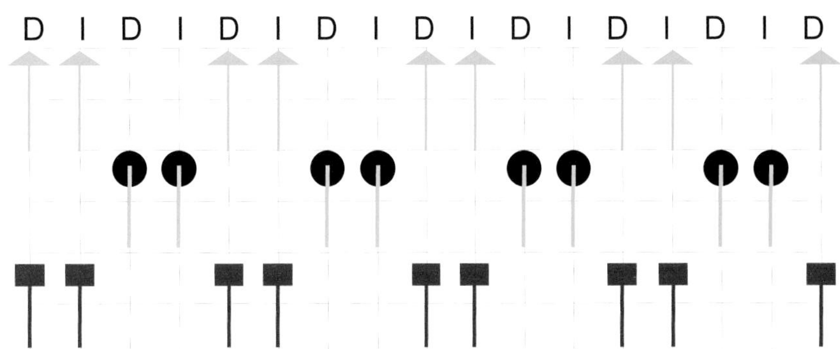

Ejercicios de tres por cuatro utilizados en infinidad de patrones rítmicos de blues, de música contemporánea o étnica.

EJERCICIO 19

CHARLES [HI HAT]

CAJA [SNARE]

BOMBO [BASSDRUM]

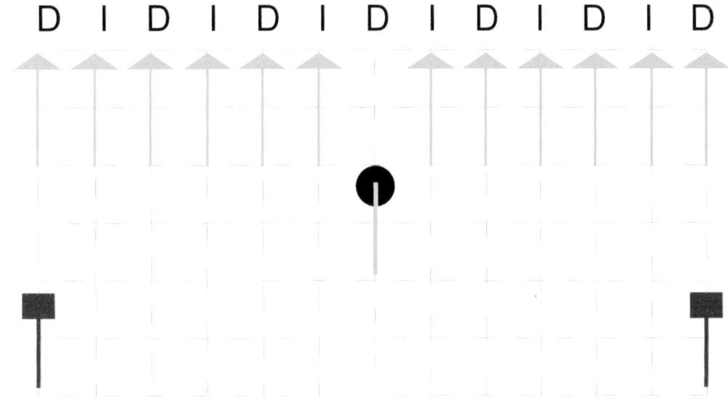

EJERCICIO 20

CHARLES [HI HAT]

CAJA [SNARE]

BOMBO [BASSDRUM]

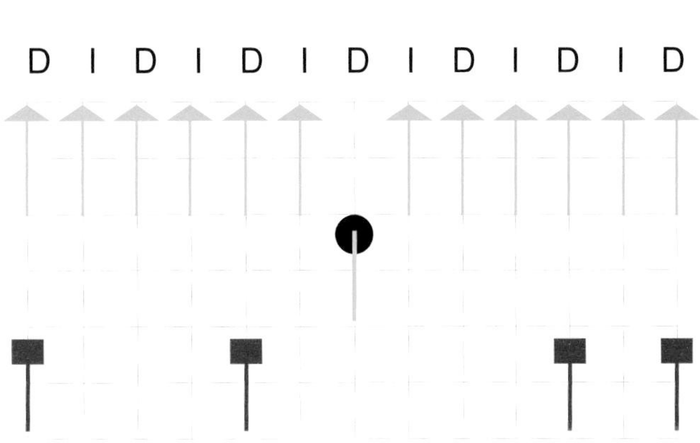

EJERCICIO

21

CHARLES [HI HAT]

CAJA [SNARE]

BOMBO [BASSDRUM]

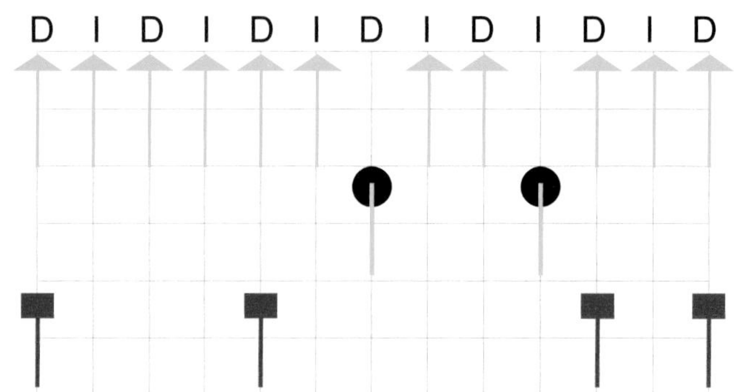

EJERCICIO

22

CHARLES [HI HAT]

CAJA [SNARE]

BOMBO [BASSDRUM]

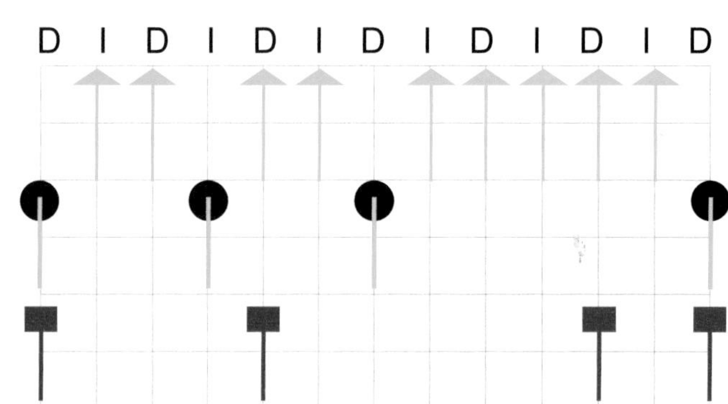

EJERCICIO

23

CHARLES [HI HAT]

CAJA [SNARE]

BOMBO [BASSDRUM]

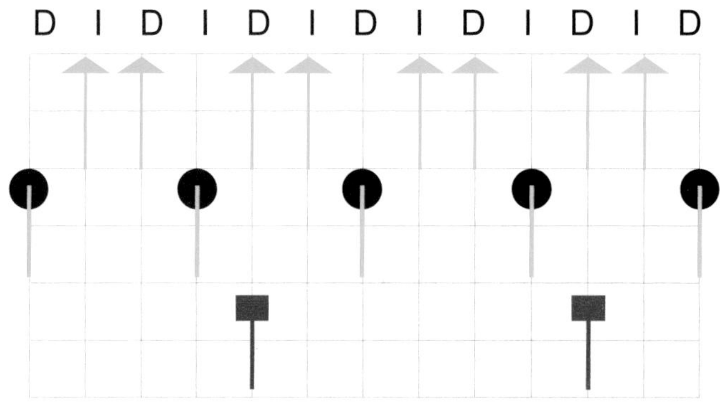

EJERCICIO

24

CHARLES [HI HAT]

CAJA [SNARE]

BOMBO [BASSDRUM]

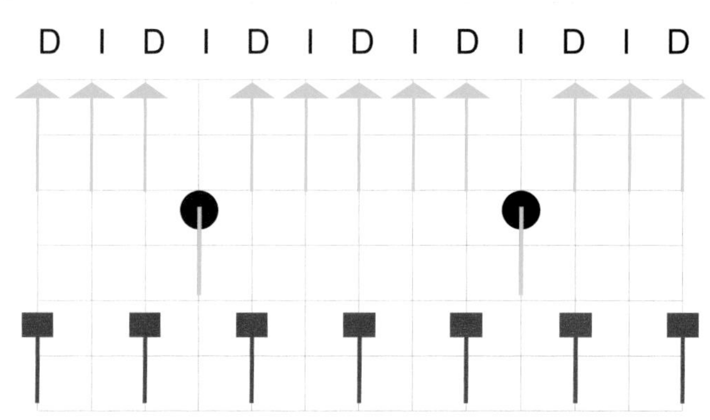

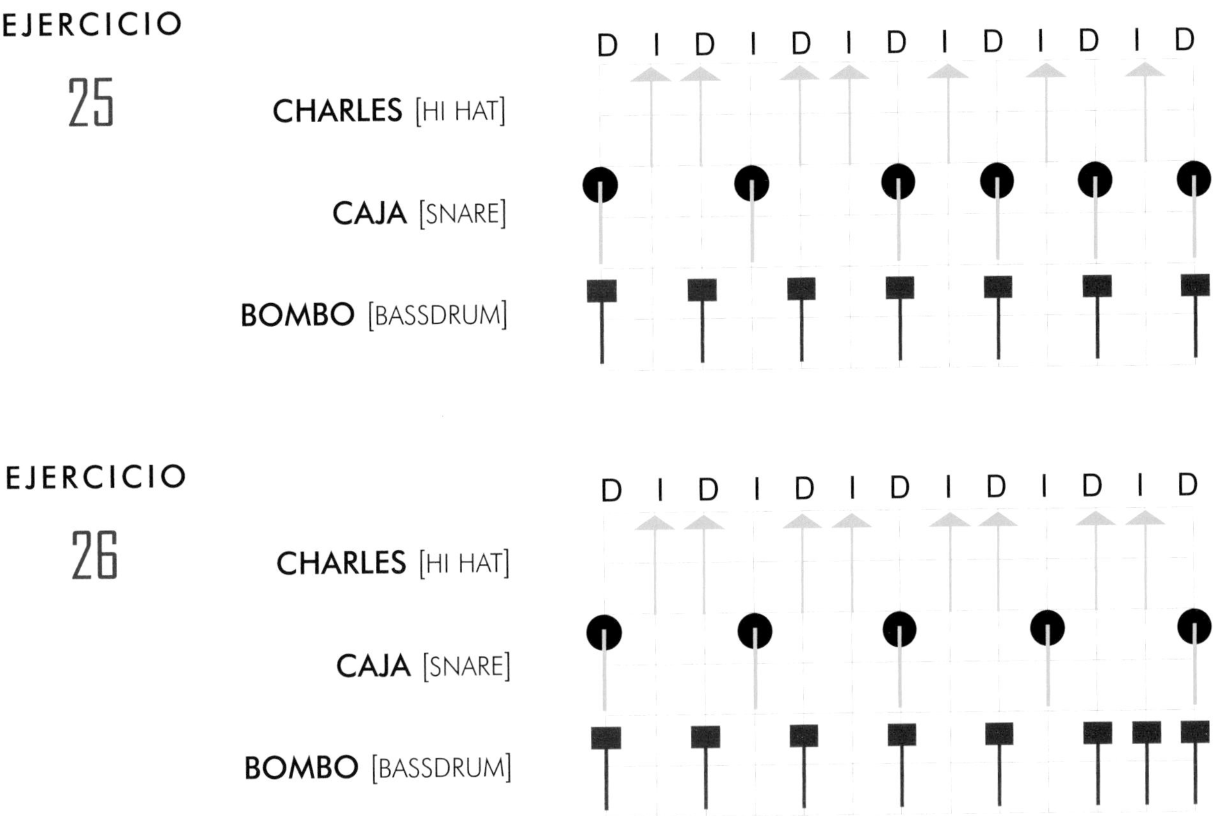

Si desea realizar una autoevaluación para valorar su grado de aprendizaje, haga los ejercicios del primero al último sin parar y sin atrasarse o adelantarse en el tiempo. Consiga un metrónomo que le marque el tiempo.

UNIDAD 12

12

ACENTOS EN EL CHARLES

Son esos sonidos particulares producidos por el roce de los platos en posición entreabiertos, que se logran levantando el pie de la base del charles.

Los acentos se producen cuando el golpe con la baqueta está acompañado por una abertura en los platos, provocada por el movimiento suspendido del pie izquierdo.

Este movimiento debe ser sutil para que el acento resulte agradable. Simplemente se trata de perder presión entre los dos platos, dejando que el roce vibrante produzca este singular efecto. Cabe anotar que el sonido varía según la distancia de separación de los platos.

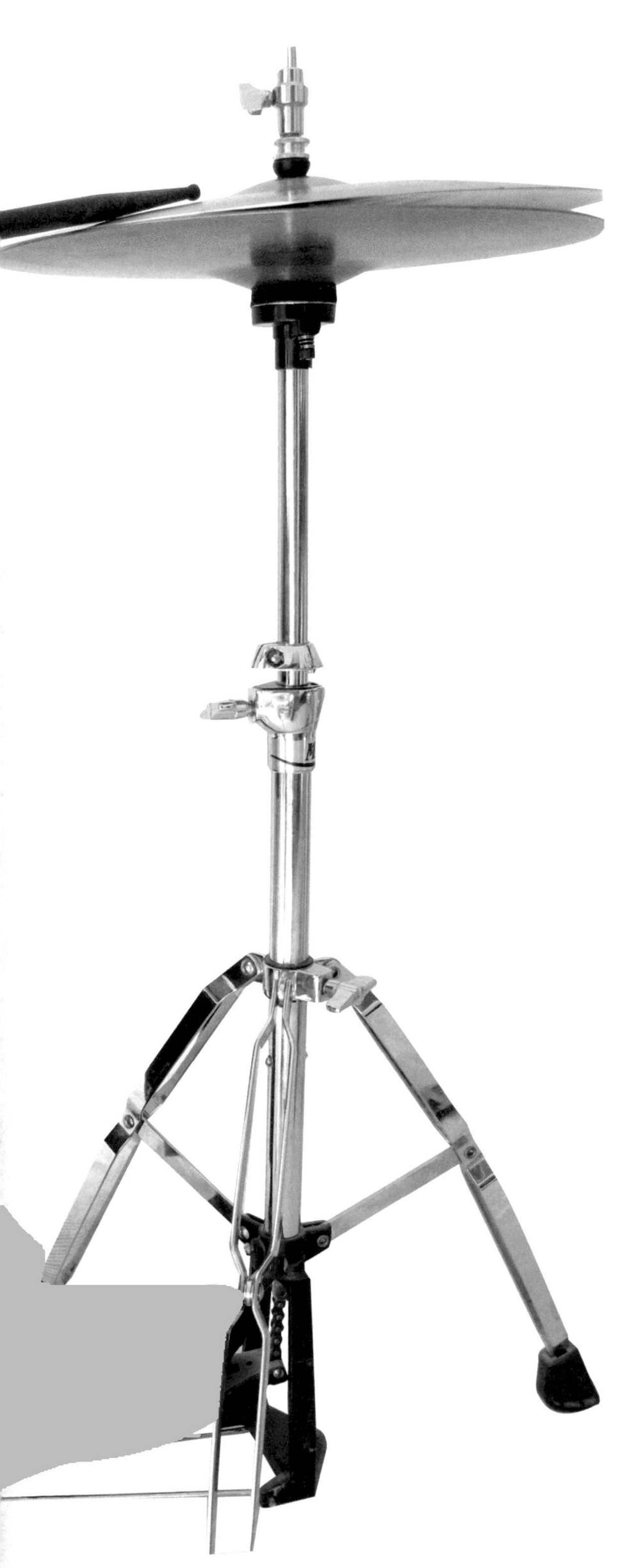

El acento corresponde al signo del charles que tiene los platos separados, y dura el tiempo que está marcado en el ejercicio.

En esta unidad comenzaremos a usar el pie izquierdo (pedal del charles). Practicaremos con unos ejercicios donde el bombo y la caja van a ejecutar ritmos sencillos, para hacer más fácil el aprendizaje.

El movimiento con el pie debe empezar justo antes de que se produzca el golpe con la baqueta en los platos, y debe acabar justo con el golpe en el charles siguiente. Luego, identifique el símbolo de acento en el charles:

ACENTO EN EL CHARLES

Es muy importante encontrar el espacio de separación exacta entre los platos del charles, para que todos los acentos suenen en armonía; de lo contrario, esta herramienta se puede convertir en un sonido molesto y sin sentido.

Mantenga la posición correcta para conseguir los mejores resultados con el instrumento, y evitar molestias musculares innecesarias.

Escuche atentamente el DVD interactivo, practique los ejercicios comenzando por el tiempo más lento y avance hasta el más rápido. Continúe hasta estar seguro de que lleva el tiempo exacto, luego practique con el siguiente tiempo y así hasta el último. No olvide que los símbolos escritos en la última línea son los primeros del ejercicio, es decir, el primer tiempo.

EJERCICIO

1

CHARLES [HI HAT]

CAJA [SNARE]

BOMBO [BASSDRUM]

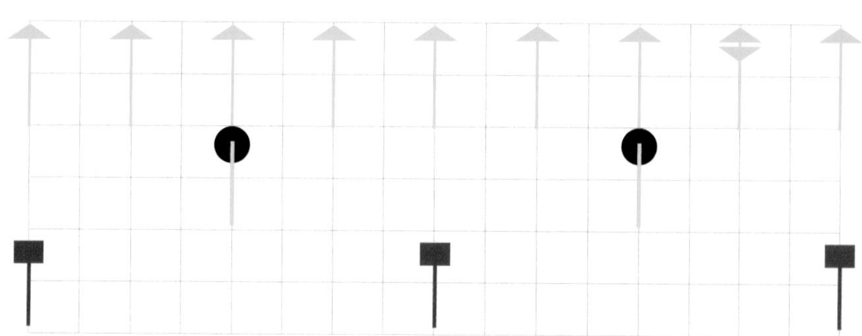

EJERCICIO

2

CHARLES [HI HAT]

CAJA [SNARE]

BOMBO [BASSDRUM]

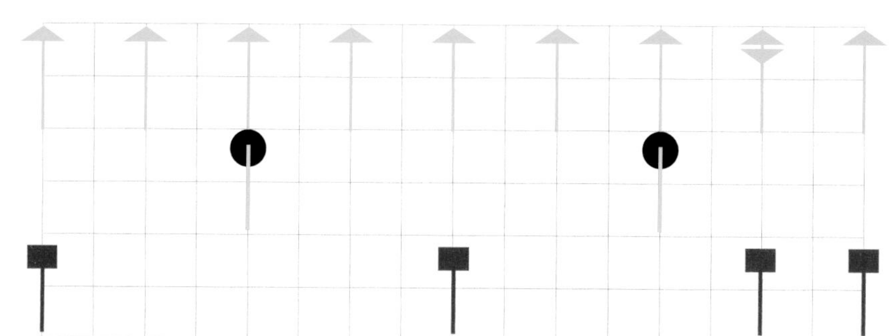

EJERCICIO

3

CHARLES [HI HAT]

CAJA [SNARE]

BOMBO [BASSDRUM]

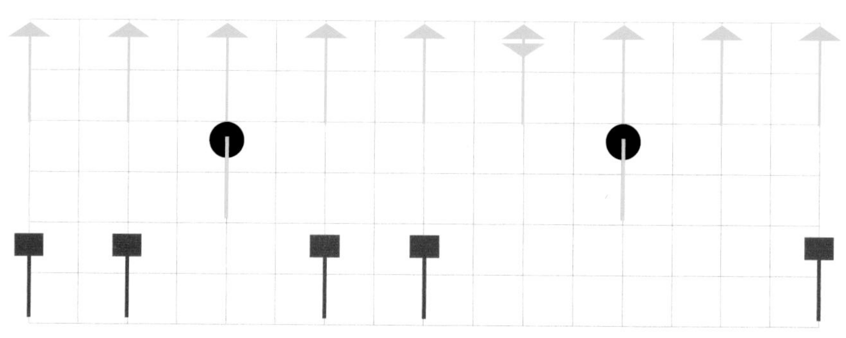

EJERCICIO

4

CHARLES [HI HAT]

CAJA [SNARE]

BOMBO [BASSDRUM]

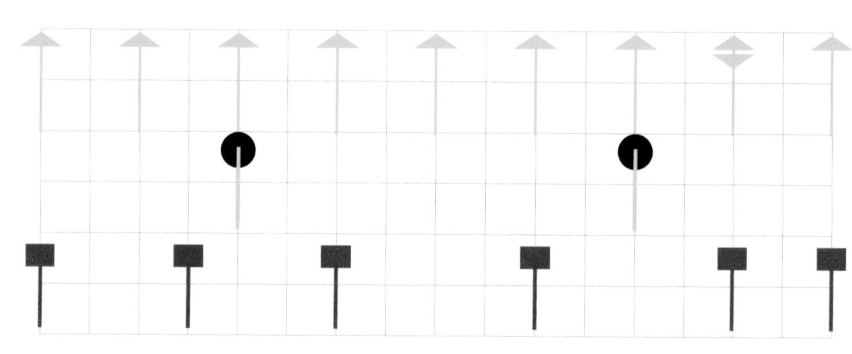

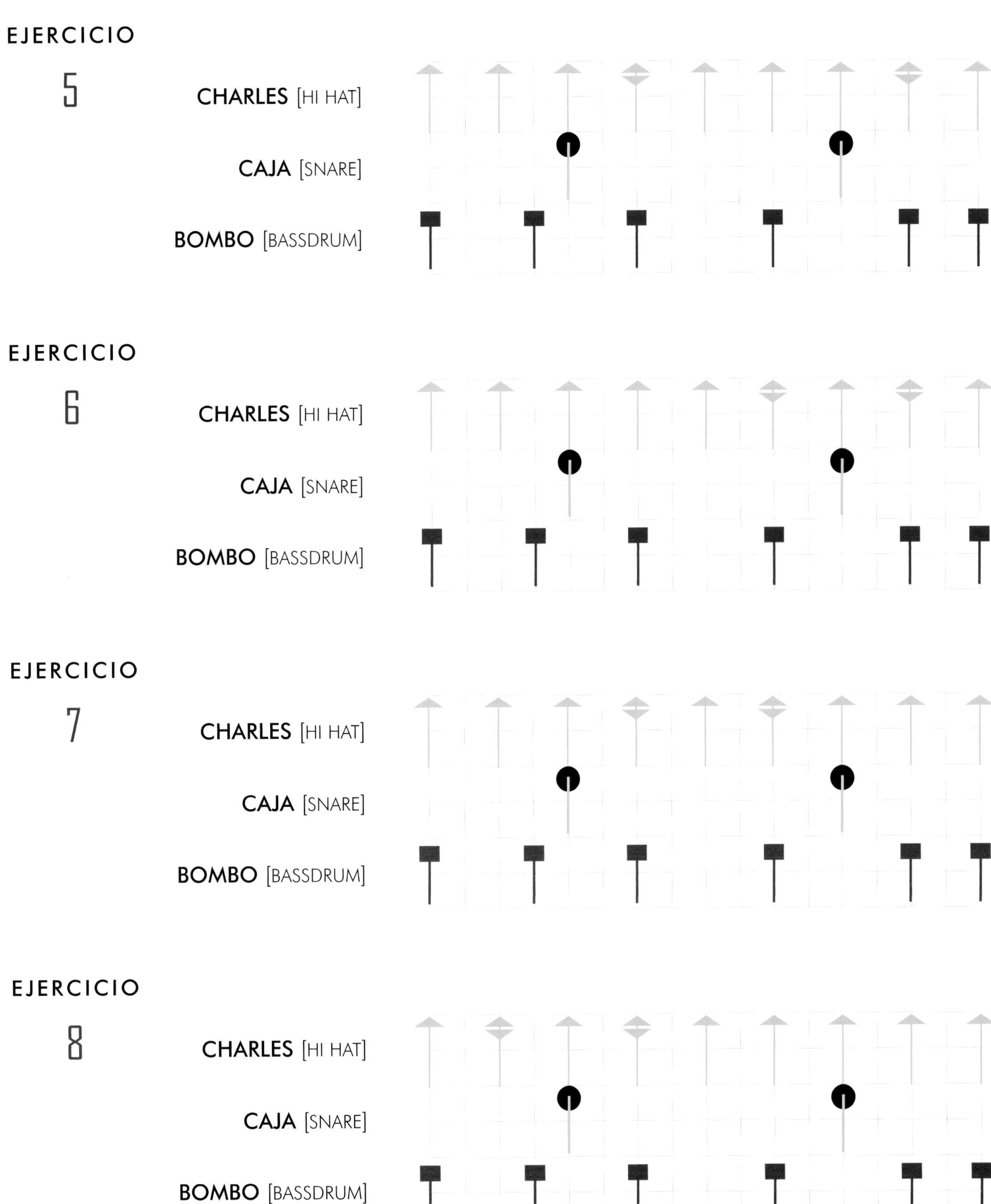
EJERCICIO
5
CHARLES [HI HAT]
CAJA [SNARE]
BOMBO [BASSDRUM]
EJERCICIO
6
CHARLES [HI HAT]
CAJA [SNARE]
BOMBO [BASSDRUM]
EJERCICIO
7
CHARLES [HI HAT]
CAJA [SNARE]
BOMBO [BASSDRUM]
EJERCICIO
8
CHARLES [HI HAT]
CAJA [SNARE]
BOMBO [BASSDRUM]

EJERCICIO

9

CHARLES [HI HAT]

CAJA [SNARE]

BOMBO [BASSDRUM]

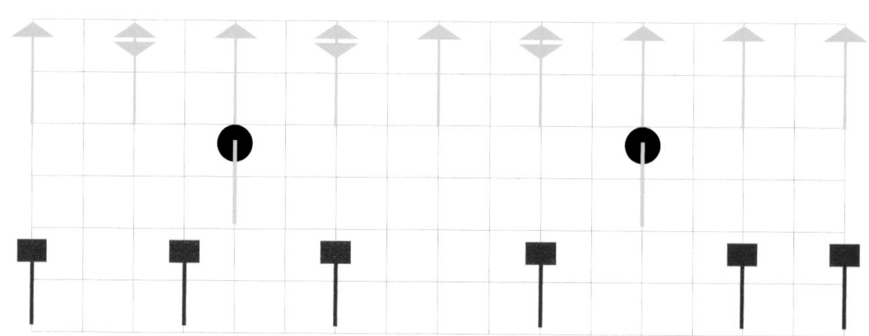

EJERCICIO

10

CHARLES [HI HAT]

CAJA [SNARE]

BOMBO [BASSDRUM]

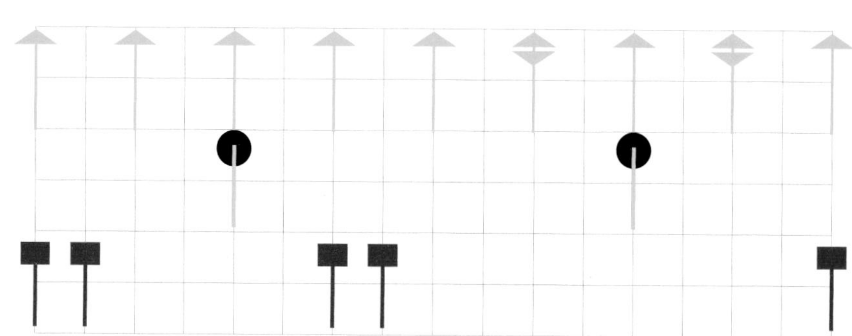

EJERCICIO

11

CHARLES [HI HAT]

CAJA [SNARE]

BOMBO [BASSDRUM]

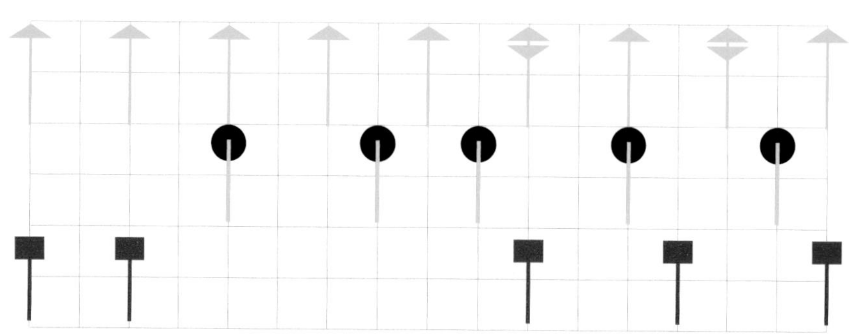

EJERCICIO

12

CHARLES [HI HAT]

CAJA [SNARE]

BOMBO [BASSDRUM]

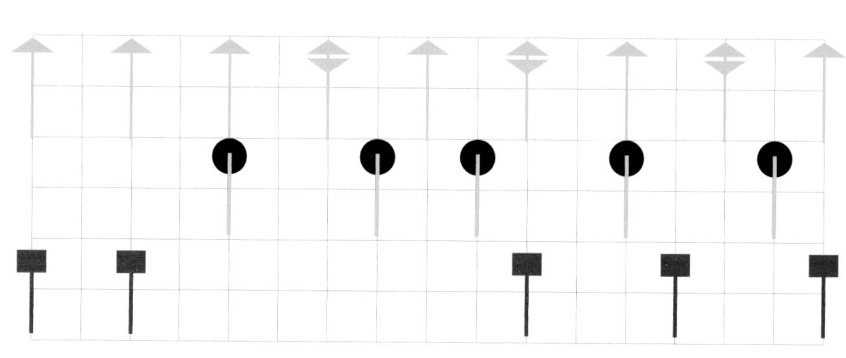

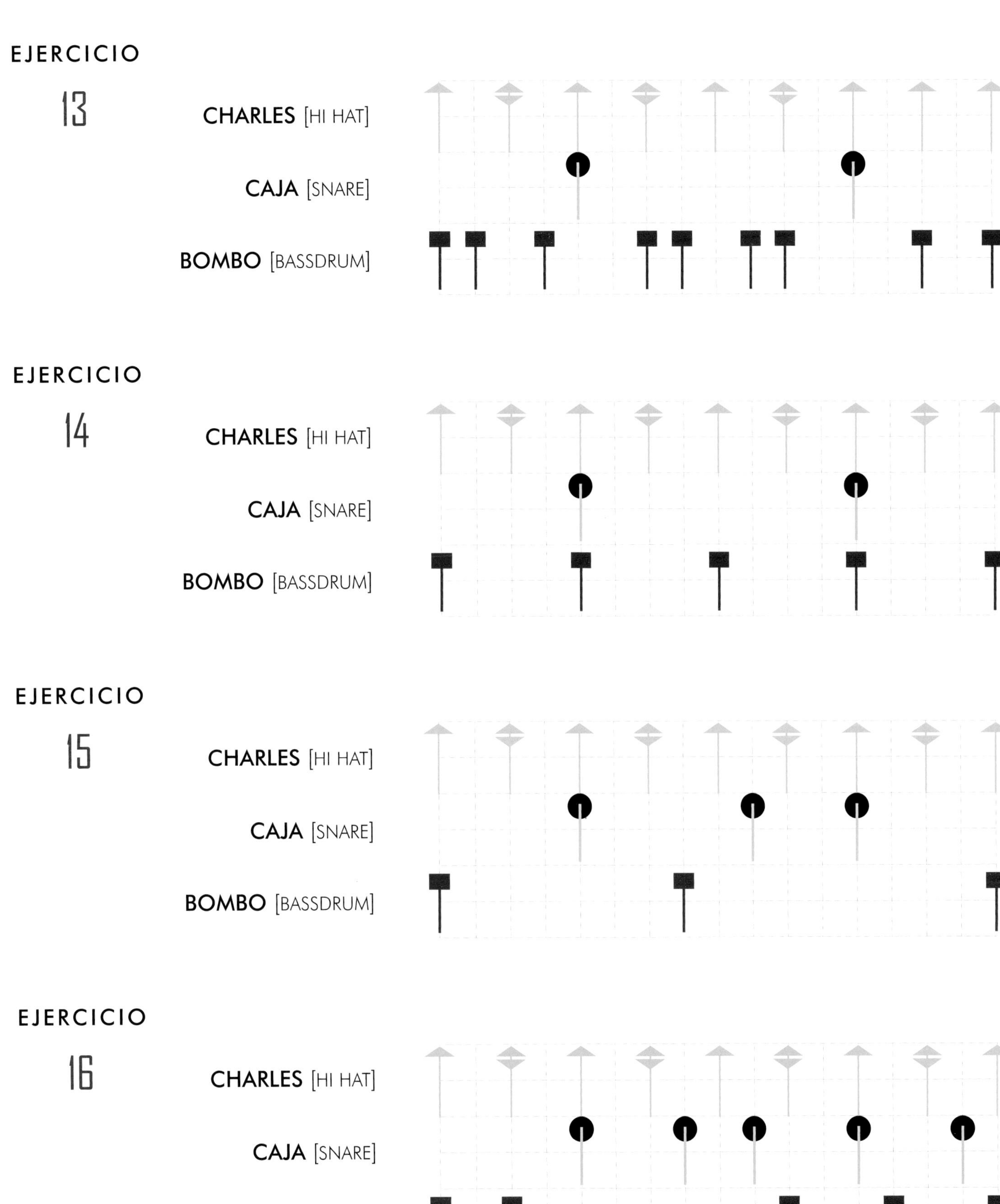
EJERCICIO
13
CHARLES [HI HAT]
CAJA [SNARE]
BOMBO [BASSDRUM]
EJERCICIO
14
CHARLES [HI HAT]
CAJA [SNARE]
BOMBO [BASSDRUM]
EJERCICIO
15
CHARLES [HI HAT]
CAJA [SNARE]
BOMBO [BASSDRUM]
EJERCICIO
16
CHARLES [HI HAT]
CAJA [SNARE]
BOMBO [BASSDRUM]

Para poner en práctica los acentos en todo lo aprendido hasta ahora, vamos a hacer ejercicios en dos y tres por cuartro.

Es importante acentuar de la misma forma para mantener una línea rítmica sobre la cual se apoyen los instrumentos melódicos.

EJERCICIO

17

CHARLES [HI HAT]

CAJA [SNARE]

BOMBO [BASSDRUM]

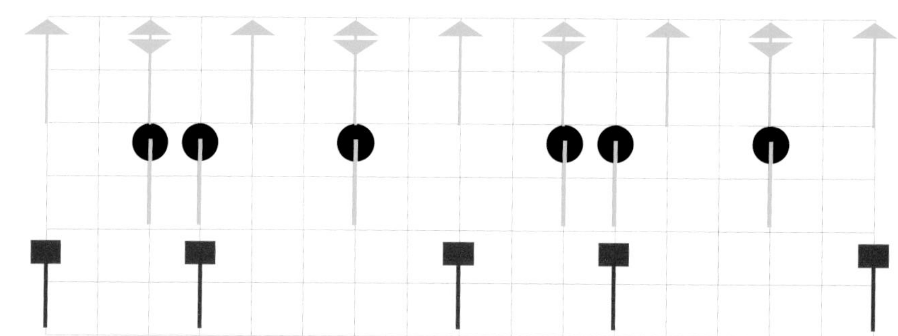

EJERCICIO

18

CHARLES [HI HAT]

CAJA [SNARE]

BOMBO [BASSDRUM]

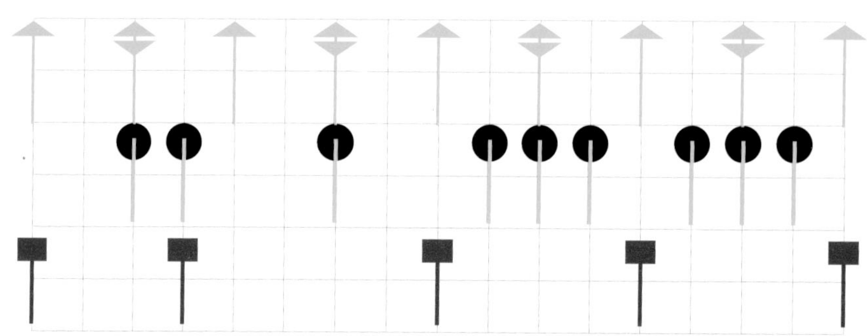

EJERCICIO

19

CHARLES [HI HAT]

CAJA [SNARE]

BOMBO [BASSDRUM]

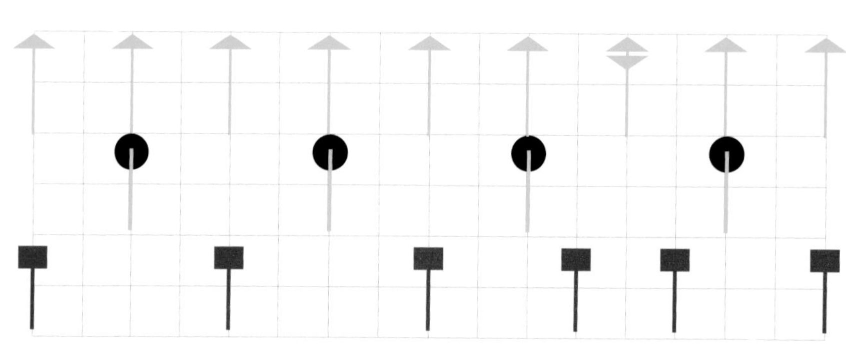

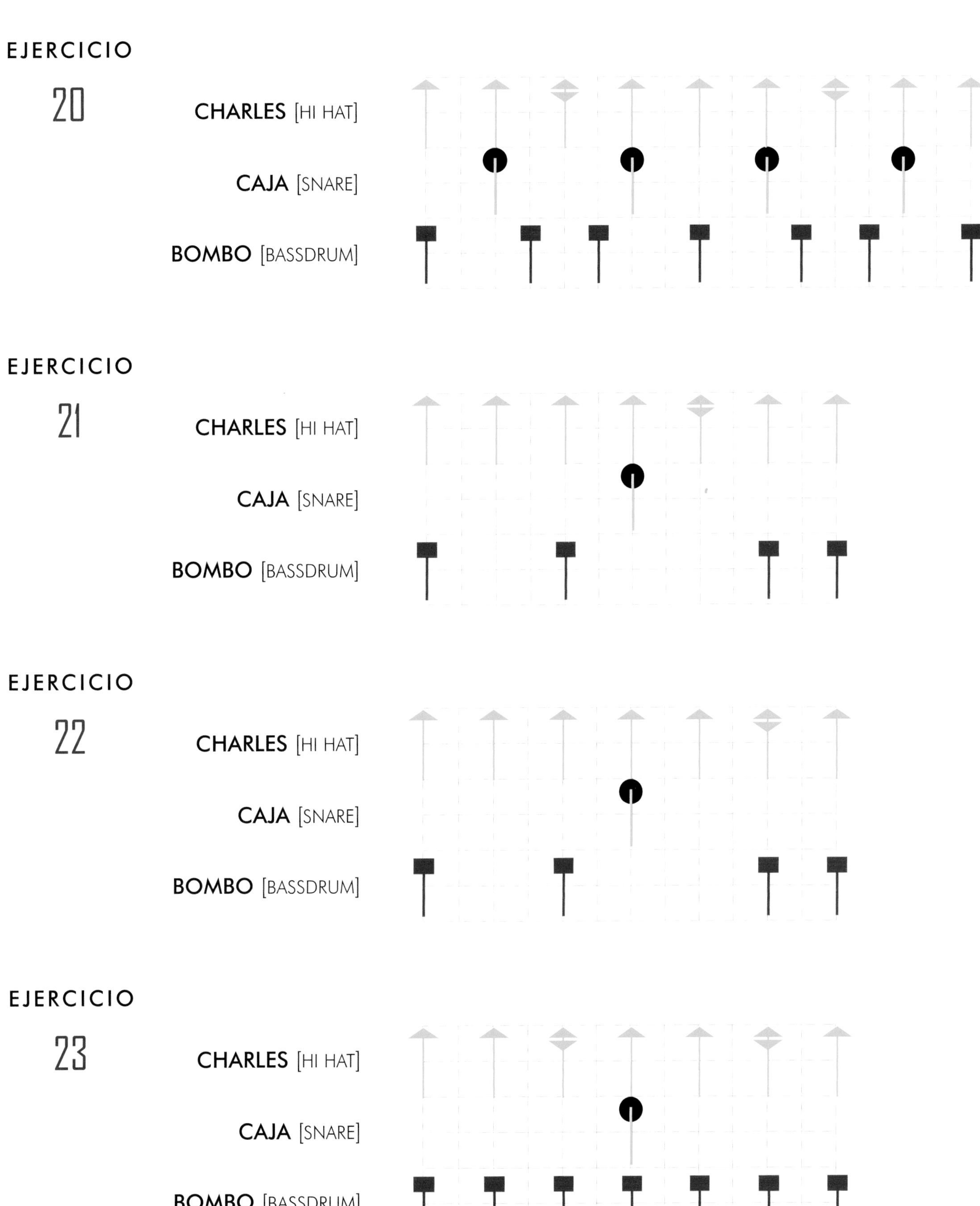
EJERCICIO
20
CHARLES [HI HAT]
CAJA [SNARE]
BOMBO [BASSDRUM]
EJERCICIO
21
CHARLES [HI HAT]
CAJA [SNARE]
BOMBO [BASSDRUM]
EJERCICIO
22
CHARLES [HI HAT]
CAJA [SNARE]
BOMBO [BASSDRUM]
EJERCICIO
23
CHARLES [HI HAT]
CAJA [SNARE]
BOMBO [BASSDRUM]

EJERCICIO 24

CHARLES [HI HAT]

CAJA [SNARE]

BOMBO [BASSDRUM]

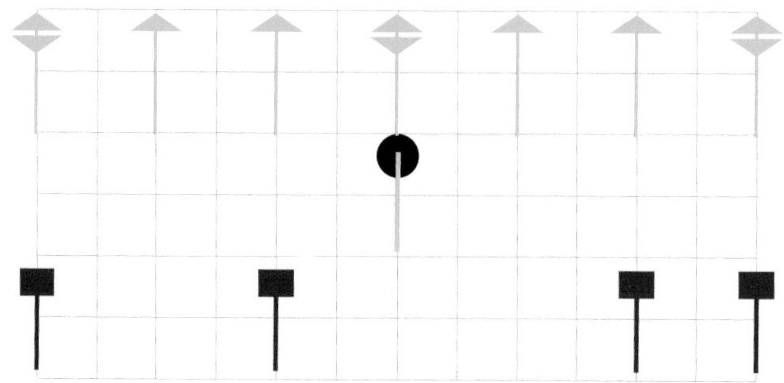

EJERCICIO 25

CHARLES [HI HAT]

CAJA [SNARE]

BOMBO [BASSDRUM]

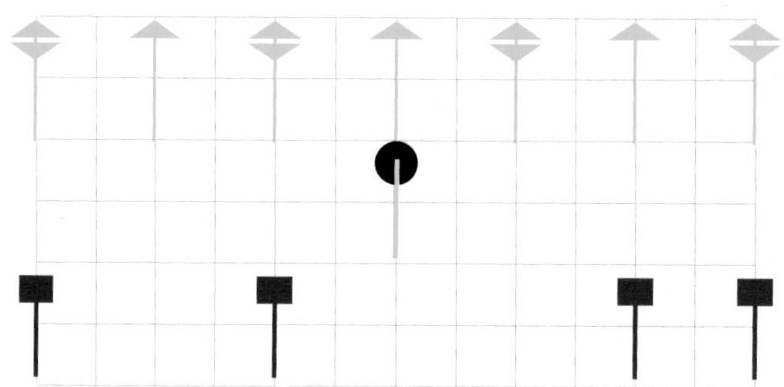

Si desea realizar una autoevaluación para valorar su grado de aprendizaje, haga los ejercicios del primero al último sin parar y sin atrasarse o adelantarse en el tiempo. Consiga un metrónomo que le marque el tiempo.

UNIDAD 13

13

CHARLES CON EL PIE

Ya hemos visto cómo se realizan los acentos en el charles, por lo tanto, en este momento podemos utilizar el pie izquierdo (pedal del charles) de una manera independiente. Esto sirve para crear atmósferas que llenan los espacios; también es muy útil al ejecutar un solo.

El charles va marcando las negras, es decir, cada cuatro líneas. Este golpe se logra abriendo y cerrando el charles según lo indica la línea azul, creando con ello un sonido característico.

Antes de comenzar el ejercicio los platos del charles deben estar separados, al empezar se cierran para sincronizar todos los golpes.

El pie del charles (izquierdo) debe dejar apoyado el talón sobre el pedal de la máquina, para levantar sólo la parte delantera de nuestro pie, que es con la que se controla mejor el instrumento y se logran mejores resultados.

La distancia entre los platos del charles varía según el gusto del baterista; en cualquier caso, es aconsejable que al oprimir el pie sobre el pedal los platos queden cerrados.

El movimiento del pie izquierdo con el charles permite que la mano derecha, que marcaba el tiempo constante, se desplace hacia otra parte de la batería, lo cual da más posibilidades de sonidos y de interpretación al baterista.

Identifique los símbolos que vamos a utilizar en esta unidad:

GOLPE EN EL BORDE CHARLES CON EL PIE

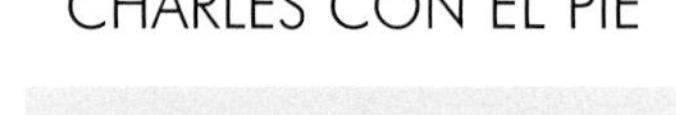

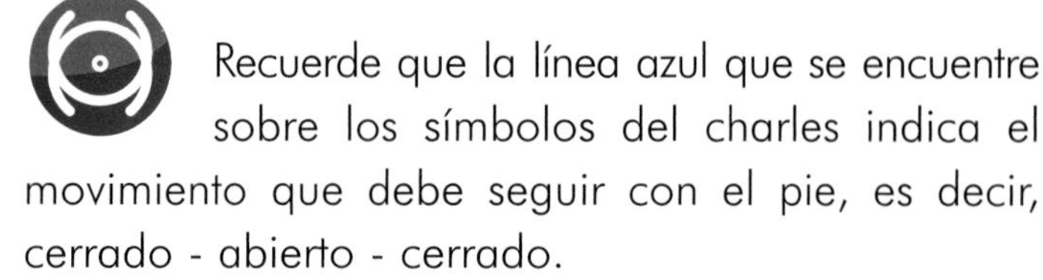

Recuerde que la línea azul que se encuentre sobre los símbolos del charles indica el movimiento que debe seguir con el pie, es decir, cerrado - abierto - cerrado.

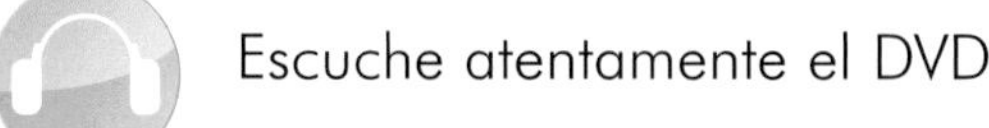

Escuche atentamente el DVD.

EJERCICIO 1

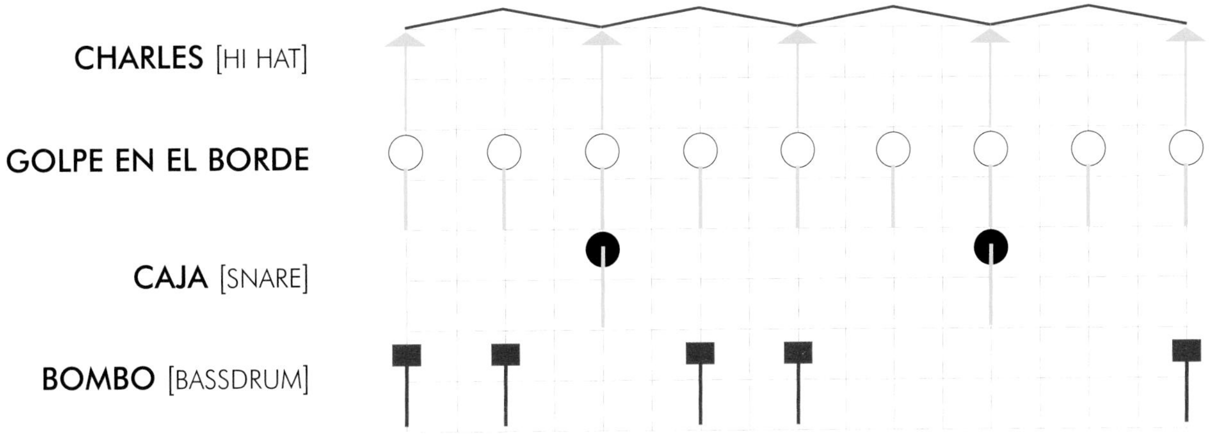

CHARLES [HI HAT]

GOLPE EN EL BORDE

CAJA [SNARE]

BOMBO [BASSDRUM]

EJERCICIO 2

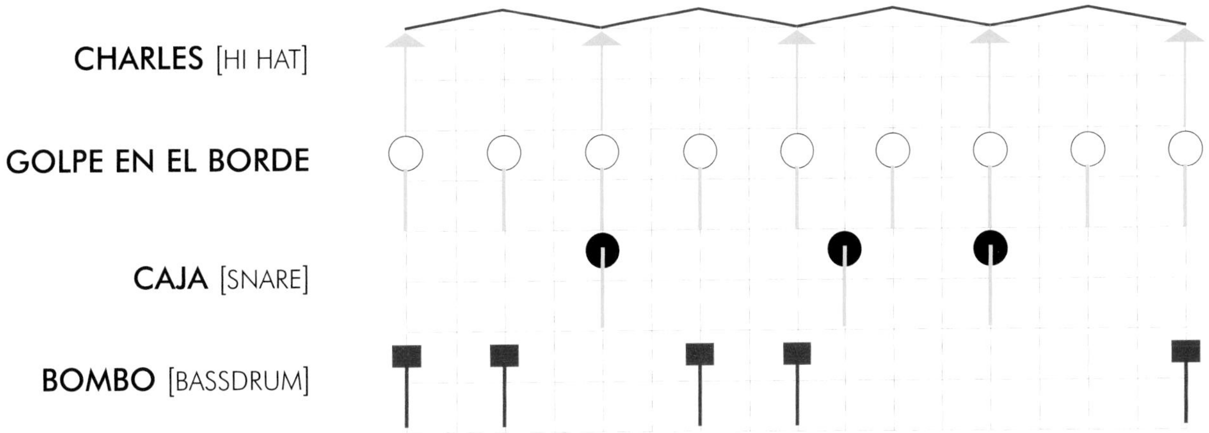

CHARLES [HI HAT]

GOLPE EN EL BORDE

CAJA [SNARE]

BOMBO [BASSDRUM]

EJERCICIO 3

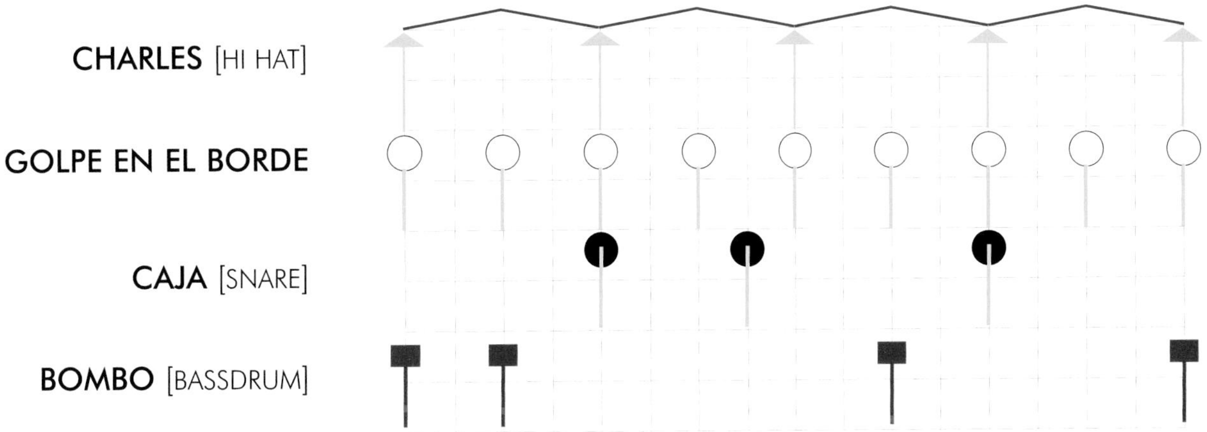

CHARLES [HI HAT]

GOLPE EN EL BORDE

CAJA [SNARE]

BOMBO [BASSDRUM]

EJERCICIO

4

CHARLES [HI HAT]

GOLPE EN EL BORDE

CAJA [SNARE]

BOMBO [BASSDRUM]

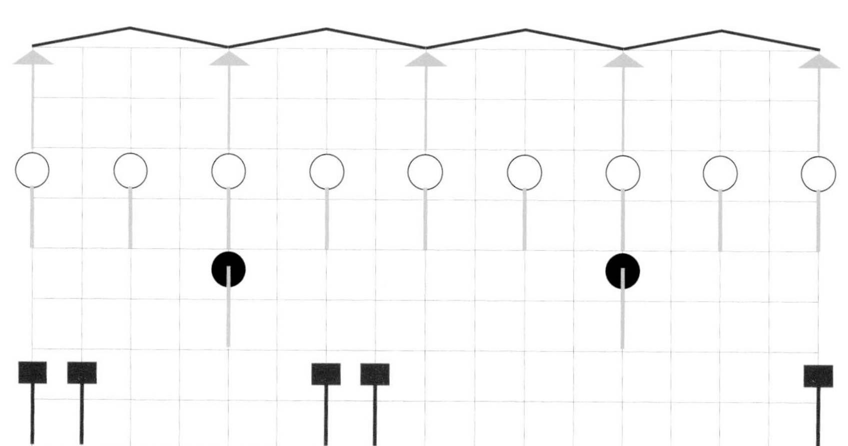

EJERCICIO

5

CHARLES [HI HAT]

GOLPE EN EL BORDE

CAJA [SNARE]

BOMBO [BASSDRUM]

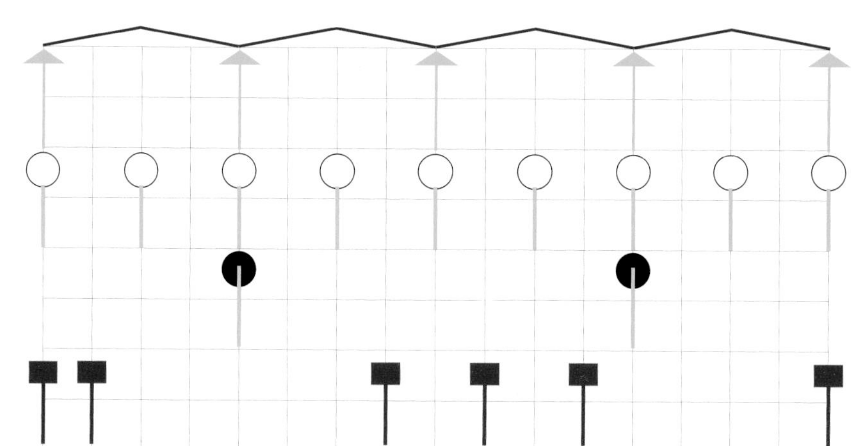

EJERCICIO

6

CHARLES [HI HAT]

GOLPE EN EL BORDE

CAJA [SNARE]

BOMBO [BASSDRUM]

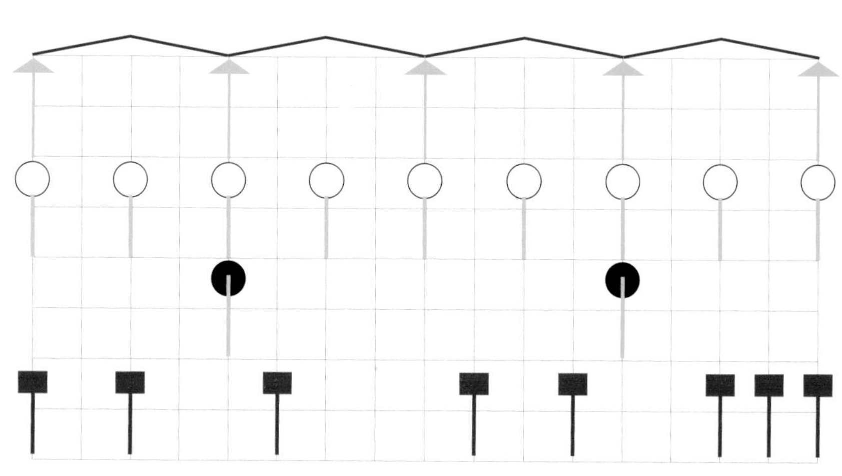

EJERCICIO

7

CHARLES [HI HAT]

GOLPE EN EL BORDE

CAJA [SNARE]

BOMBO [BASSDRUM]

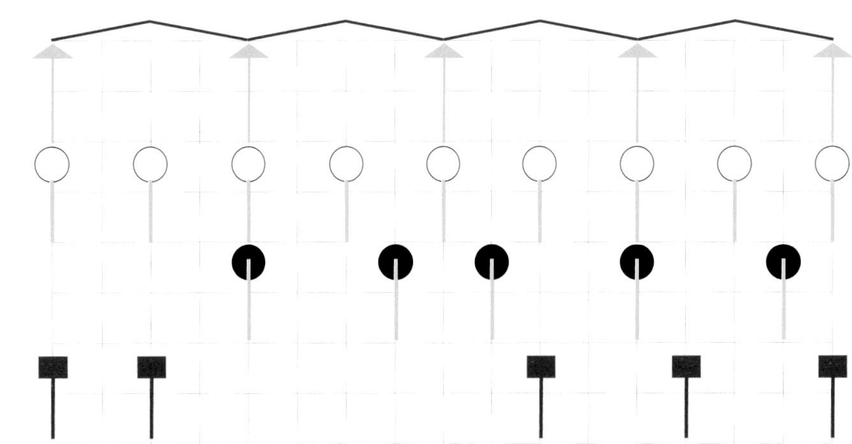

EJERCICIO

8

CHARLES [HI HAT]

GOLPE EN EL BORDE

CAJA [SNARE]

BOMBO [BASSDRUM]

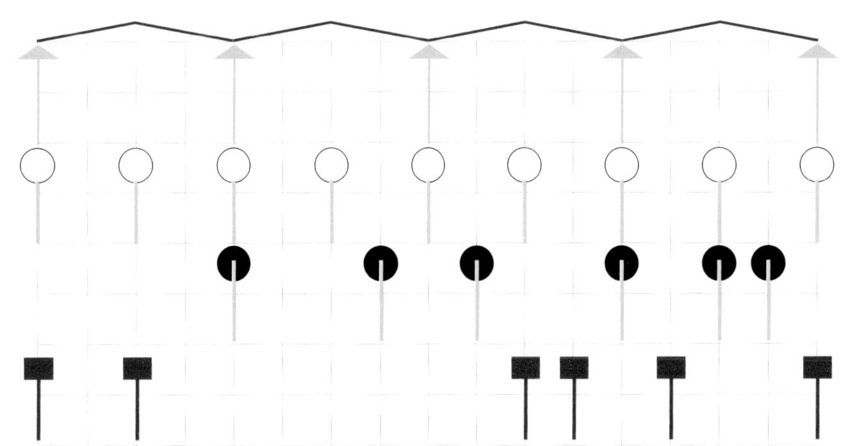

EJERCICIO

9

CHARLES [HI HAT]

GOLPE EN EL BORDE

CAJA [SNARE]

BOMBO [BASSDRUM]

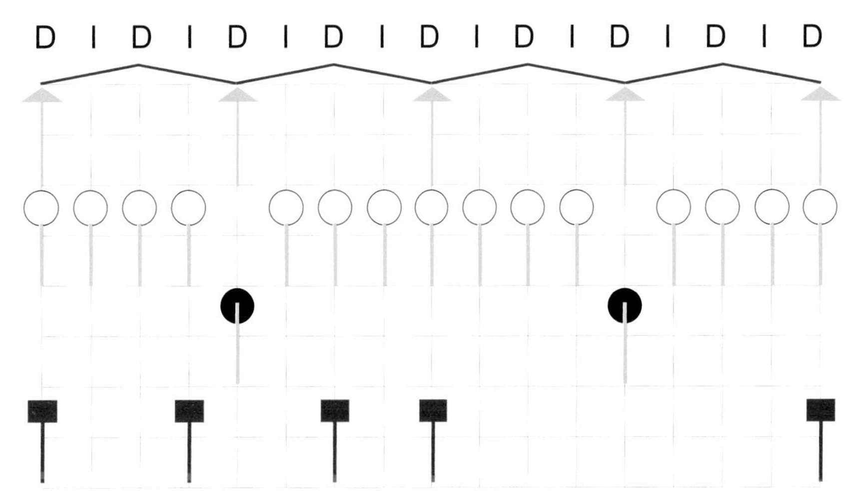

EJERCICIO 10

CHARLES [HI HAT]

GOLPE EN EL BORDE

CAJA [SNARE]

BOMBO [BASSDRUM]

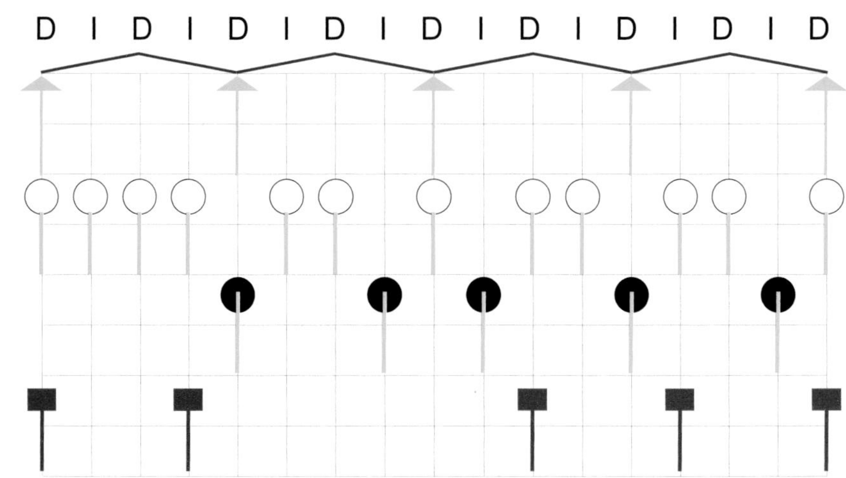

EJERCICIO 11

CHARLES [HI HAT]

TOM ALTO

TOM MEDIO

GOLPE EN EL BORDE

TIMBAL BASE

CAJA [SNARE]

BOMBO [BASSDRUM]

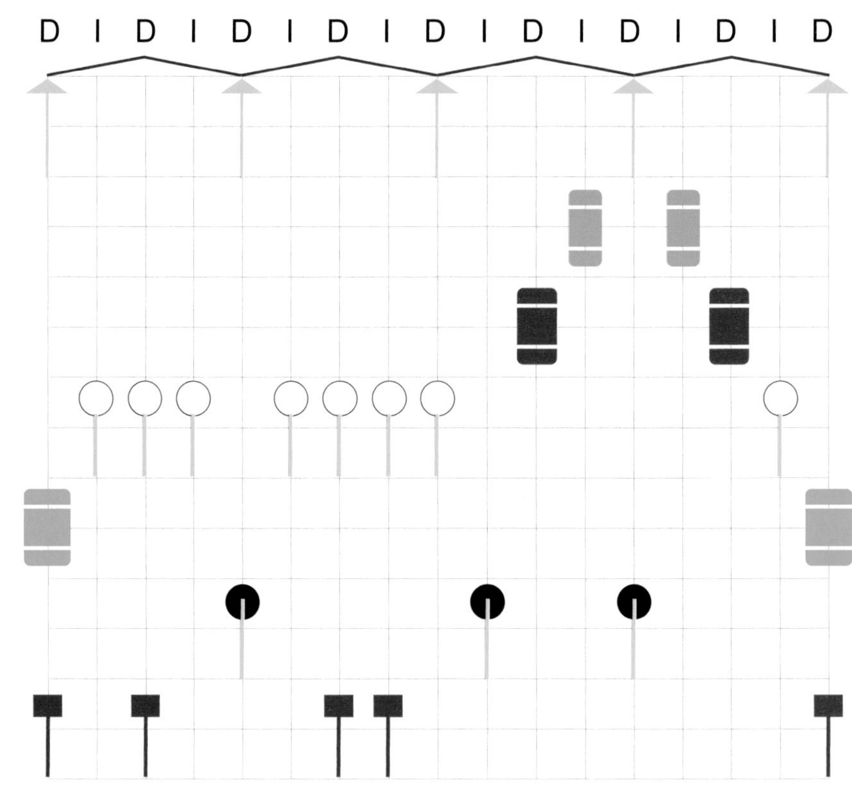

Ahora vamos a realizar algunos ejercicios de tres por cuatro, aplicando el charles con el pie, y variando el sitio donde se cierra y se abre, es decir, el golpe.

EJERCICIO

12

CHARLES [HI HAT]

GOLPE EN EL BORDE

CAJA [SNARE]

BOMBO [BASSDRUM]

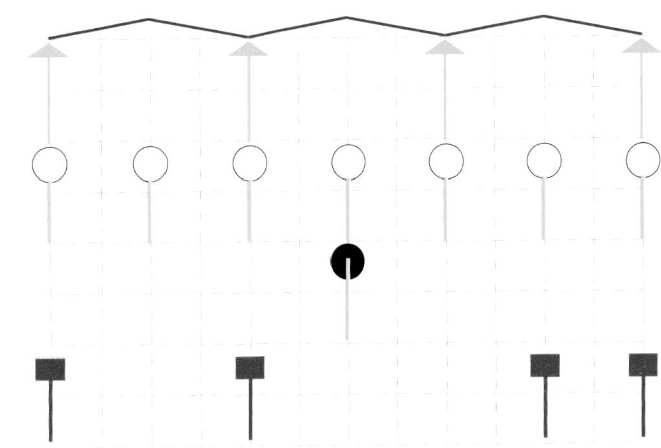

EJERCICIO

13

CHARLES [HI HAT]

GOLPE EN EL BORDE

CAJA [SNARE]

BOMBO [BASSDRUM]

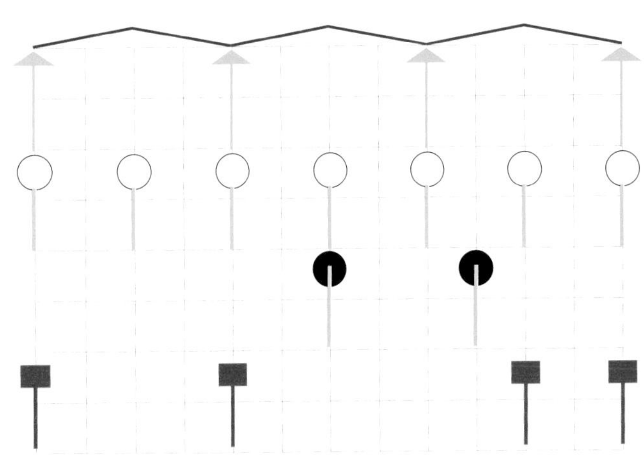

EJERCICIO

14

CHARLES [HI HAT]

GOLPE EN EL BORDE

CAJA [SNARE]

BOMBO [BASSDRUM]

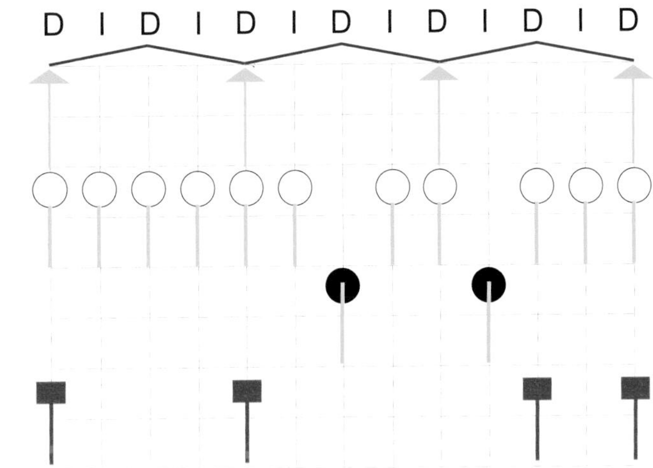

EJERCICIO

15

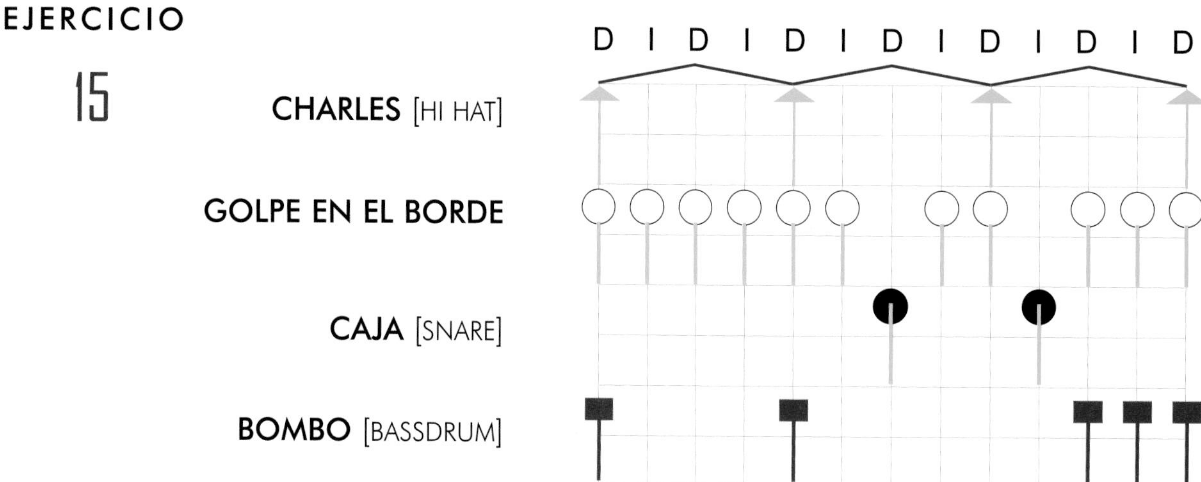

Si desea realizar una autoevaluación para valorar su grado de aprendizaje, haga los ejercicios del primero al último sin parar y sin atrasarse o adelantarse en el tiempo. Consiga un metrónomo que le marque el tiempo.

UNIDAD 14

14

CHARLES EN CONTRATIEMPO DE NEGRA

Ya hemos visto los contratiempos en la caja y el bombo, ayudados siempre por la exactitud y definición del charles.

Ahora vamos a realizar golpes en contratiempo en el charles, es decir, a comenzar el charles después de la negra que marca el bombo del inicio.

Así se trabajan los silencios y se controla el tiempo, que hasta ahora estaba marcado por el charles en el bombo y la caja, que tienen marcado el ritmo.

La cuadrícula es una guía matemática eficaz para solucionar cualquier duda y ver exactamente dónde se debe realizar el golpe. Éste es el momento de poner a prueba su entrenamiento rítmico.

Cada vez está más cerca de alcanzar la independencia total de sus extremidades, procure hacer los ejercicios con calma. No olvide que los símbolos escritos en la última línea son los primeros del ejercicio, es decir, el primer tiempo.

Para obtener mejores resultados haga los ejercicios en varias velocidades, y avance sólo cuando esté seguro de tenerlo aprendido.

Escuche atentamente el DVD interactivo, practique los ejercicios comenzando por el tiempo más lento y avance hasta el más rápido.

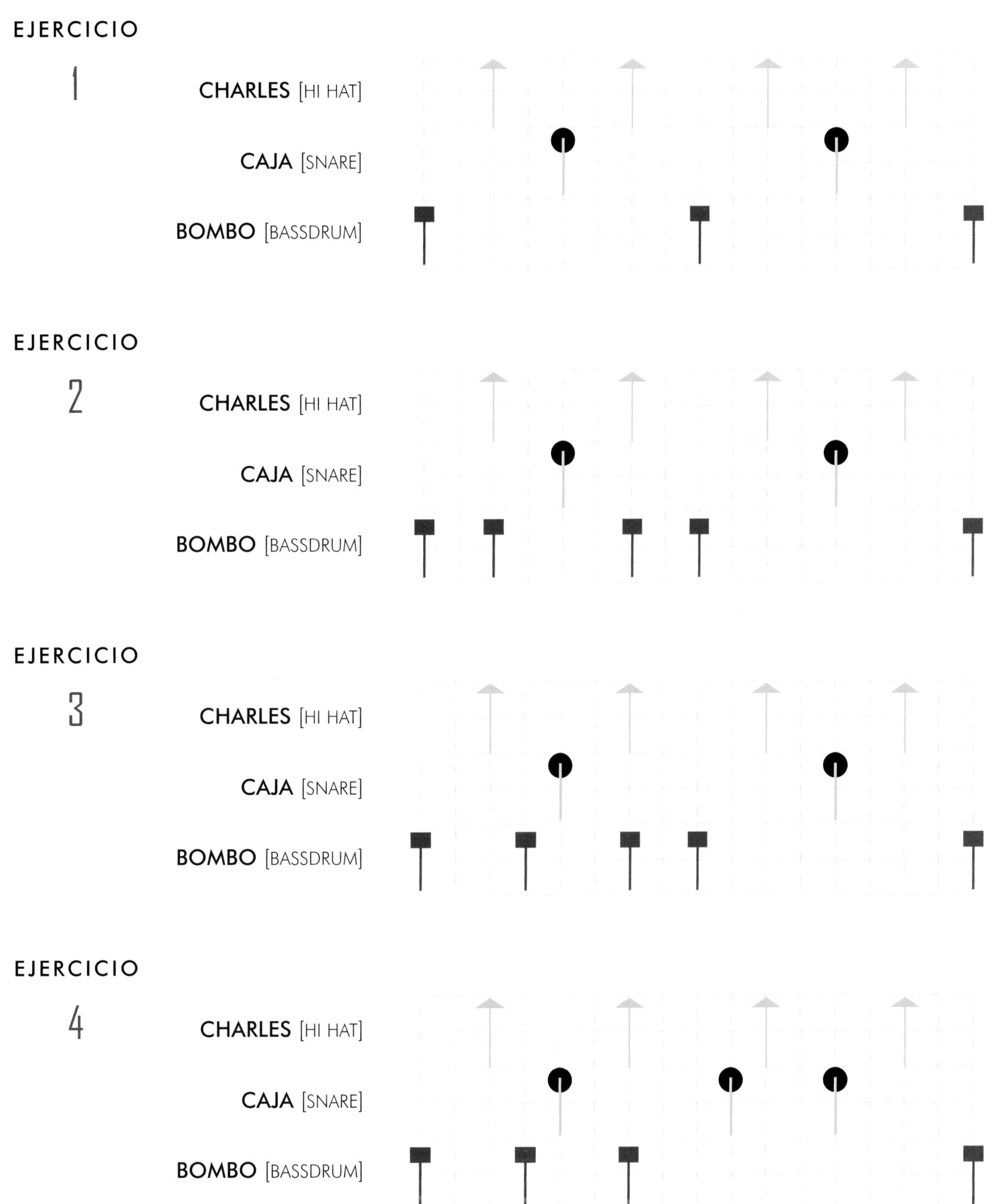
EJERCICIO
1
CHARLES [HI HAT]
CAJA [SNARE]
BOMBO [BASSDRUM]
EJERCICIO
2
CHARLES [HI HAT]
CAJA [SNARE]
BOMBO [BASSDRUM]
EJERCICIO
3
CHARLES [HI HAT]
CAJA [SNARE]
BOMBO [BASSDRUM]
EJERCICIO
4
CHARLES [HI HAT]
CAJA [SNARE]
BOMBO [BASSDRUM]

EJERCICIO

5

CHARLES [HI HAT]

CAJA [SNARE]

BOMBO [BASSDRUM]

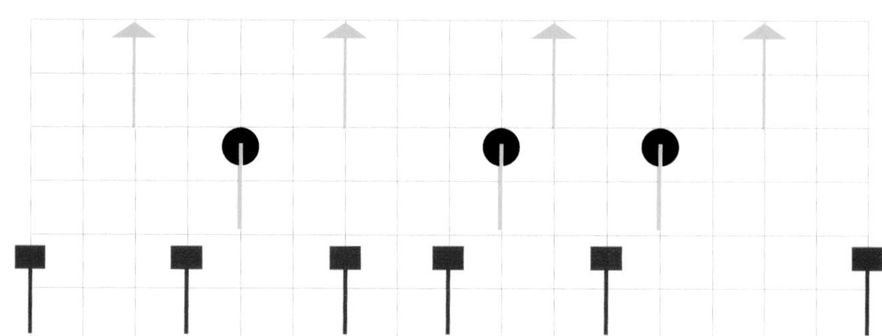

EJERCICIO

6

CHARLES [HI HAT]

CAJA [SNARE]

BOMBO [BASSDRUM]

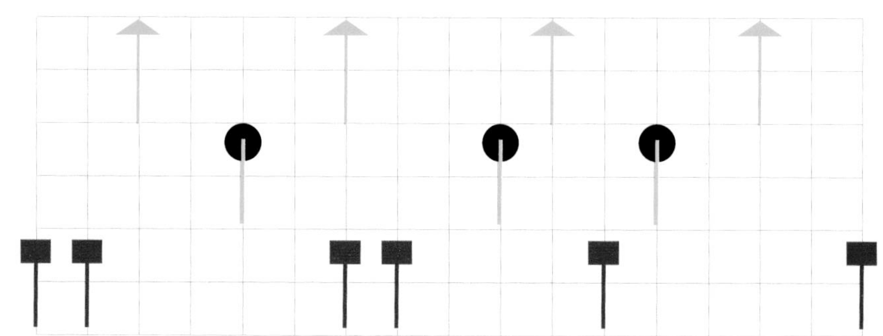

EJERCICIO

7

CHARLES [HI HAT]

CAJA [SNARE]

BOMBO [BASSDRUM]

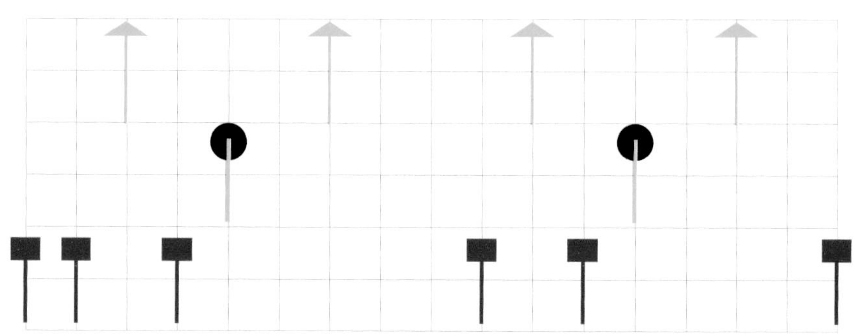

EJERCICIO

8

CHARLES [HI HAT]

CAJA [SNARE]

BOMBO [BASSDRUM]

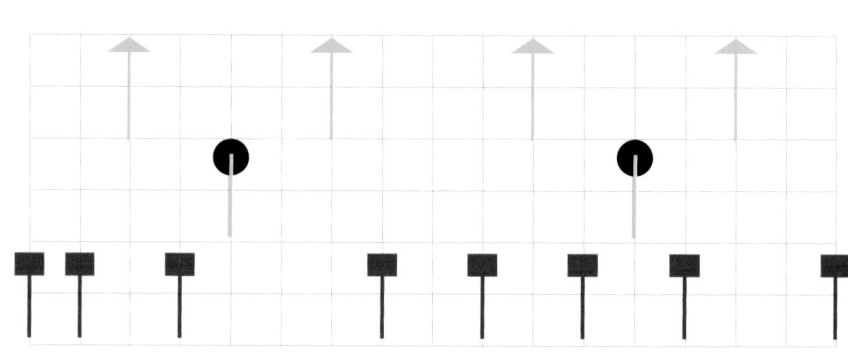

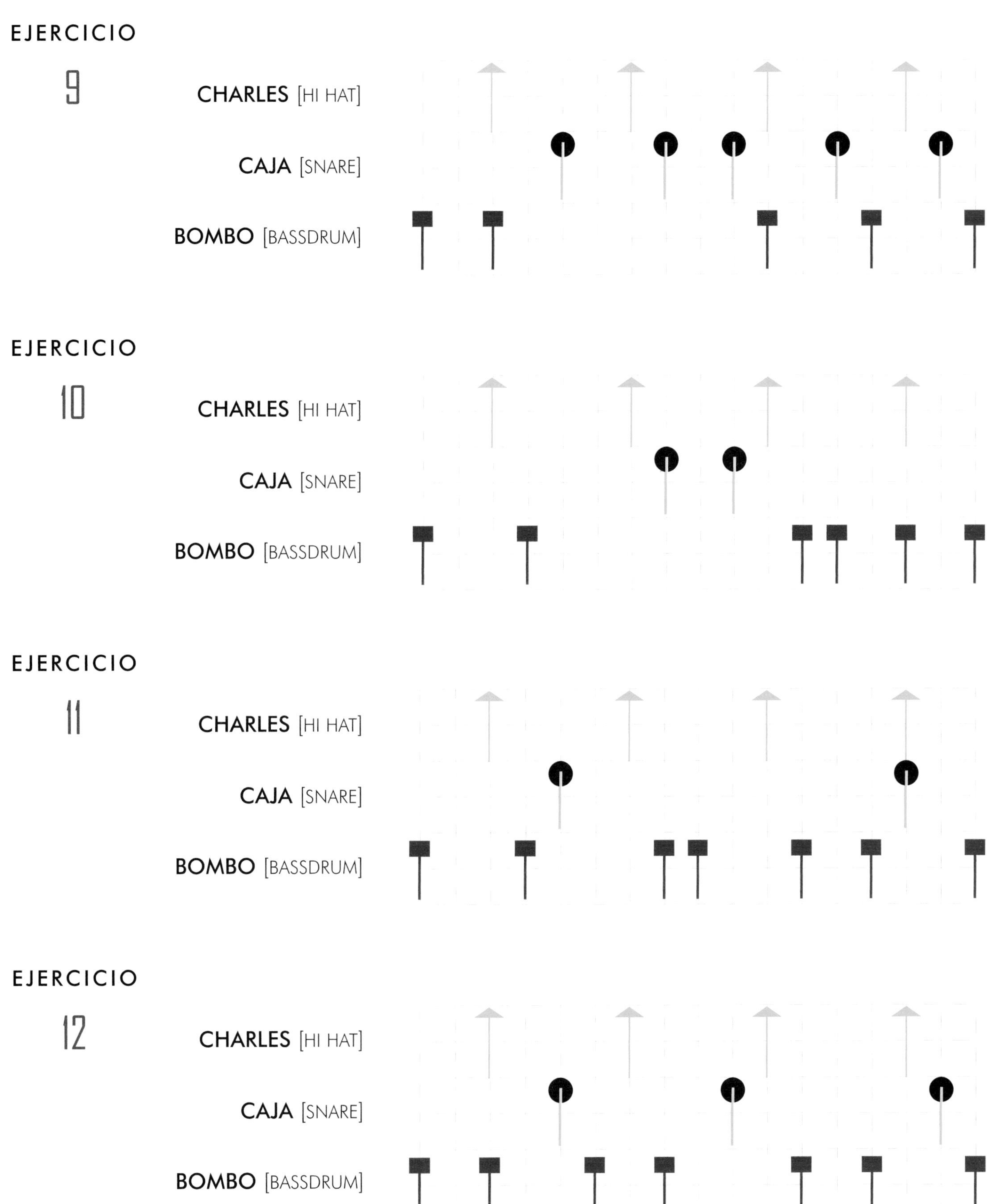
EJERCICIO
9
CHARLES [HI HAT]
CAJA [SNARE]
BOMBO [BASSDRUM]
EJERCICIO
10
CHARLES [HI HAT]
CAJA [SNARE]
BOMBO [BASSDRUM]
EJERCICIO
11
CHARLES [HI HAT]
CAJA [SNARE]
BOMBO [BASSDRUM]
EJERCICIO
12
CHARLES [HI HAT]
CAJA [SNARE]
BOMBO [BASSDRUM]

Tal como hemos hecho en unidades anteriores, ahora vamos a realizar ejercicios de tres por cuatro con el charles en contratiempo de negra. El objetivo es independizar aún más las extremidades y, de paso, darle cabida a numerosas ideas al interpretar un ritmo de blues, o de la libre interpretación que se le quiera dar a estos tiempos.

EJERCICIO

13

CHARLES [HI HAT]

CAJA [SNARE]

BOMBO [BASSDRUM]

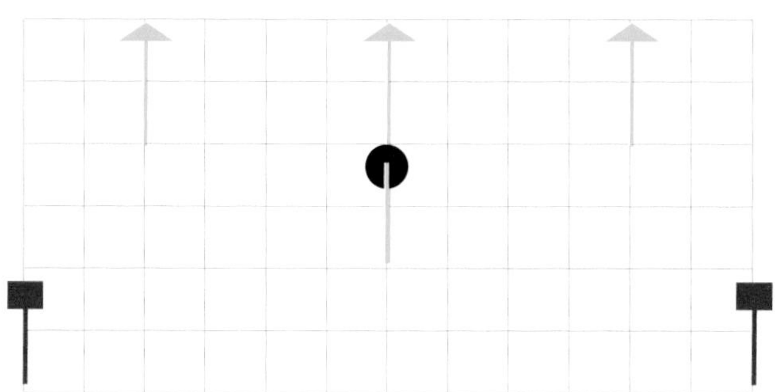

EJERCICIO

14

CHARLES [HI HAT]

CAJA [SNARE]

BOMBO [BASSDRUM]

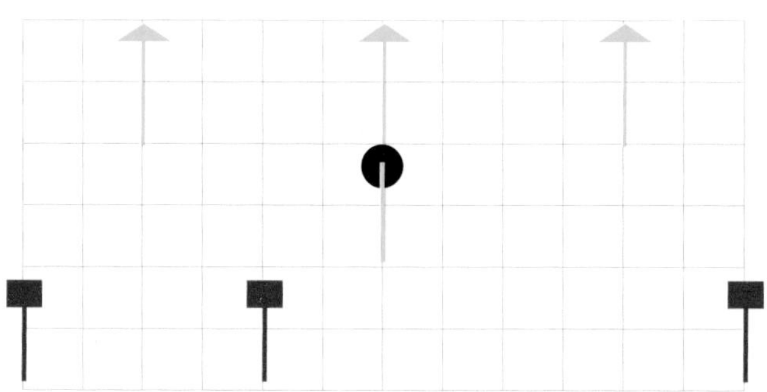

EJERCICIO

15

CHARLES [HI HAT]

CAJA [SNARE]

BOMBO [BASSDRUM]

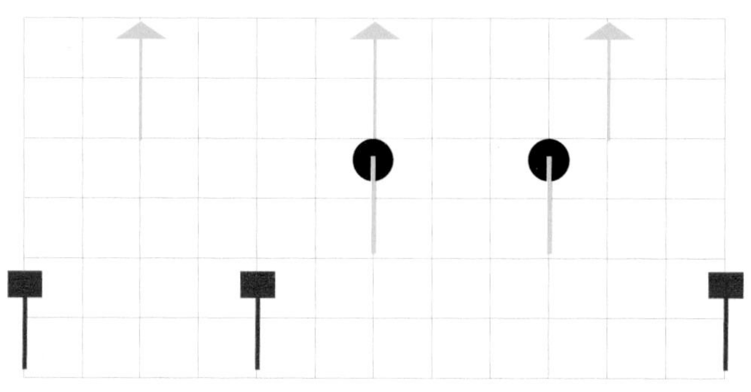

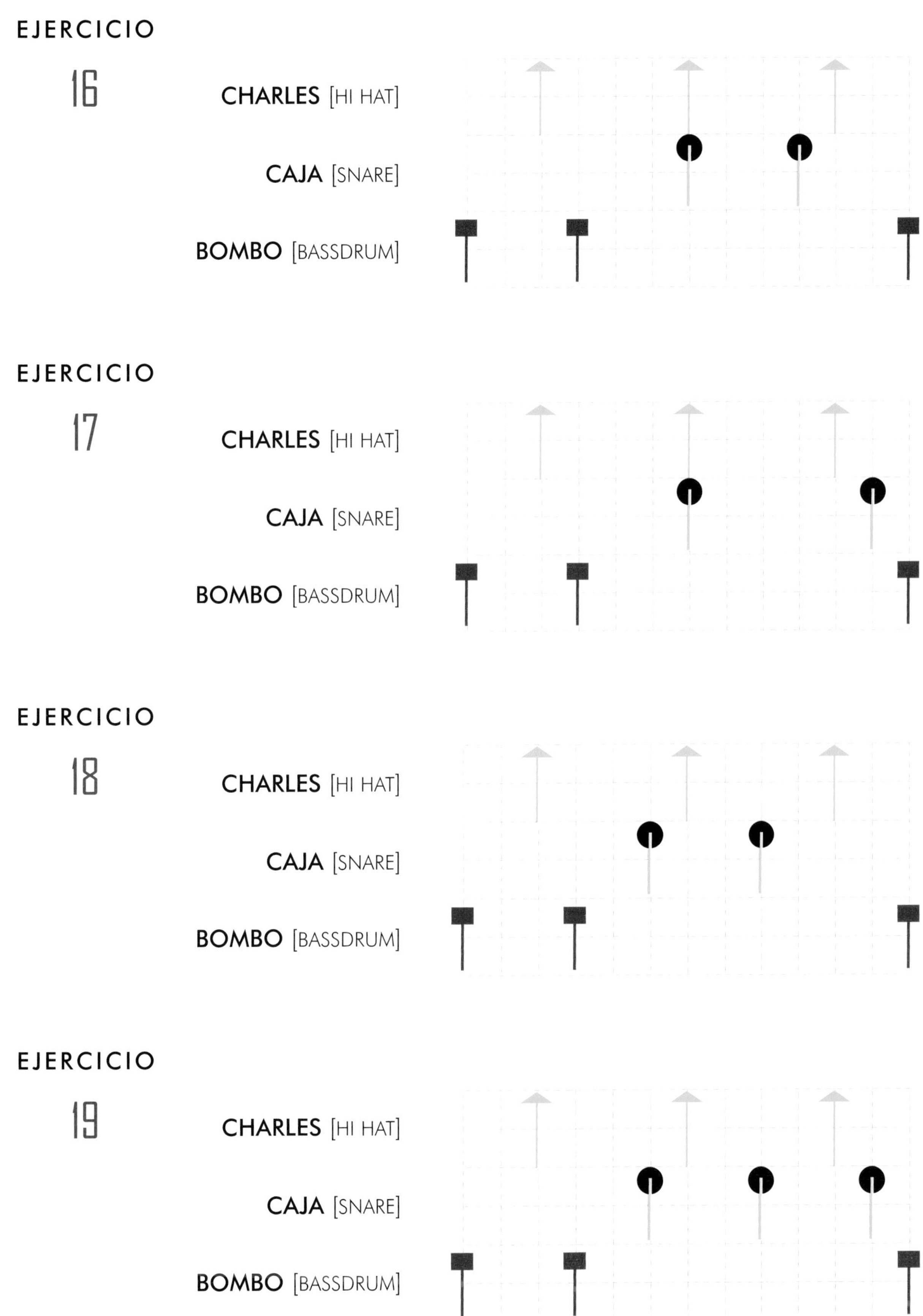
EJERCICIO
16
CHARLES [HI HAT]
CAJA [SNARE]
BOMBO [BASSDRUM]
EJERCICIO
17
CHARLES [HI HAT]
CAJA [SNARE]
BOMBO [BASSDRUM]
EJERCICIO
18
CHARLES [HI HAT]
CAJA [SNARE]
BOMBO [BASSDRUM]
EJERCICIO
19
CHARLES [HI HAT]
CAJA [SNARE]
BOMBO [BASSDRUM]

UNIDAD

15

15

CHARLES EN NEGRAS Y CONTRATIEMPOS

Ya sabemos separar los golpes del bombo con el charles en los tiempos fuertes (negras). Ahora vamos a combinar estos ejercicios con el dominio del pie del charles en negras.

Sienta cómo los golpes intermedios encajan sutilmente en los ritmos cuando se trabaja simultáneamente. Es como si estuviera conduciendo, realizando cuatro acciones a la vez de manera mecánica y sin aparente esfuerzo.

Claro que la música sin sentimiento es completamente estéril, por lo tanto, sienta cómo su cuerpo se entrelaza con las ondas rítmicas y entréguese a sentir la diferencia de ser usted mismo el artífice del estado sublime.

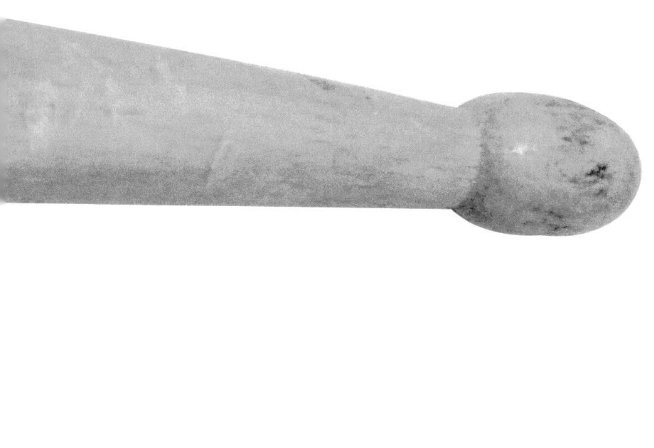

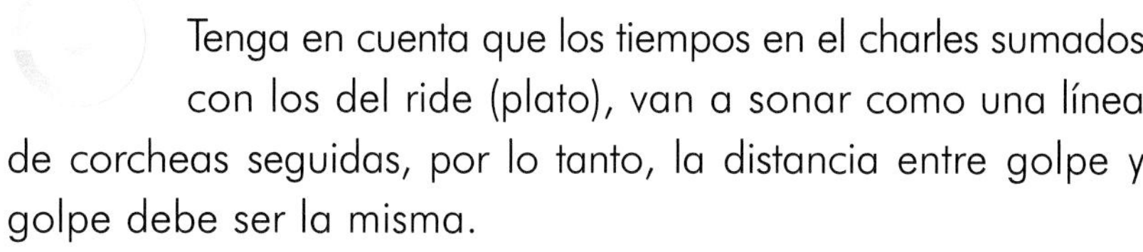

Tenga en cuenta que los tiempos en el charles sumados con los del ride (plato), van a sonar como una línea de corcheas seguidas, por lo tanto, la distancia entre golpe y golpe debe ser la misma.

La cuadrícula es una guía eficaz para ubicar los golpes y mantener la estructura del ejercicio.

El golpe en el ride debe darlo siempre en la misma zona, pues este plato se caracteriza por tener muchos timbres. Un golpe en la campana, es decir, la parte central y saliente del plato, hará que el sonido sea más claro que en el resto del cuerpo, por lo tanto, procure utilizarla en estos ejercicios.

Identifique los símbolos que vamos a utilizar en esta unidad:

RIDE CYMBAL (PLATO RIDE)

Mantener la postura correcta hará que los músculos trabajen mejor y evitará molestias que pueden impedir la buena ejecución.

Escuche atentamente el DVD, practique los ejercicios comenzando por el tiempo más lento y avance hasta el más rápido. Continúe hasta estar seguro de que lleva el tiempo exacto, luego practique con el siguiente tiempo y así hasta el último. No olvide que los símbolos escritos en la última línea son los primeros del ejercicio, es decir, el primer tiempo.

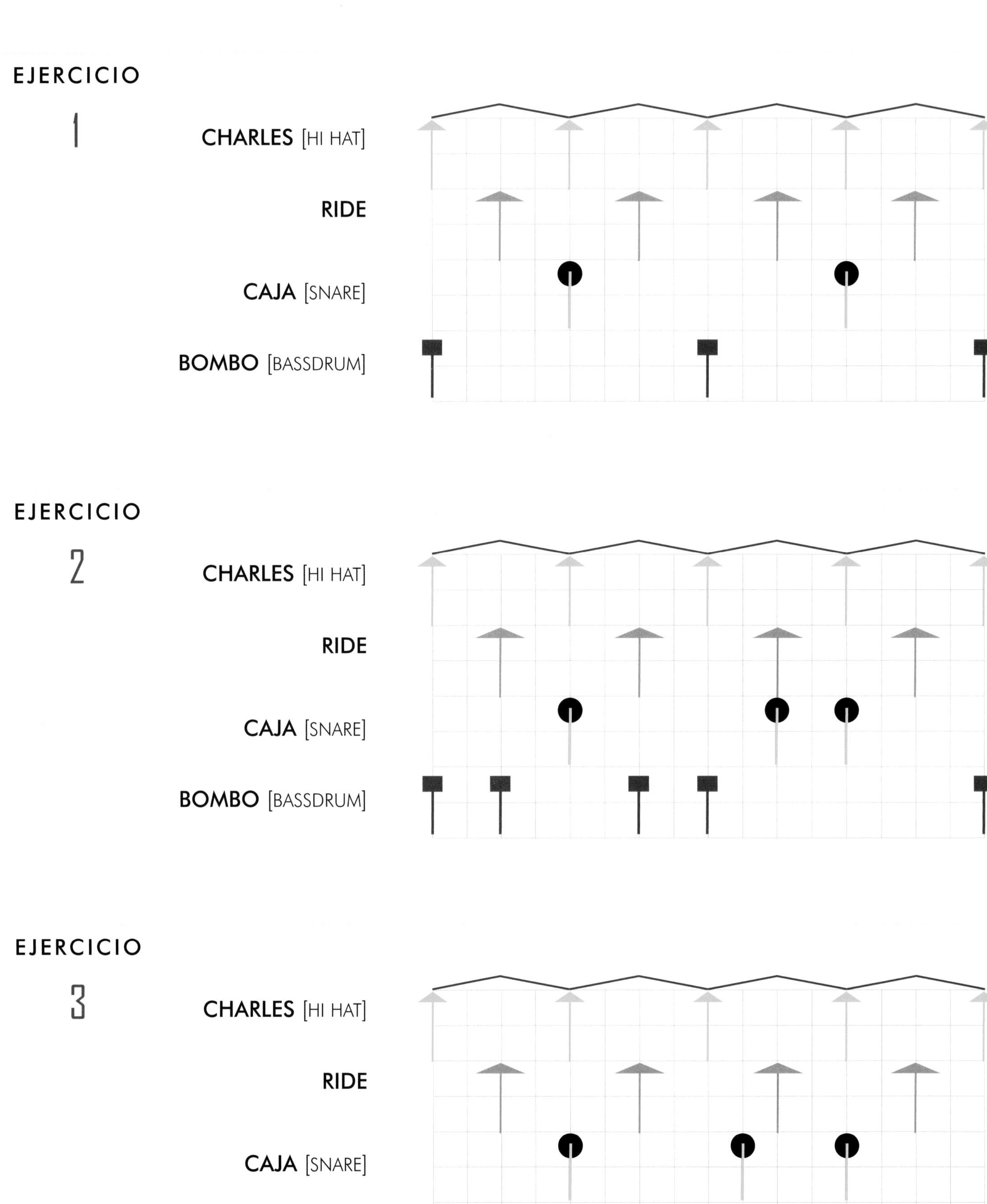
EJERCICIO
1
CHARLES [HI HAT]
RIDE
CAJA [SNARE]
BOMBO [BASSDRUM]
EJERCICIO
2
CHARLES [HI HAT]
RIDE
CAJA [SNARE]
BOMBO [BASSDRUM]
EJERCICIO
3
CHARLES [HI HAT]
RIDE
CAJA [SNARE]
BOMBO [BASSDRUM]

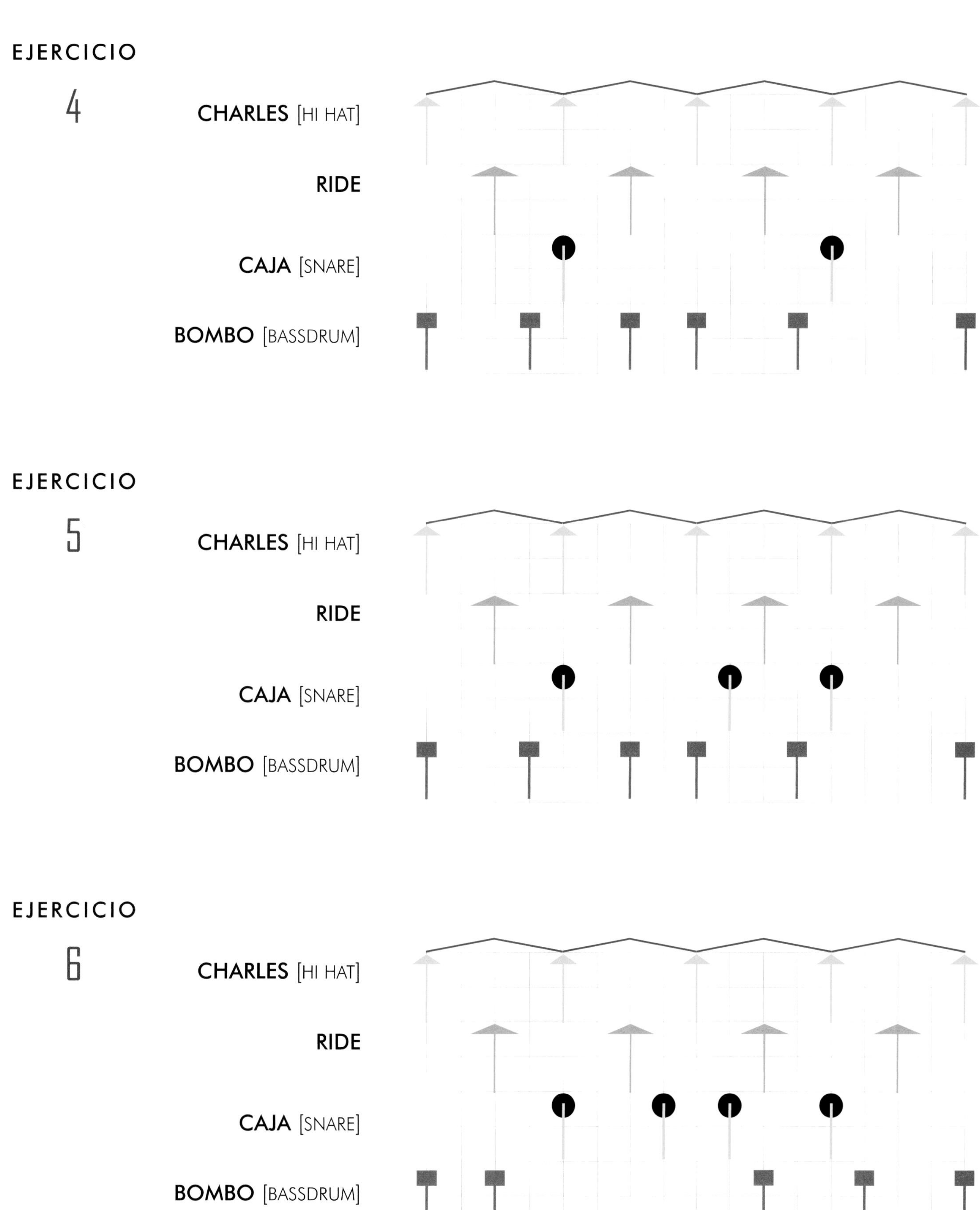
EJERCICIO
4
CHARLES [HI HAT]
RIDE
CAJA [SNARE]
BOMBO [BASSDRUM]
EJERCICIO
5
CHARLES [HI HAT]
RIDE
CAJA [SNARE]
BOMBO [BASSDRUM]
EJERCICIO
6
CHARLES [HI HAT]
RIDE
CAJA [SNARE]
BOMBO [BASSDRUM]

EJERCICIO

7

CHARLES [HI HAT]

RIDE

CAJA [SNARE]

BOMBO [BASSDRUM]

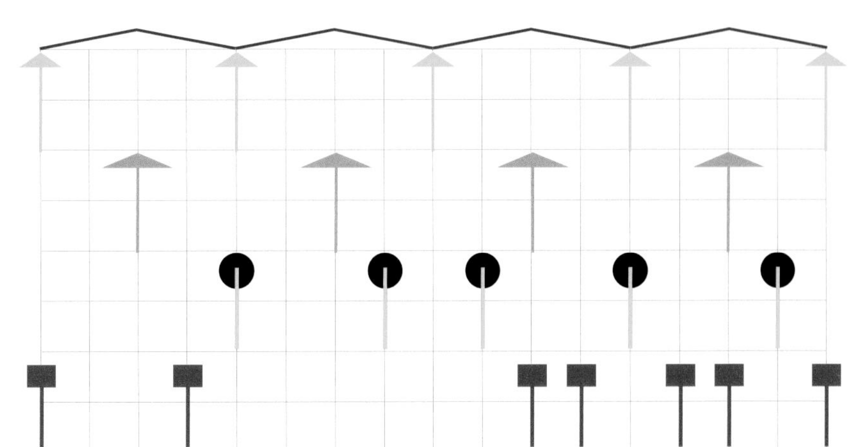

EJERCICIO

8

CHARLES [HI HAT]

RIDE

CAJA [SNARE]

BOMBO [BASSDRUM]

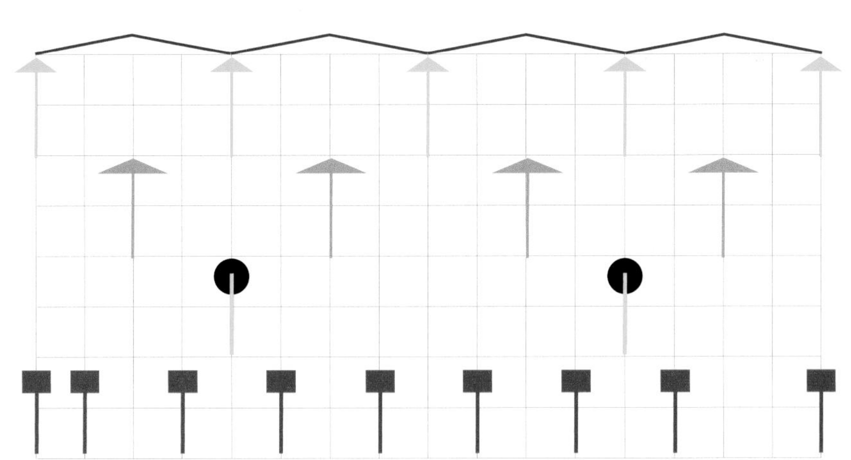

EJERCICIO

9

CHARLES [HI HAT]

RIDE

CAJA [SNARE]

BOMBO [BASSDRUM]

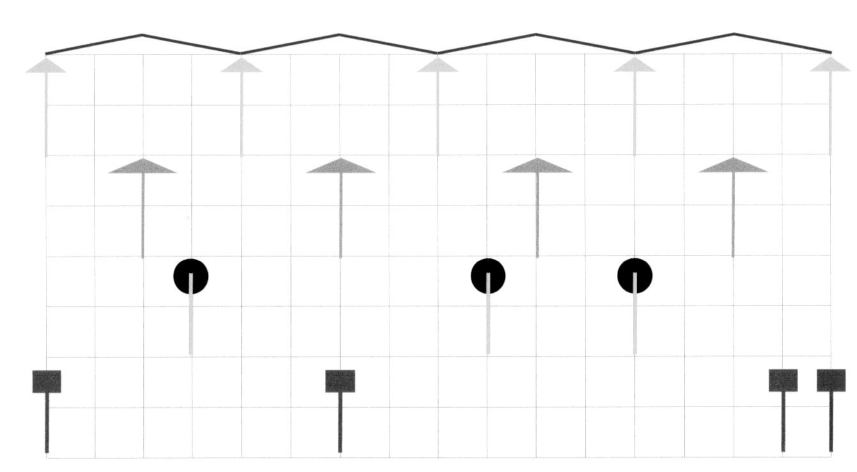

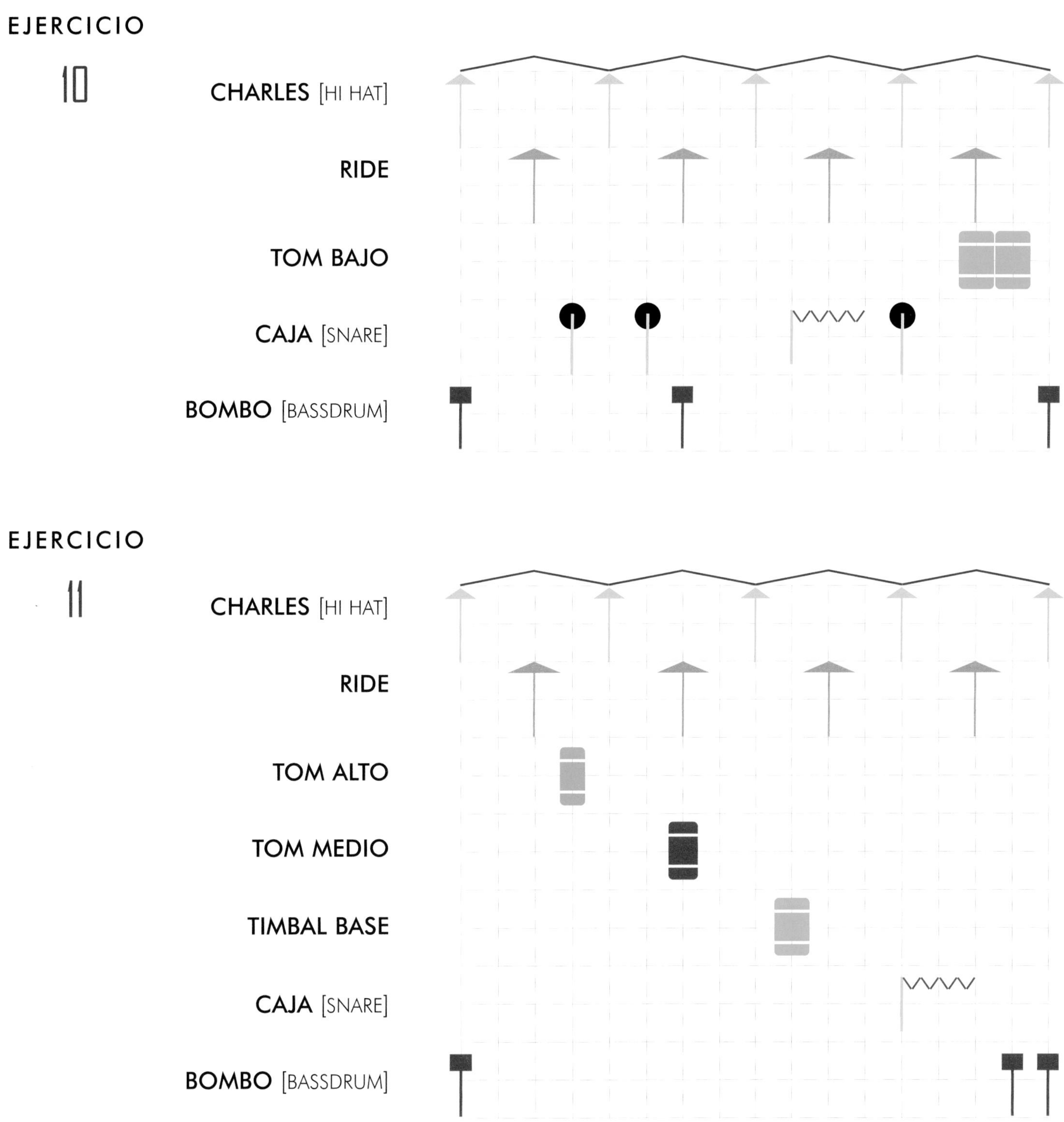

Si desea realizar una autoevaluación para valorar su grado de aprendizaje, haga los ejercicios del primero al último sin parar y sin atrasarse o adelantarse en el tiempo. Consiga un metrónomo que le marque el tiempo.

UNIDAD

16

16

CHARLES EN GRUPOS DE TRES SEMICORCHEAS

Hasta ahora hemos trabajado el charles con tiempos continuos, es decir, sin alteraciones de pulso. En esta unidad vamos a aprender a marcar los tiempos del charles en semicorcheas de tres con un silencio de intervalo.

Esta forma de marcar el charles nos lleva a una progresión rítmica utilizada en la composición de obras de jazz latino y música del Caribe.

No olvide que la cuadrícula es un soporte fácil de entender, donde cada línea vertical corresponde a un tiempo musical definido.

Fíjese en la cuadrícula, y en la ubicación de los símbolos en ella. No olvide que los símbolos escritos en la última línea son los primeros del ejercicio, es decir, el primer tiempo.

La posición en la batería varía según el tamaño y la cantidad de partes que la conforman. Esto hace que el instrumento adquiera cierta personalidad. Tenga en cuenta que lo más importante es sentirse cómodo en el momento de sentarse a tocar.

Mantenga la posición correcta para cuidar la espalda, y prevenir problemas musculares.

Recuerde que los golpes en cada parte de la batería deben poseer una línea firme y constante.

Escuche atentamente el DVD interactivo, practique los ejercicios comenzando por el tiempo más lento y avance hasta el más rápido. Continúe hasta estar seguro de que lleva el tiempo exacto, luego practique con el siguiente tiempo y así hasta el último.

EJERCICIO 1

CHARLES [HI HAT]

CAJA [SNARE]

BOMBO [BASSDRUM]

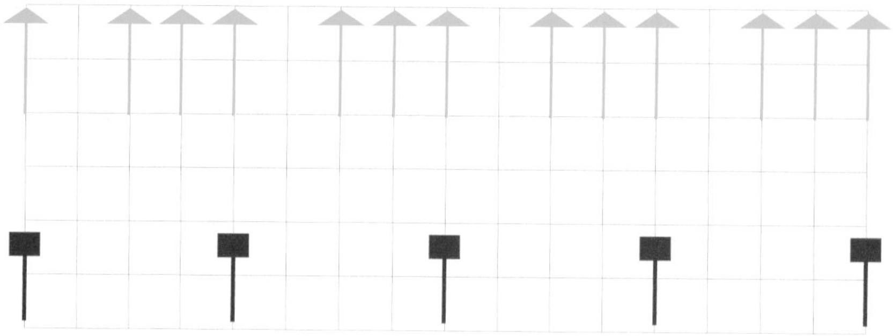

EJERCICIO 2

CHARLES [HI HAT]

CAJA [SNARE]

BOMBO [BASSDRUM]

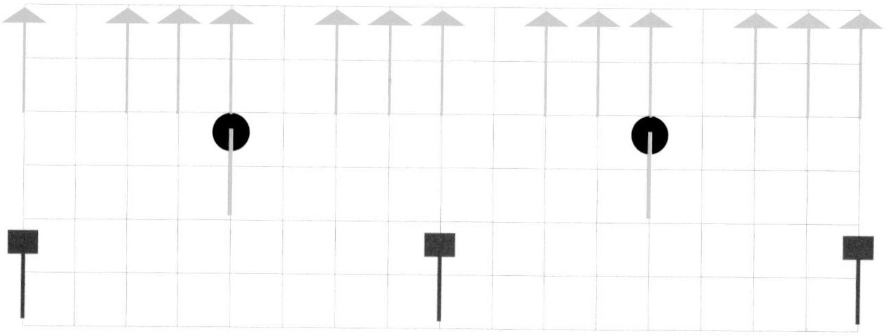

EJERCICIO 3

CHARLES [HI HAT]

CAJA [SNARE]

BOMBO [BASSDRUM]

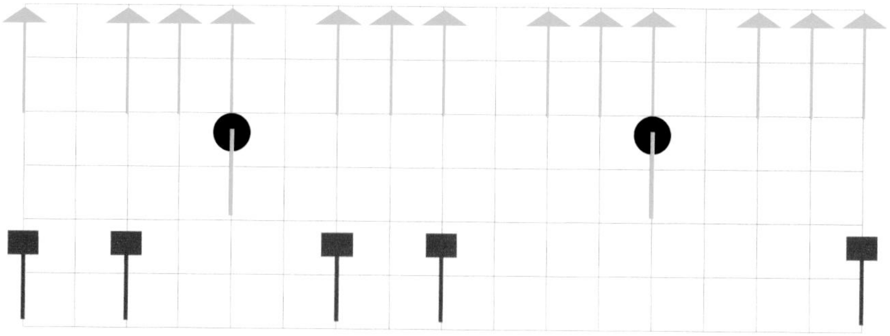

EJERCICIO 4

CHARLES [HI HAT]

CAJA [SNARE]

BOMBO [BASSDRUM]

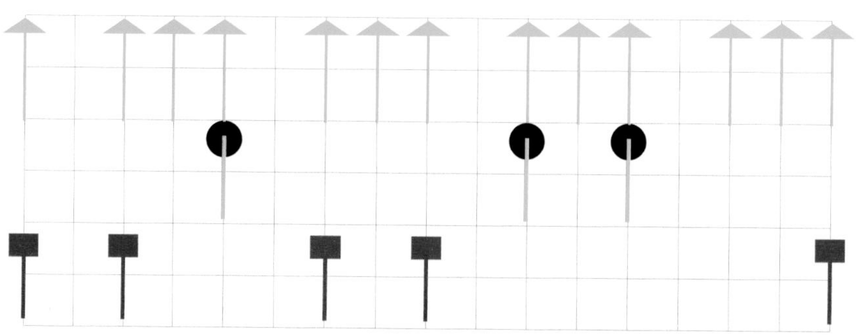

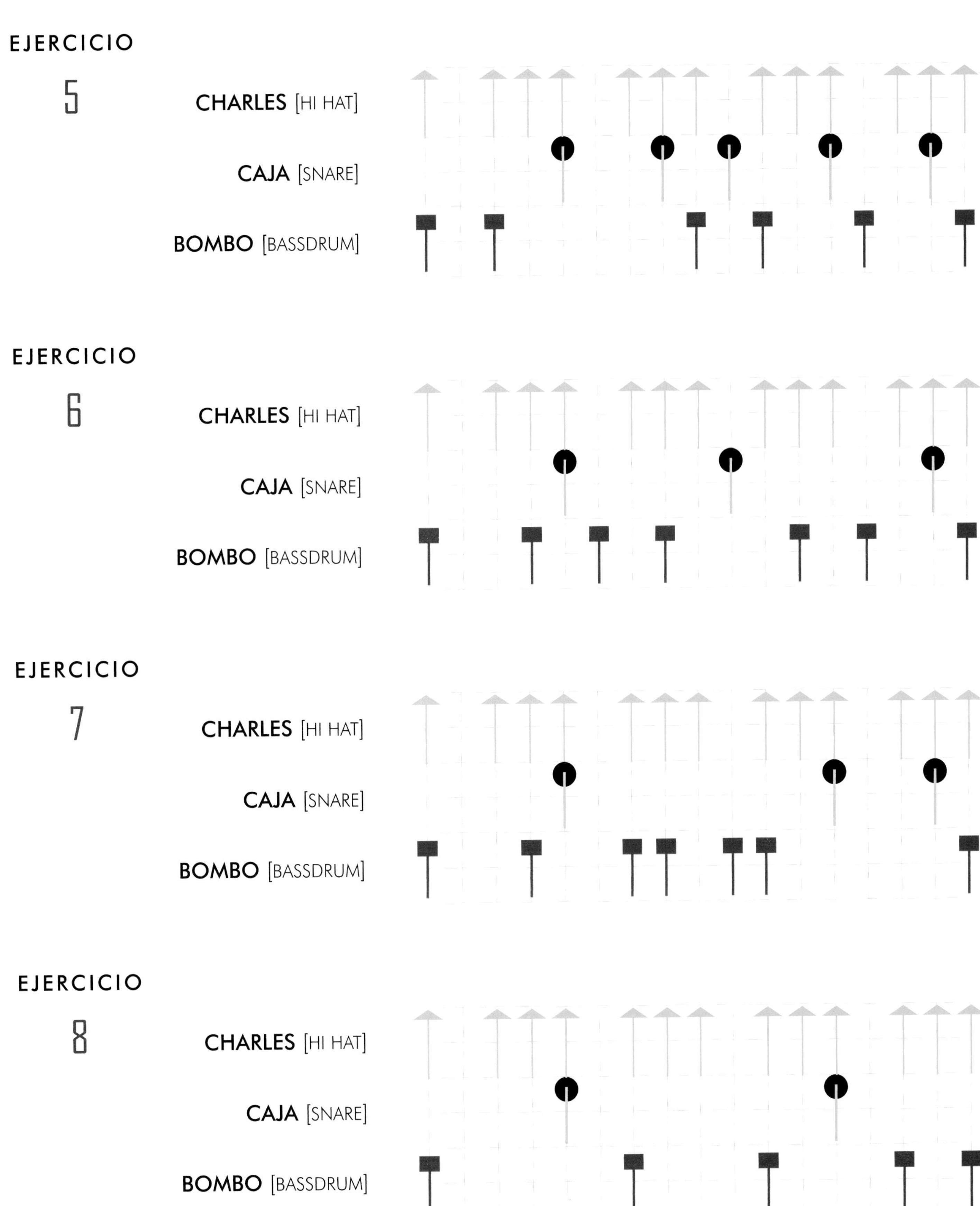
EJERCICIO
5
CHARLES [HI HAT]
CAJA [SNARE]
BOMBO [BASSDRUM]
EJERCICIO
6
CHARLES [HI HAT]
CAJA [SNARE]
BOMBO [BASSDRUM]
EJERCICIO
7
CHARLES [HI HAT]
CAJA [SNARE]
BOMBO [BASSDRUM]
EJERCICIO
8
CHARLES [HI HAT]
CAJA [SNARE]
BOMBO [BASSDRUM]

EJERCICIO 9

CHARLES [HI HAT]

CAJA [SNARE]

BOMBO [BASSDRUM]

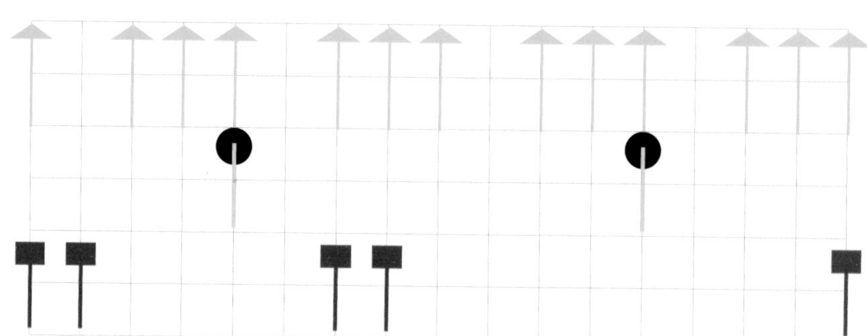

EJERCICIO 10

CHARLES [HI HAT]

CAJA [SNARE]

BOMBO [BASSDRUM]

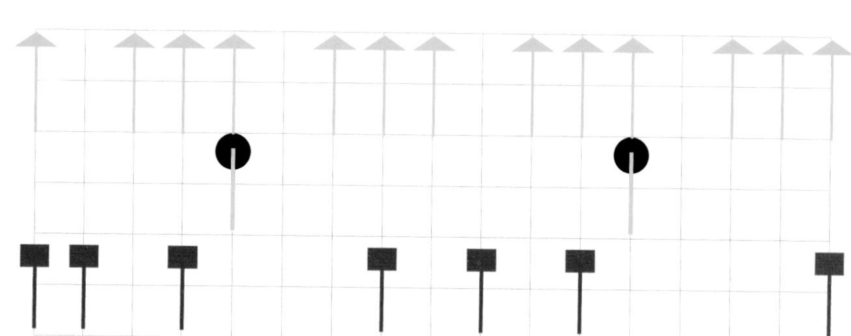

EJERCICIO 11

CHARLES [HI HAT]

CAJA [SNARE]

BOMBO [BASSDRUM]

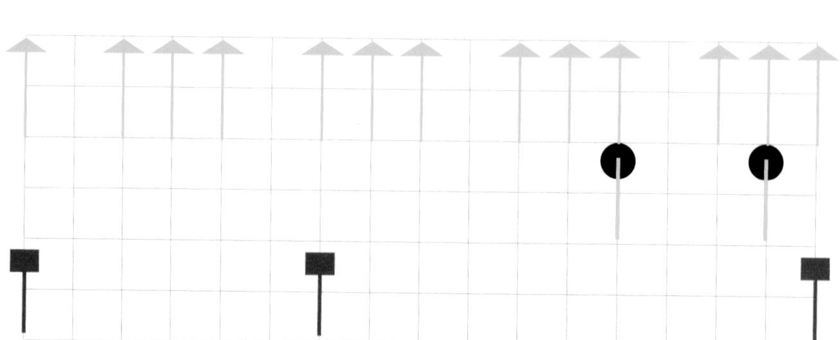

EJERCICIO 12

CHARLES [HI HAT]

CAJA [SNARE]

BOMBO [BASSDRUM]

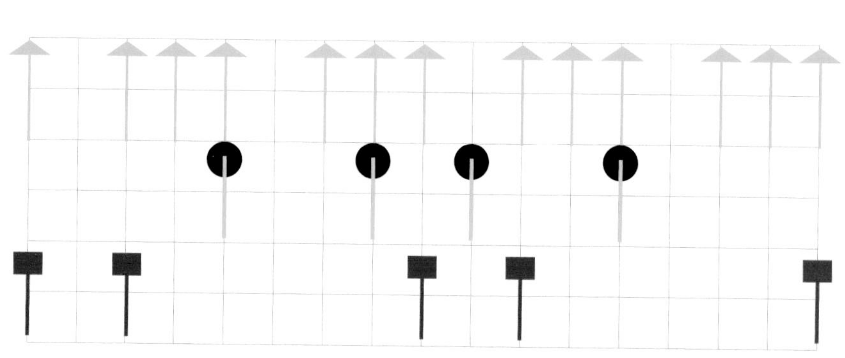

UNIDAD

17

17

GOLPES DE TRES SEMICORCHEAS Y CHARLES EN NEGRAS

En las unidades anteriores hemos trabajado las combinaciones básicas que se realizan con el pie del charles y contratiempos de negra. Pues bien, en esta unidad vamos a trabajar el pie del charles en negras combinado con golpes de tres semicorcheas unidas en el plato (ride); esto nos va a dar destreza y mayor capacidad para independizar las extremidades, al mismo tiempo que aprenderemos a tocar ritmos más complejos.

Ponga los cinco sentidos en esta unidad, relájese y comience leyendo detenidamente, luego, golpe a golpe vaya realizando los golpes señalados procurando no acelerarse ni atrasarse con el pie del charles.

El charles está anotado cada dos líneas negras, es decir, en corcheas. Los golpes que veremos ahora son tresillos de semicorchea, están en la mitad del charles. Golpes de dos y tres en el bombo y en la caja, que se logran dándolos justo cuando la mano que marca el charles se halla en su parte más alta (justo en la mitad).

Estos ejercicios le ayudarán a ganar soltura con el pie derecho, y ello le permitirá practicar muchos ritmos, desde el rock duro hasta el reggae.

En todo el método observará que se hace énfasis en el tiempo, pues es necesario recalcar que el baterista es el encargado de marcarlo cuando toca en una banda, una orquesta, o en un grupo.

Mantenga la postura correcta para evitar dolores musculares.

Recuerde que el charles debe sonar continuo, sin acelerarse ni atrasarse, y con la misma intensidad de golpe. El charles le indicará el tiempo de ejecución de los ejercicios.

Escuche con atención el DVD, practique los ejercicios comenzando por el tiempo más lento y avance hasta el más rápido. Continúe hasta estar seguro de que lleva el tiempo exacto, luego practique con el siguiente tiempo y así hasta el último. No olvide que los símbolos escritos en la última línea son los primeros del ejercicio, es decir, el primer tiempo.

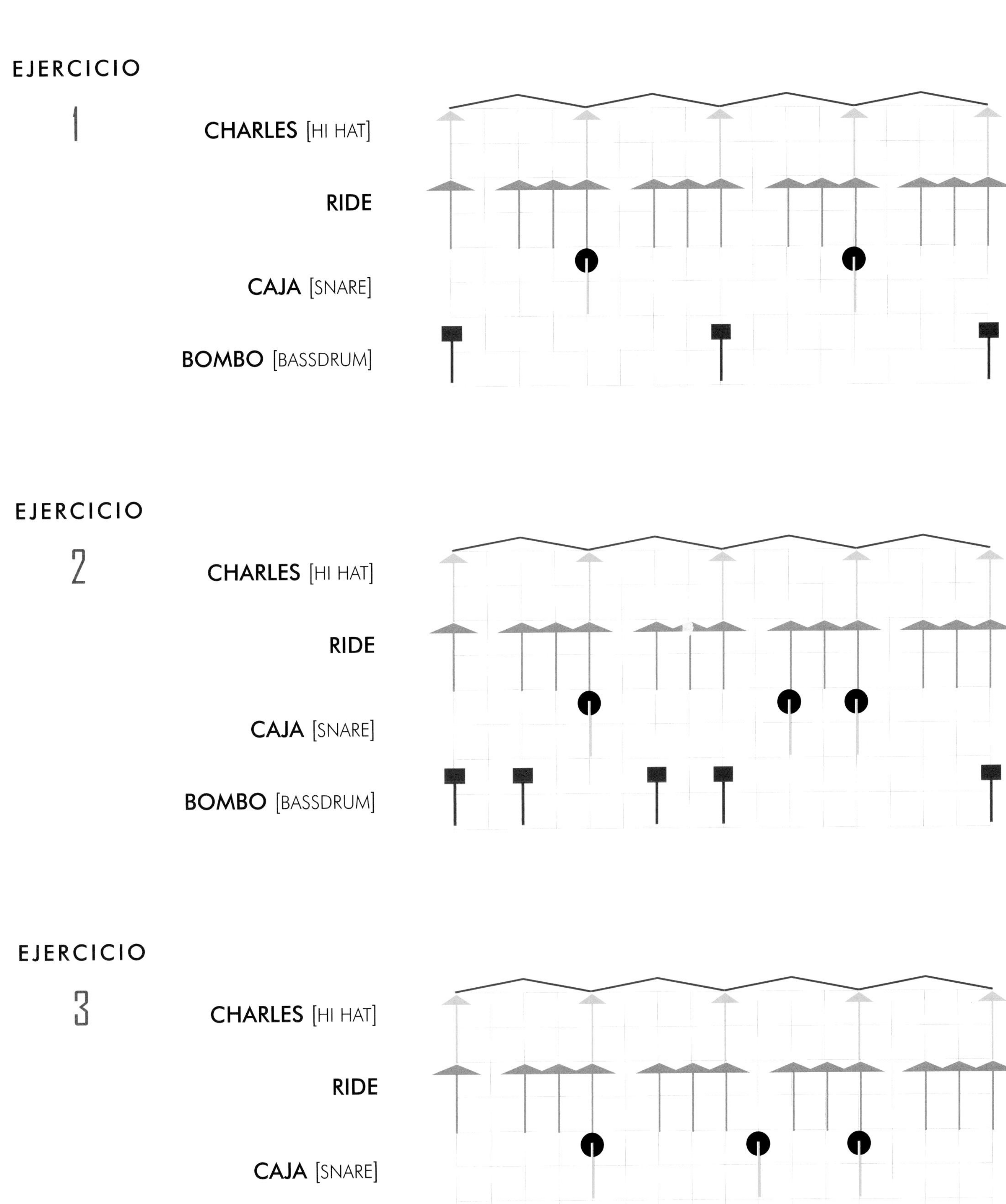
EJERCICIO
1
CHARLES [HI HAT]
RIDE
CAJA [SNARE]
BOMBO [BASSDRUM]
EJERCICIO
2
CHARLES [HI HAT]
RIDE
CAJA [SNARE]
BOMBO [BASSDRUM]
EJERCICIO
3
CHARLES [HI HAT]
RIDE
CAJA [SNARE]
BOMBO [BASSDRUM]

EJERCICIO

4

CHARLES [HI HAT]

RIDE

CAJA [SNARE]

BOMBO [BASSDRUM]

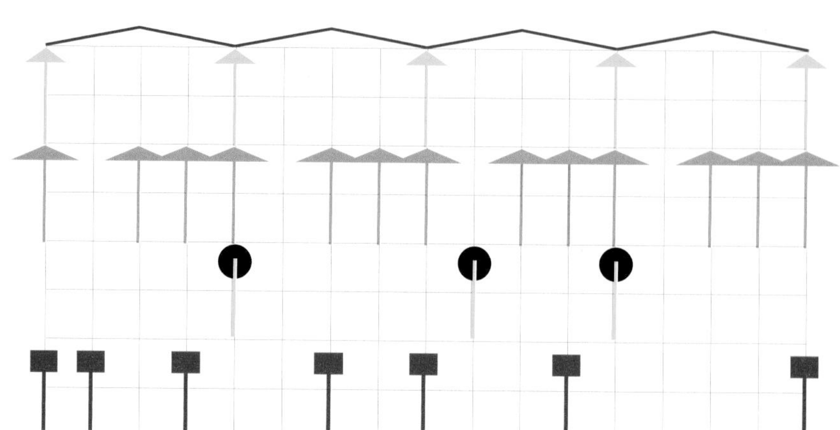

EJERCICIO

5

CHARLES [HI HAT]

RIDE

CAJA [SNARE]

BOMBO [BASSDRUM]

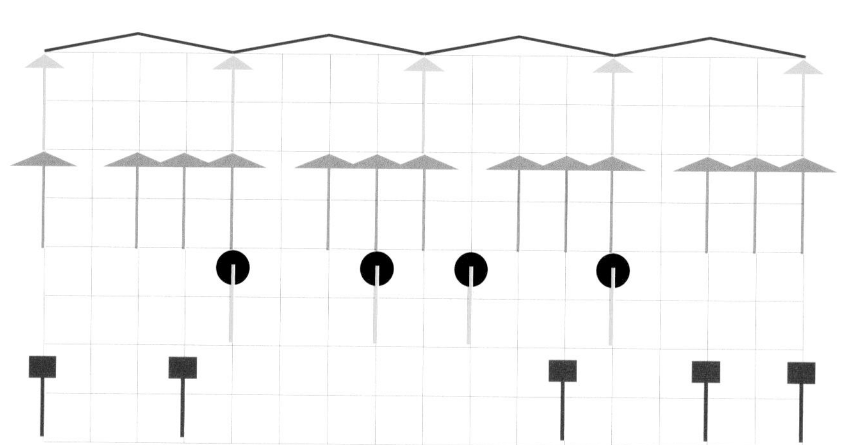

EJERCICIO

6

CHARLES [HI HAT]

RIDE

CAJA [SNARE]

BOMBO [BASSDRUM]

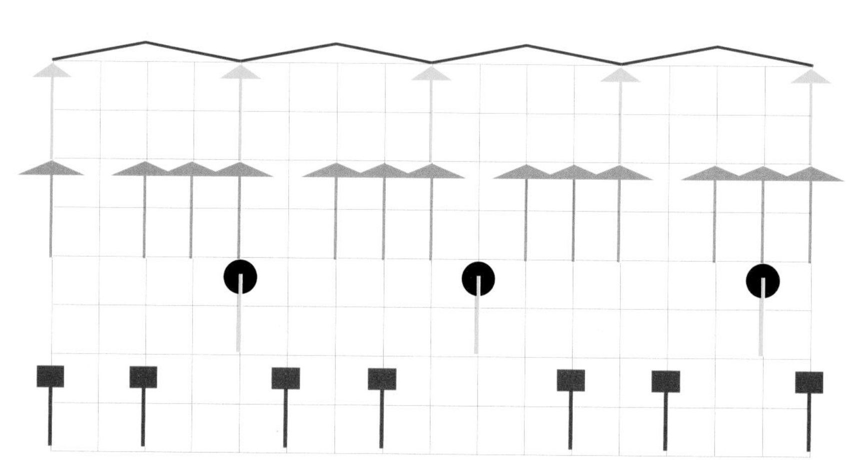

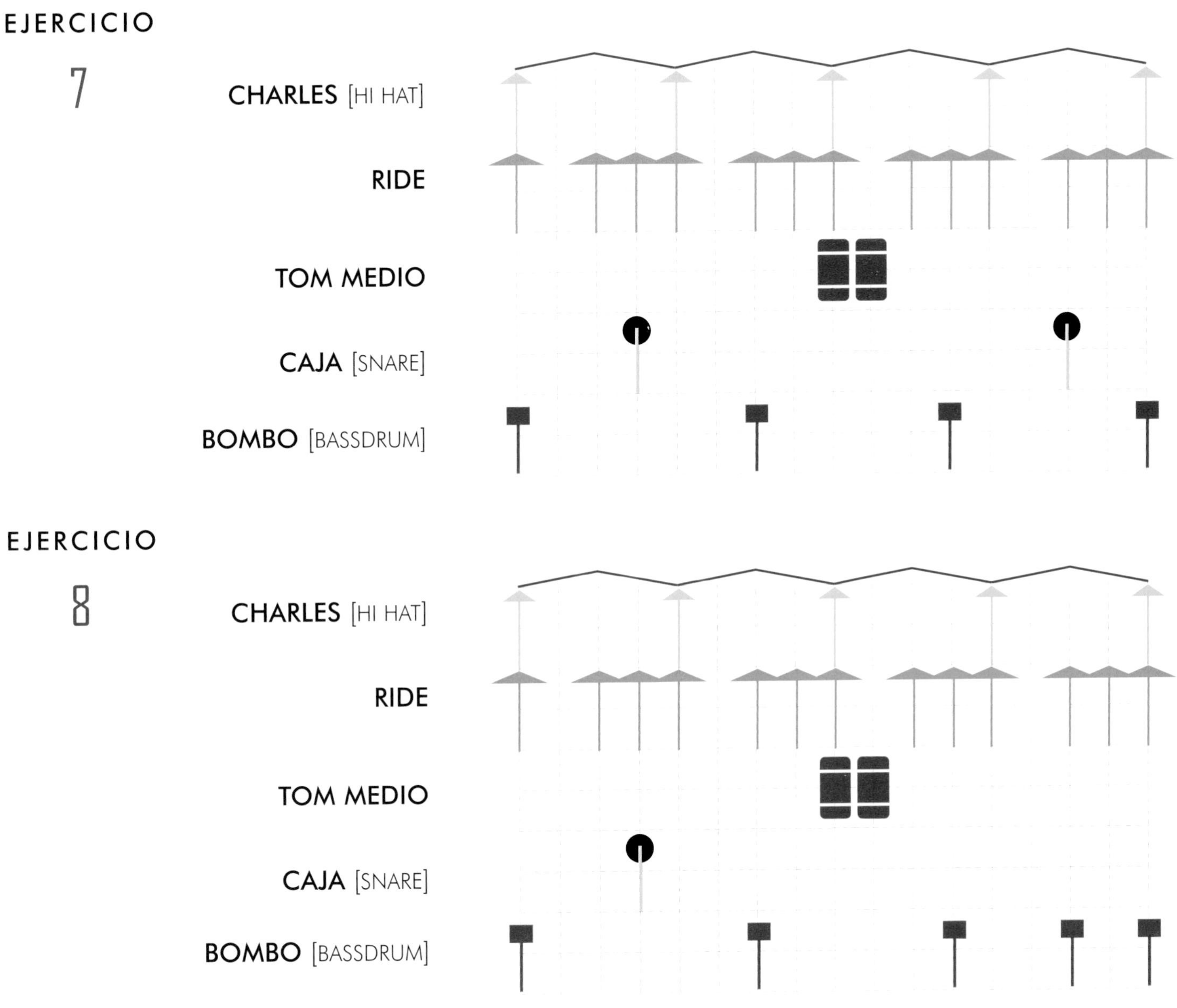

Si desea realizar una autoevaluación para valorar su grado de aprendizaje, haga los ejercicios del primero al último sin parar y sin atrasarse o adelantarse en el tiempo. Consiga un metrónomo que le marque el tiempo.

UNIDAD

18

CONTRATIEMPOS DE CORCHEA

Ya hemos visto cómo funcionan los contratiempos de negra en el charles, ahora vamos a doblar el tiempo, es decir, a practicar contratiempos de corchea. Los resultados de estos ejercicios son sorprendentes, pues paso a paso se va logrando la independencia deseada de las extremidades. A la vez, practicamos ritmos nuevos.

Estos ejercicios tienen que ver mucho con la música reggae, que se basa en ritmos sincopados y donde el charles adquiere gran protagonismo.

Un ejemplo de ello lo encontrará en los ejercicios de la segunda unidad del método, donde dábamos golpes de bombo y de caja en la mitad de los tiempos del charles.

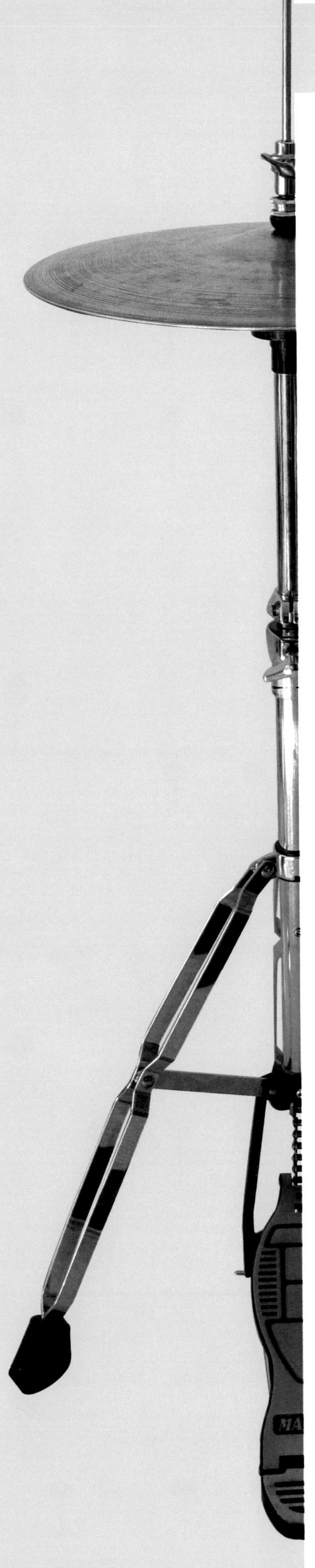

No olvide que lo importante de estos ejercicios es hacerlos en un tiempo rápido, es decir, con el pulso a más de cien.

El charles, como en todos los ejercicios hechos hasta ahora, es de gran ayuda para marcar el tiempo del patrón rítmico.

Es importante mantener la postura adecuada y hacer ejercicios de estiramiento de los músculos antes de empezar a tocar el instrumento. Evitará dolores musculares.

Los golpes en cada parte de la batería deben sonar con igual intensidad de fuerza. Cuando se está tocando una canción es importante dar espacio para que los demás instrumentos suenen armoniosamente, y que la voz se entienda.

Escuche con atención el DVD interactivo, practique los ejercicios comenzando por el tiempo más lento y avance hasta el más rápido. Continúe hasta estar seguro de que lleva el tiempo exacto, luego practique con el siguiente tiempo y así hasta el último. No olvide que los símbolos escritos en la última línea son los primeros del ejercicio, es decir, el primer tiempo.

EJERCICIO

1

CHARLES [HI HAT]

CAJA [SNARE]

BOMBO [BASSDRUM]

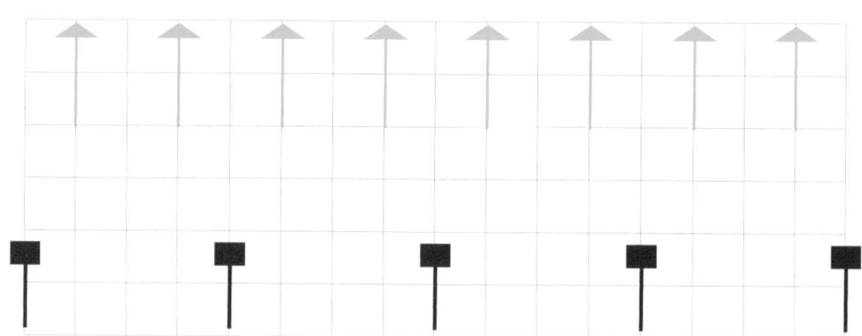

EJERCICIO

2

CHARLES [HI HAT]

CAJA [SNARE]

BOMBO [BASSDRUM]

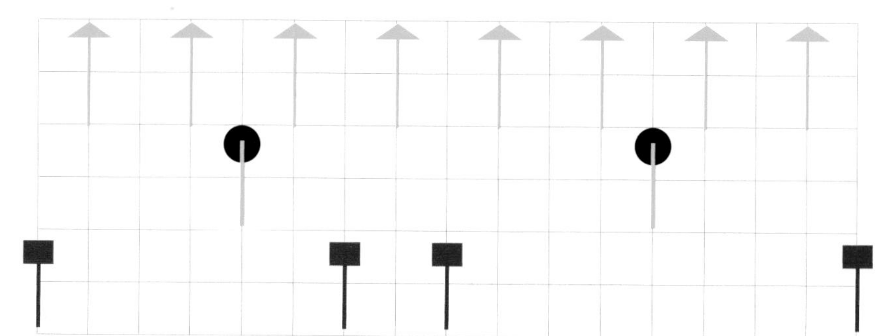

EJERCICIO

3

CHARLES [HI HAT]

CAJA [SNARE]

BOMBO [BASSDRUM]

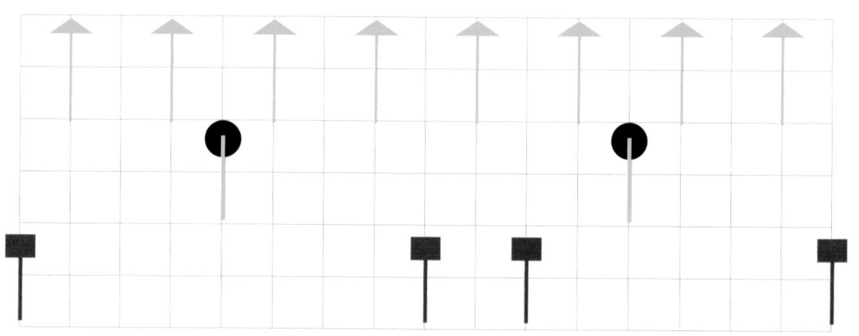

EJERCICIO

4

CHARLES [HI HAT]

CAJA [SNARE]

BOMBO [BASSDRUM]

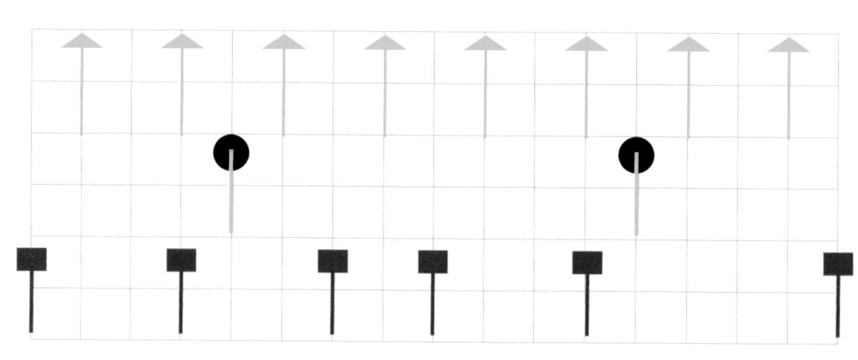

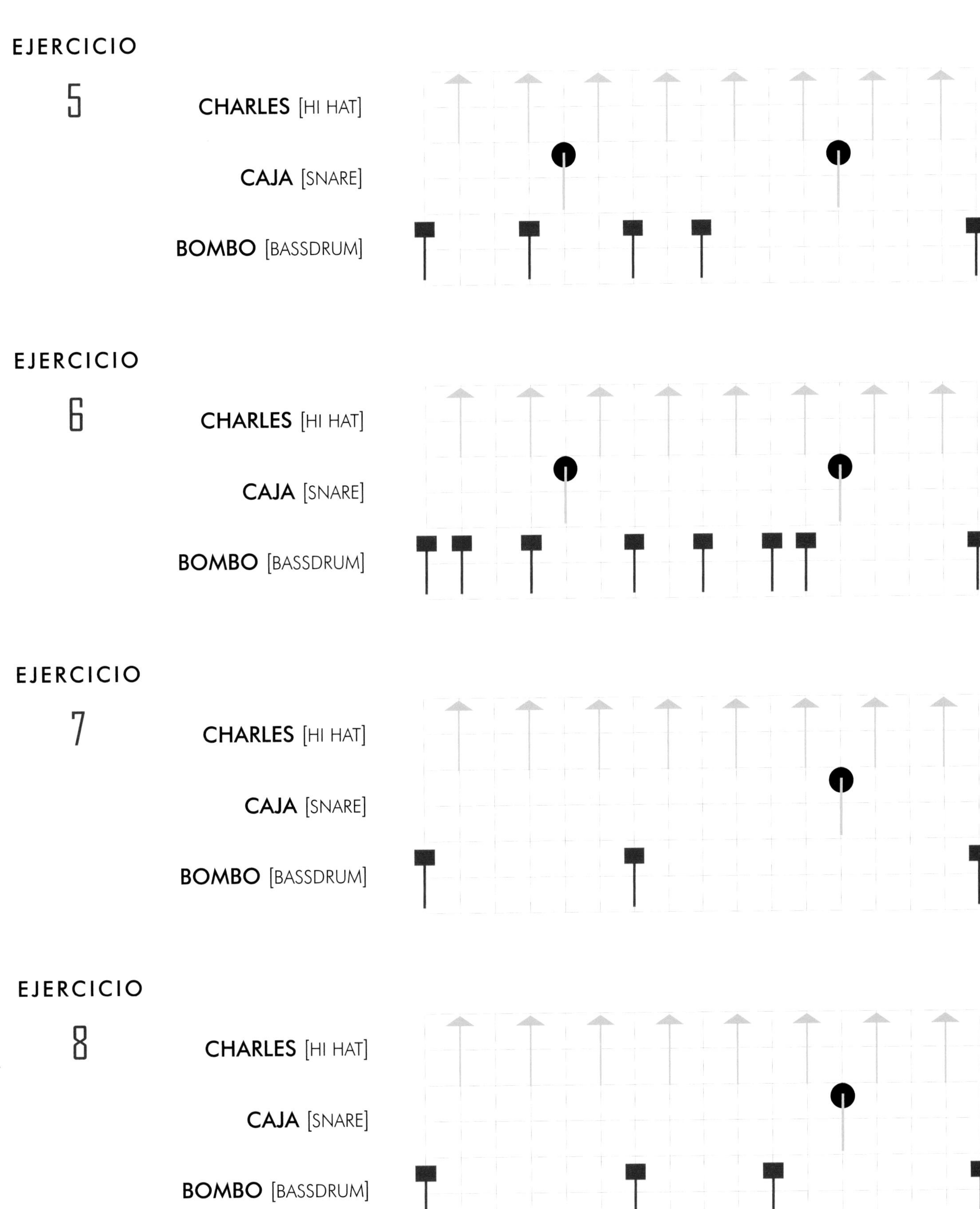
EJERCICIO
5
CHARLES [HI HAT]
CAJA [SNARE]
BOMBO [BASSDRUM]
EJERCICIO
6
CHARLES [HI HAT]
CAJA [SNARE]
BOMBO [BASSDRUM]
EJERCICIO
7
CHARLES [HI HAT]
CAJA [SNARE]
BOMBO [BASSDRUM]
EJERCICIO
8
CHARLES [HI HAT]
CAJA [SNARE]
BOMBO [BASSDRUM]

EJERCICIO 9

CHARLES [HI HAT]

CAJA [SNARE]

BOMBO [BASSDRUM]

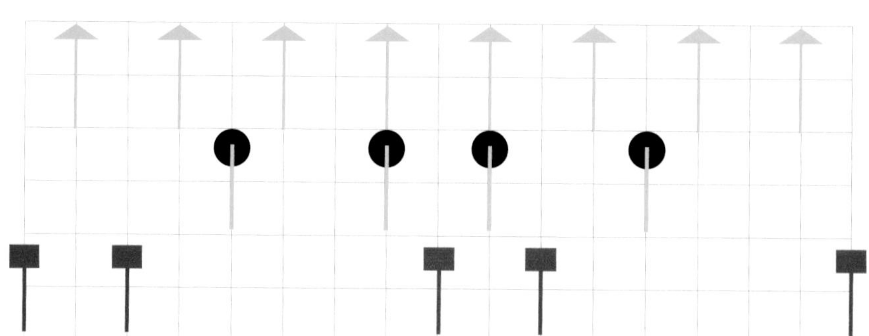

EJERCICIO 10

CHARLES [HI HAT]

CAJA [SNARE]

BOMBO [BASSDRUM]

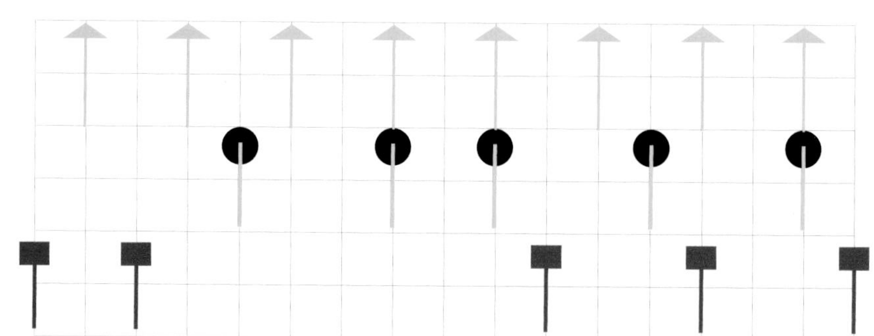

EJERCICIO 11

CHARLES [HI HAT]

CAJA [SNARE]

BOMBO [BASSDRUM]

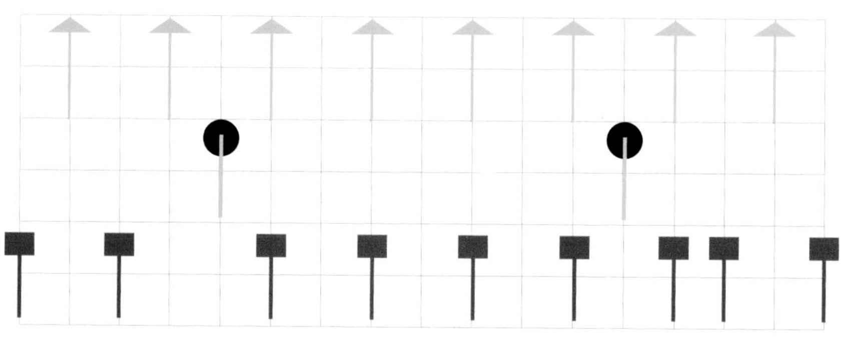

EJERCICIO 12

CHARLES [HI HAT]

CAJA [SNARE]

BOMBO [BASSDRUM]

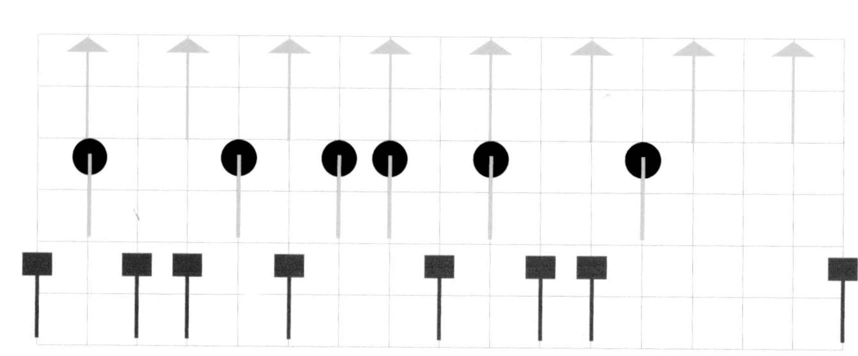

UNIDAD

19

CONTRATIEMPOS EN AMBAS MANOS

En esta unidad comenzamos a desarrollar la independencia de las extremidades, pues cada parte de la batería va por una línea definida, sin que el charles vaya marcando el tiempo fuerte.

Como en todo el método, la cuadrícula es una herramienta eficaz para controlar los espacios entre golpe y golpe. Es importante estar relajado, pues la tensión provoca errores y dolores musculares.

Acomódese frente a la batería como mejor le parezca, siempre y cuando mantenga el control de todas las partes durante la ejecución.

Observe cómo al ejecutar los ejercicios, la sensación de conexión en una sola línea es evidente y forma una cadena de semicorcheas.

Una forma fiable de llevar el tiempo es utilizar un metrónomo, con el cual puede ir subiendo el tiempo a medida que vaya ejecutando correctamente el ejercicio. No olvide que los símbolos escritos en la última línea son los primeros del ejercicio, es decir, el primer tiempo.

No se apresure, pues es mejor aprender lento que correr sin aprender. Este método es para su formación personal y sólo usted sabrá los resultados.

Escuche atentamente el DVD, practique los ejercicios comenzando por el tiempo más lento y avance hasta el más rápido. Continúe hasta estar seguro de que lleva el tiempo exacto, luego practique con el siguiente tiempo y así hasta el último.

EJERCICIO 1

CHARLES [HI HAT]

GOLPE EN EL BORDE

CAJA [SNARE]

BOMBO [BASSDRUM]

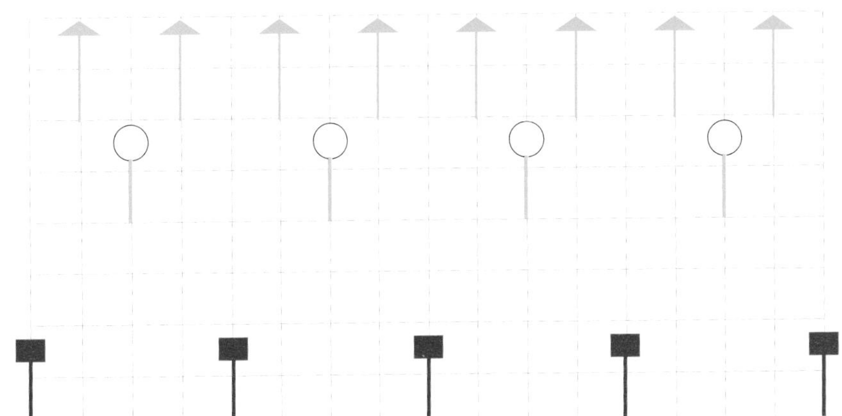

EJERCICIO 2

CHARLES [HI HAT]

GOLPE EN EL BORDE

CAJA [SNARE]

BOMBO [BASSDRUM]

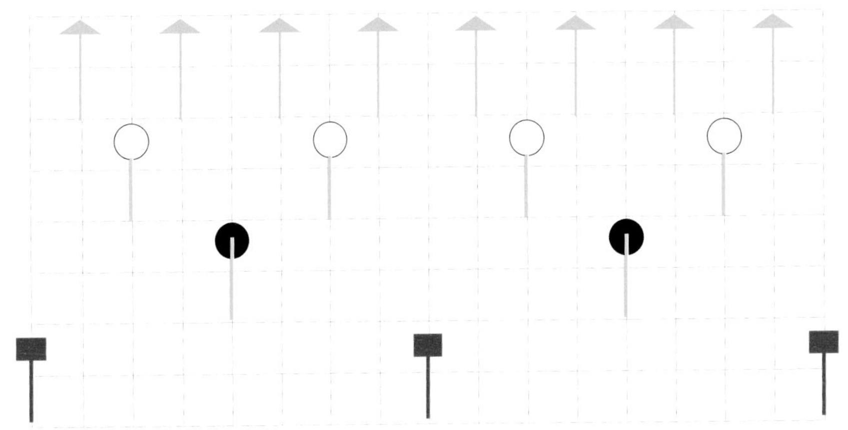

EJERCICIO 3

CHARLES [HI HAT]

GOLPE EN EL BORDE

CAJA [SNARE]

BOMBO [BASSDRUM]

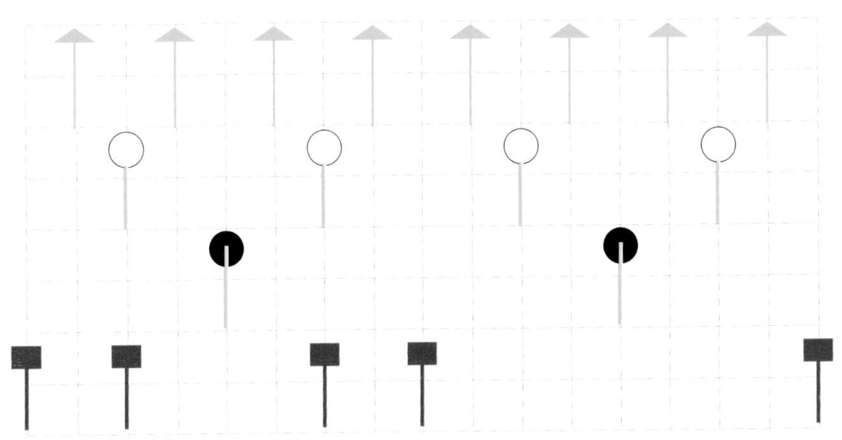

EJERCICIO

4

CHARLES [HI HAT]

GOLPE EN EL BORDE

CAJA [SNARE]

BOMBO [BASSDRUM]

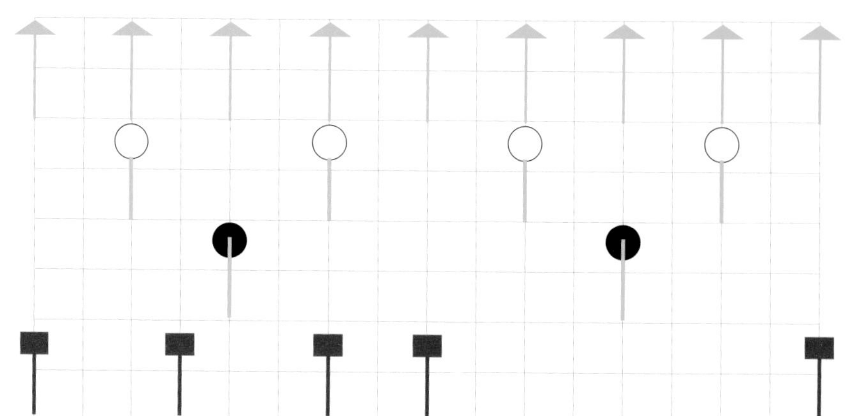

EJERCICIO

5

CHARLES [HI HAT]

GOLPE EN EL BORDE

CAJA [SNARE]

BOMBO [BASSDRUM]

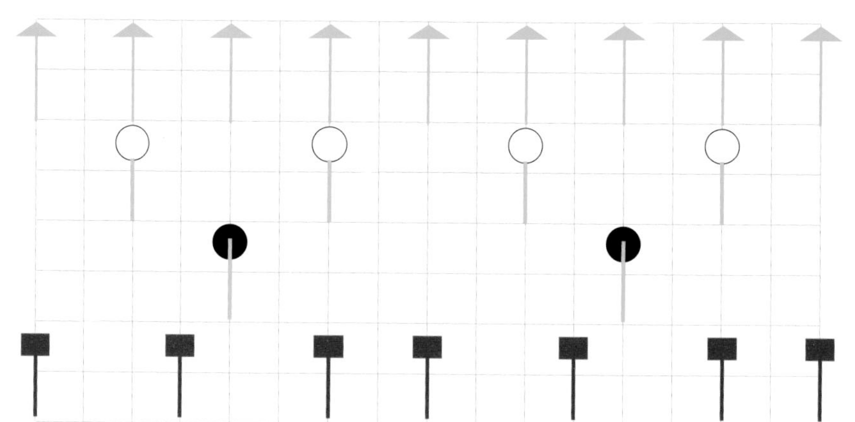

EJERCICIO

6

CHARLES [HI HAT]

GOLPE EN EL BORDE

CAJA [SNARE]

BOMBO [BASSDRUM]

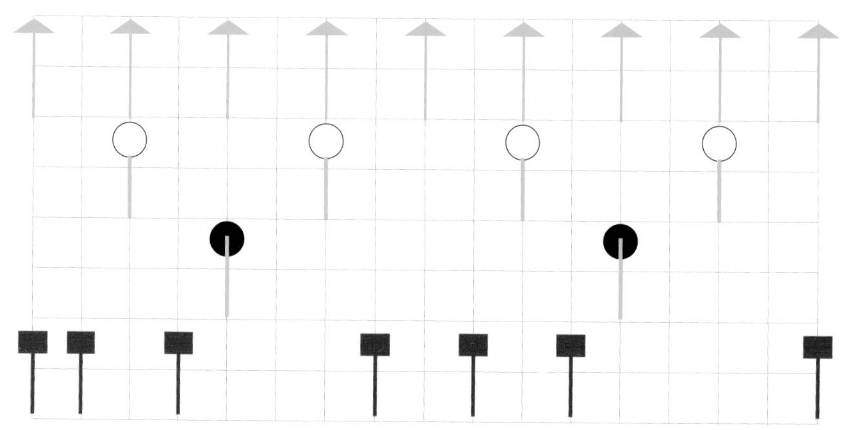

EJERCICIO

7

CHARLES [HI HAT]

GOLPE EN EL BORDE

CAJA [SNARE]

BOMBO [BASSDRUM]

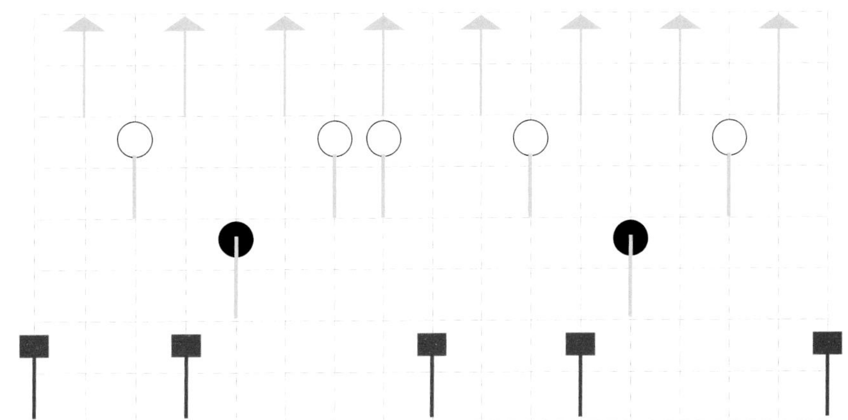

EJERCICIO

8

CHARLES [HI HAT]

GOLPE EN EL BORDE

CAJA [SNARE]

BOMBO [BASSDRUM]

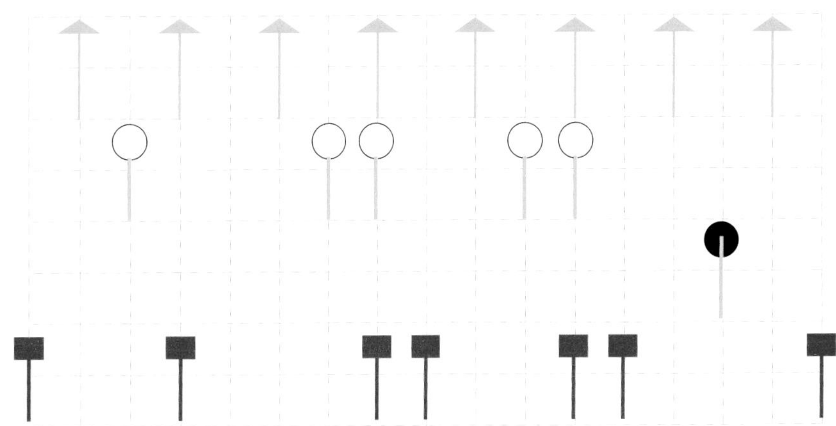

EJERCICIO

9

CHARLES [HI HAT]

GOLPE EN EL BORDE

CAJA [SNARE]

BOMBO [BASSDRUM]

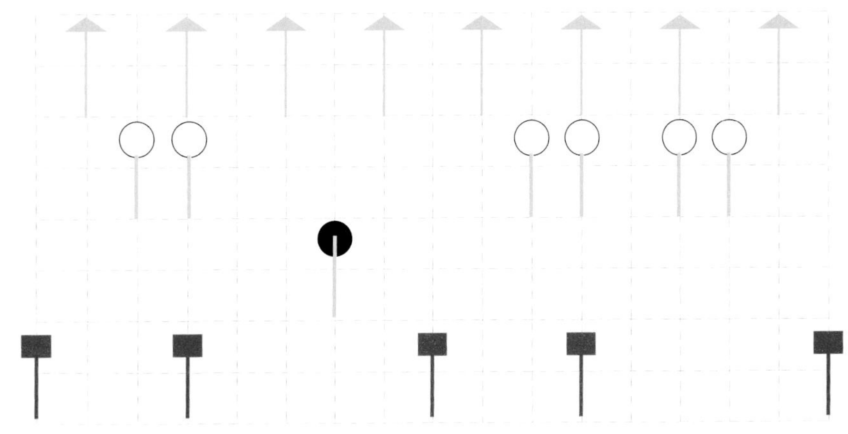

EJERCICIO

10

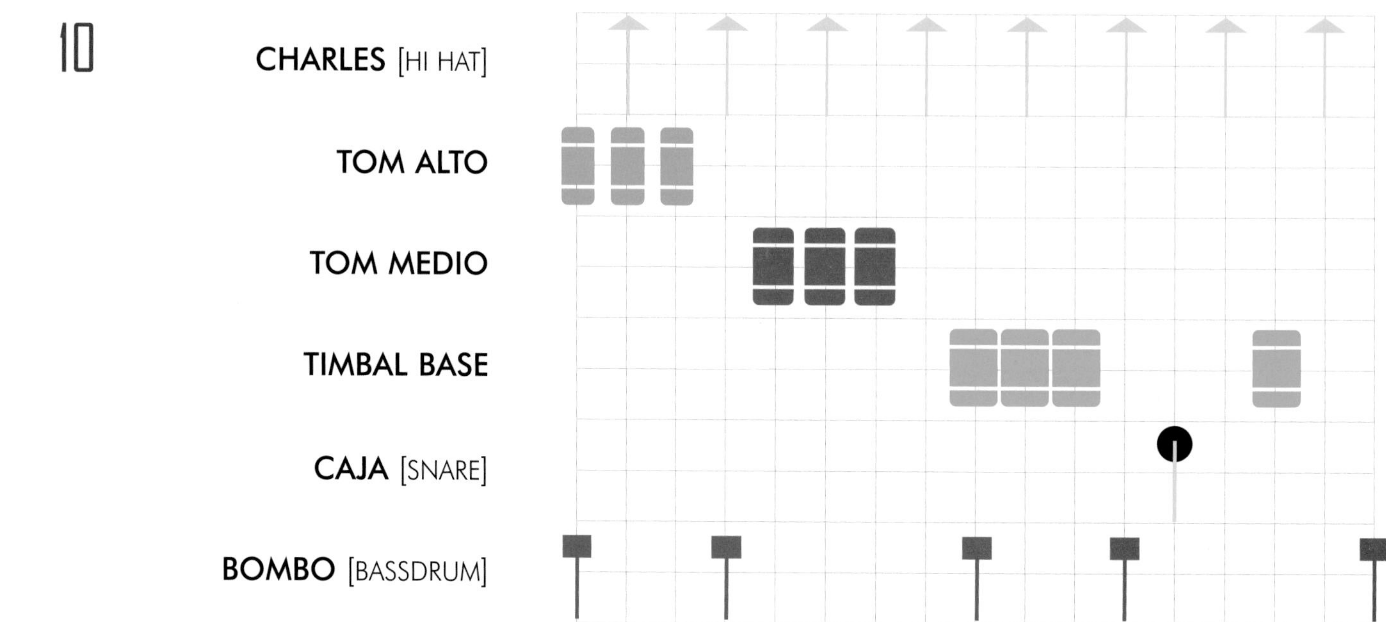

Si desea realizar una autoevaluación para valorar su grado de aprendizaje, haga los ejercicios del primero al último sin parar y sin atrasarse o adelantarse en el tiempo. Consiga un metrónomo que le marque el tiempo.

UNIDAD 20

INDEPENDENCIA TOTAL

Vamos a desarrollar la independencia total de las extremidades, trabajando los brazos y las piernas en distinto tiempo.

El charles en negras vuelve a ser la guía sobre la que se van a apoyar los demás instrumentos.

La correcta disposición de las manos es muy importante para ejecutar bien los ejercicios, tenga en cuenta que la mano que va al charles debe estar lo suficientemente separada de la caja y el resto de la batería para llegar hasta el timbal base sin cambiar la posición.

Recuerde que la cuadrícula es una guía matemática que le muestra la división del compás, y la ubicación de los símbolos en ella.

Es necesario que los golpes en la batería sean realizados con la misma intensidad, pues todo se oye por separado.

Escuche con atención el DVD interactivo, practique los ejercicios comenzando por el tiempo más lento y avance hasta el más rápido. Continúe hasta estar seguro de que lleva el tiempo exacto, luego practique con el siguiente tiempo y así hasta el último. No olvide que los símbolos escritos en la última línea son los primeros del ejercicio, es decir, el primer tiempo.

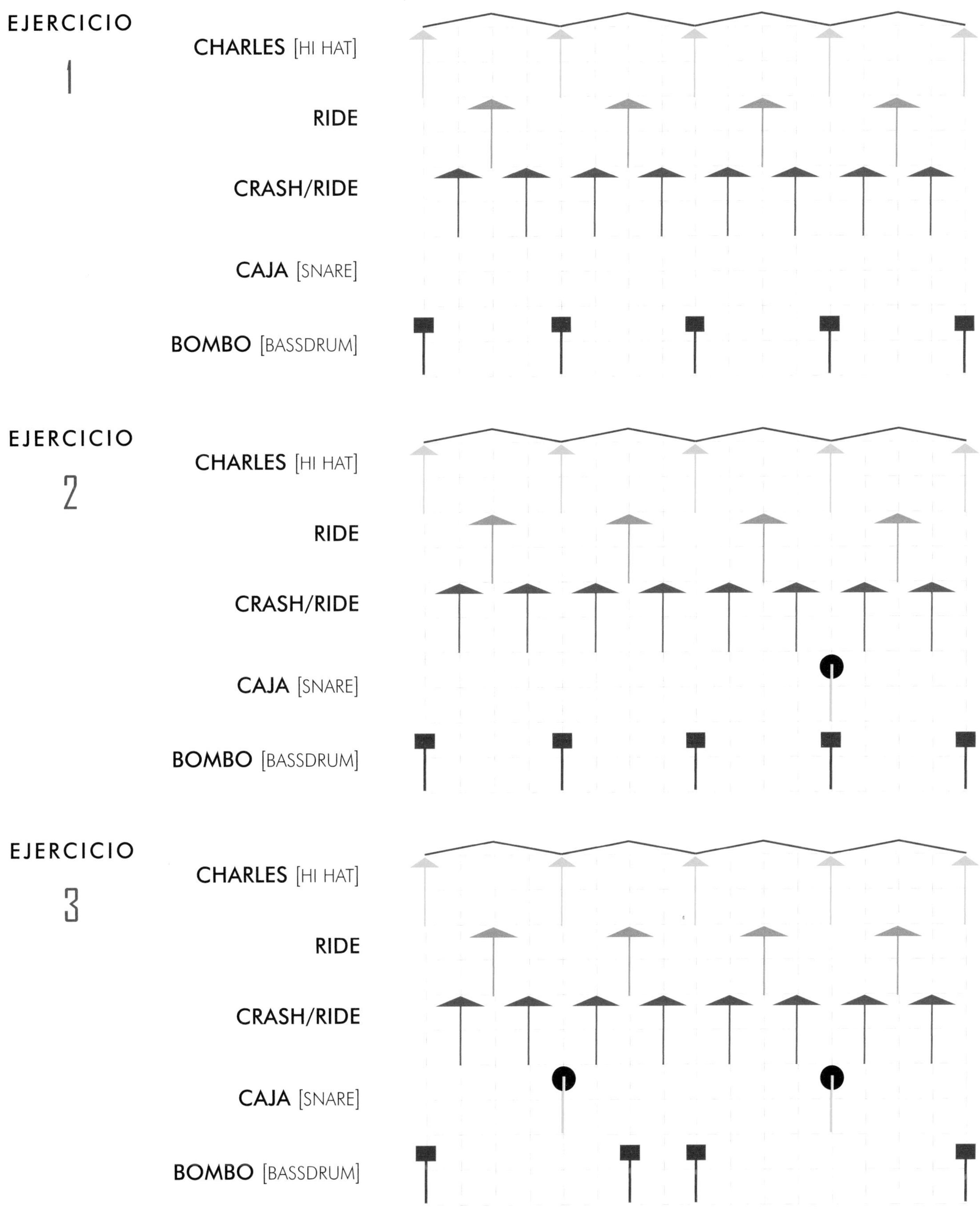
EJERCICIO
1
CHARLES [HI HAT]
RIDE
CRASH/RIDE
CAJA [SNARE]
BOMBO [BASSDRUM]
EJERCICIO
2
CHARLES [HI HAT]
RIDE
CRASH/RIDE
CAJA [SNARE]
BOMBO [BASSDRUM]
EJERCICIO
3
CHARLES [HI HAT]
RIDE
CRASH/RIDE
CAJA [SNARE]
BOMBO [BASSDRUM]

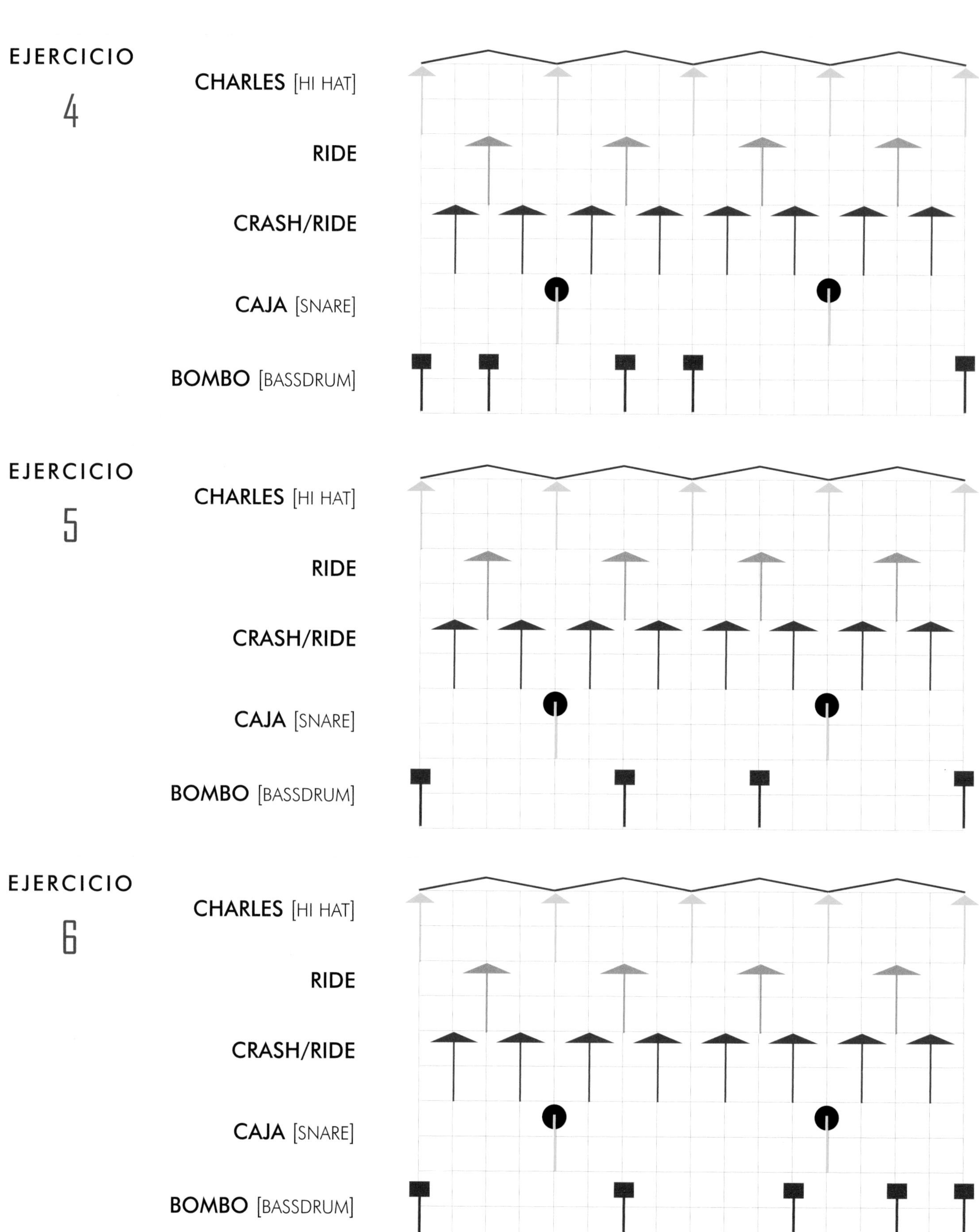
EJERCICIO
4
CHARLES [HI HAT]
RIDE
CRASH/RIDE
CAJA [SNARE]
BOMBO [BASSDRUM]
EJERCICIO
5
CHARLES [HI HAT]
RIDE
CRASH/RIDE
CAJA [SNARE]
BOMBO [BASSDRUM]
EJERCICIO
6
CHARLES [HI HAT]
RIDE
CRASH/RIDE
CAJA [SNARE]
BOMBO [BASSDRUM]

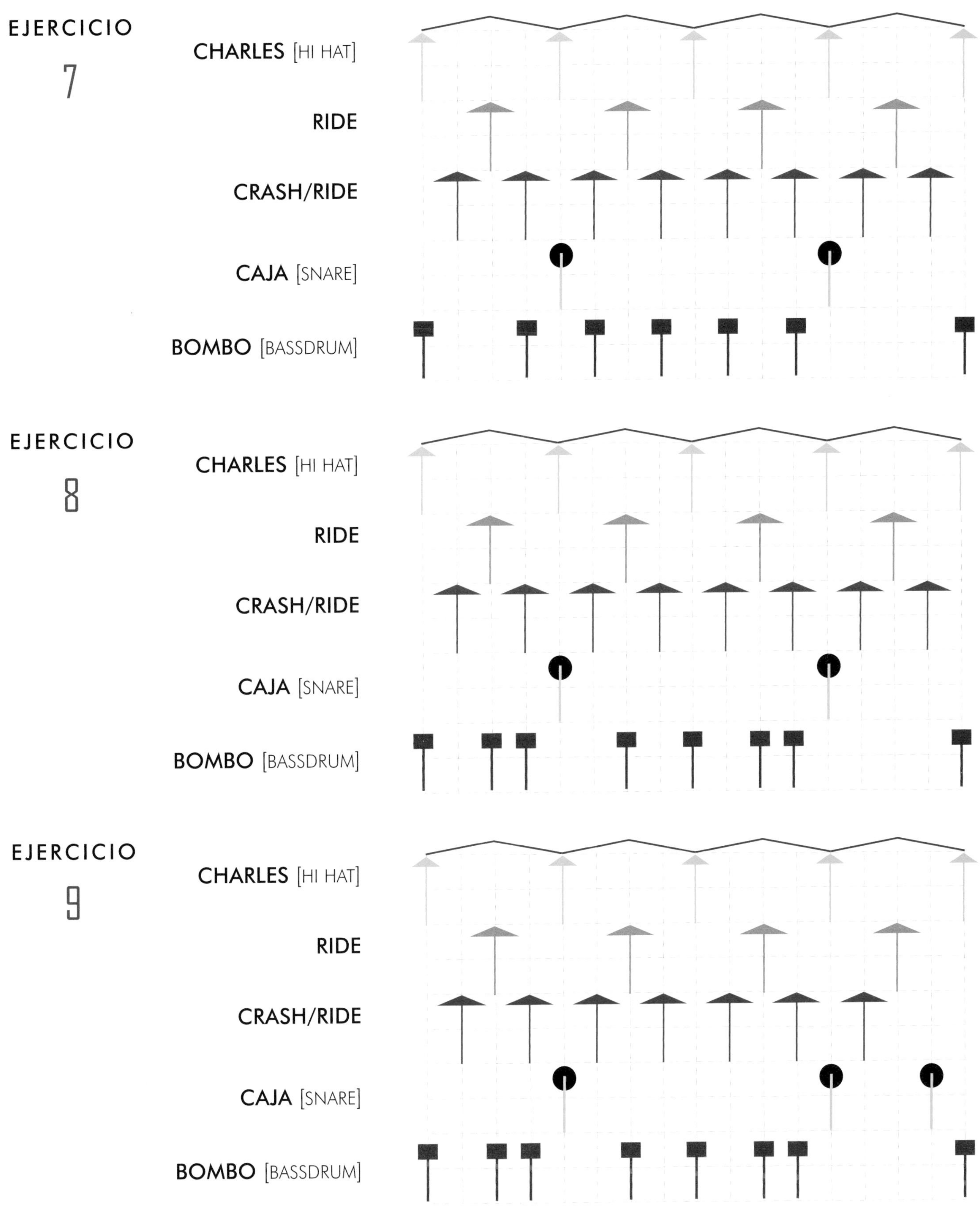
EJERCICIO
7
CHARLES [HI HAT]
RIDE
CRASH/RIDE
CAJA [SNARE]
BOMBO [BASSDRUM]
EJERCICIO
8
CHARLES [HI HAT]
RIDE
CRASH/RIDE
CAJA [SNARE]
BOMBO [BASSDRUM]
EJERCICIO
9
CHARLES [HI HAT]
RIDE
CRASH/RIDE
CAJA [SNARE]
BOMBO [BASSDRUM]

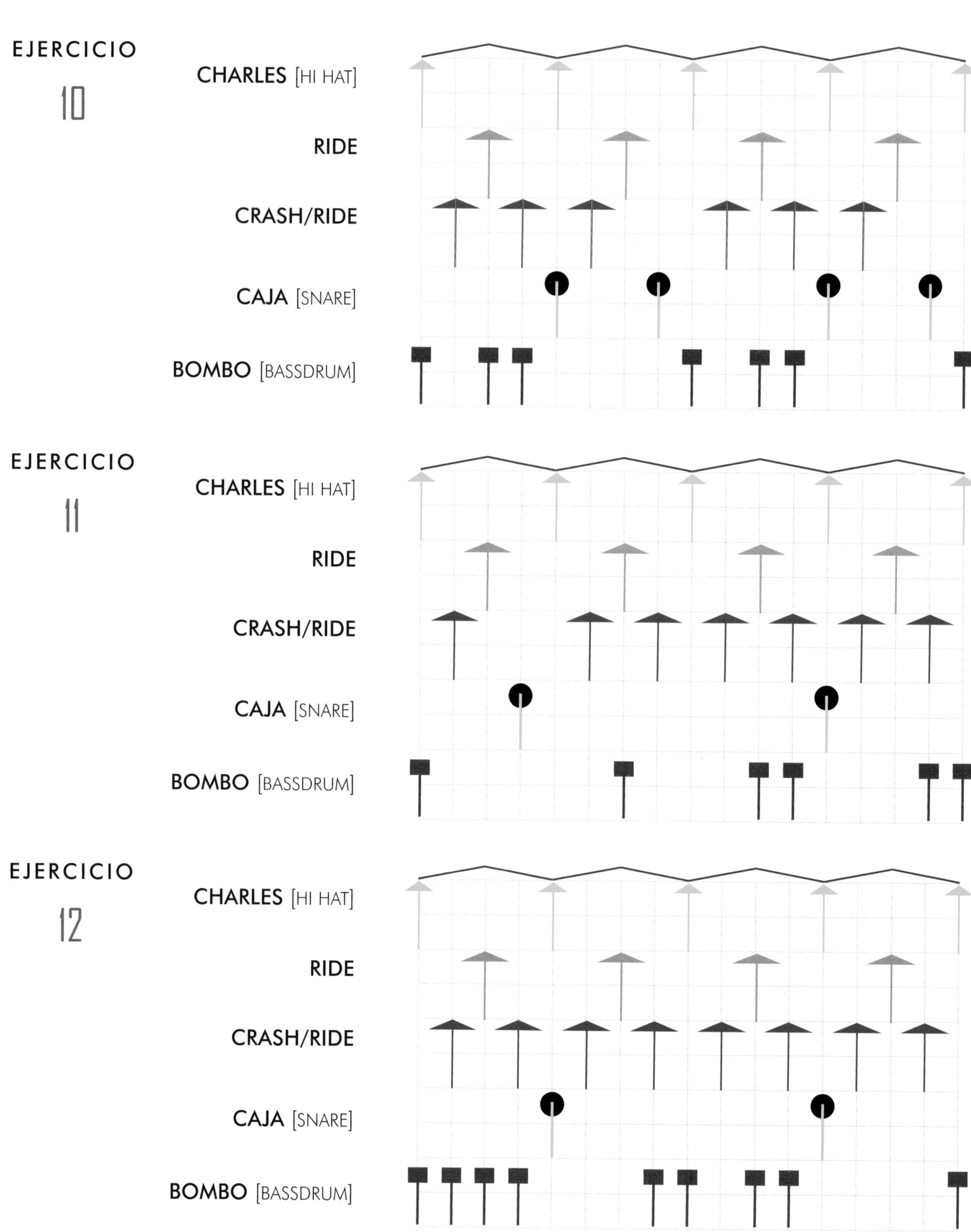
EJERCICIO
10
CHARLES [HI HAT]
RIDE
CRASH/RIDE
CAJA [SNARE]
BOMBO [BASSDRUM]
EJERCICIO
11
CHARLES [HI HAT]
RIDE
CRASH/RIDE
CAJA [SNARE]
BOMBO [BASSDRUM]
EJERCICIO
12
CHARLES [HI HAT]
RIDE
CRASH/RIDE
CAJA [SNARE]
BOMBO [BASSDRUM]

Ahora vamos a ver ejercicios con toda la batería, utilizando nuestras manos y pies simultáneamente y en diferentes tiempos.

Sienta cómo el ritmo se forma basándose en un círculo donde cada golpe tiene su lugar independiente en la batería, pero al seguir progresando se convierte en un complejo manejo del instrumento con total autonomía de las extremidades.

La construcción de patrones combinados de toda la batería resulta de la combinación que usted quiera utilizar con las partes de ésta, y del tipo de música para el cual se utilice.

EJERCICIO 13

CHARLES
[HI HAT]

RIDE

CRASH/RIDE

TOM ALTO
[TOM 1]

TOM MEDIO
[TOM 2]

TIMBAL BASE
[TOM 3]

CAJA
[SNARE]

BOMBO
[BASSDRUM]

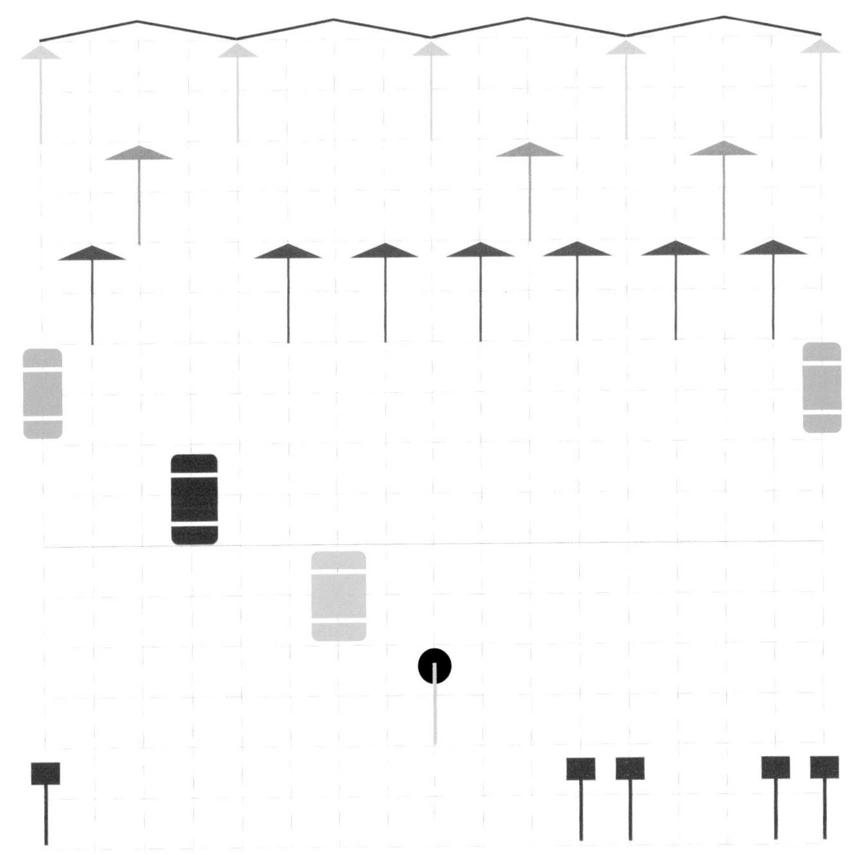

EJERCICIO

14

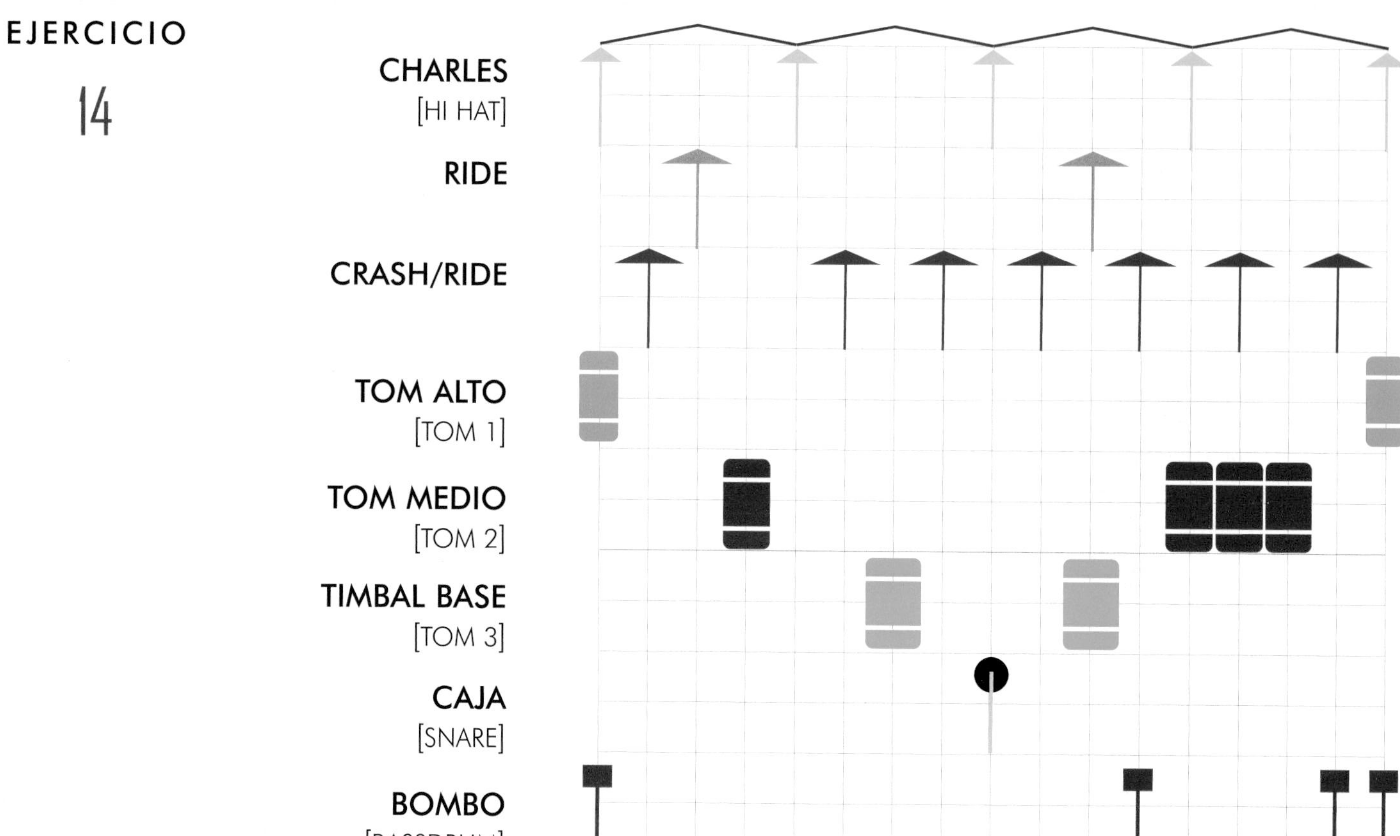

Si desea realizar una autoevaluación para valorar su grado de aprendizaje, haga los ejercicios del primero al último sin parar y sin atrasarse o adelantarse en el tiempo. Consiga un metrónomo que le marque el tiempo.

UNIDAD

21

21

RUDIMENTOS PARADIDDLES

Los paradiddles son combinaciones de golpes que se realizan con ambas manos. Fueron inventados para adiestrar a los tamborileros de las bandas de guerra en Estados Unidos. Luego, en los años setenta, grandes bateristas como Steve Gadd, Danny Seraphine, Tony Williams, Billy Cobham, David Garibaldi o Lenny White comenzaron a utilizarlos para adornar los patrones conocidos como jazz rock.

En esta unidad vamos a conocer algunos paradiddles que serán de ayuda inestimable al realizar un solo de batería.

RUDIMENTOS **PARADIDDLES**

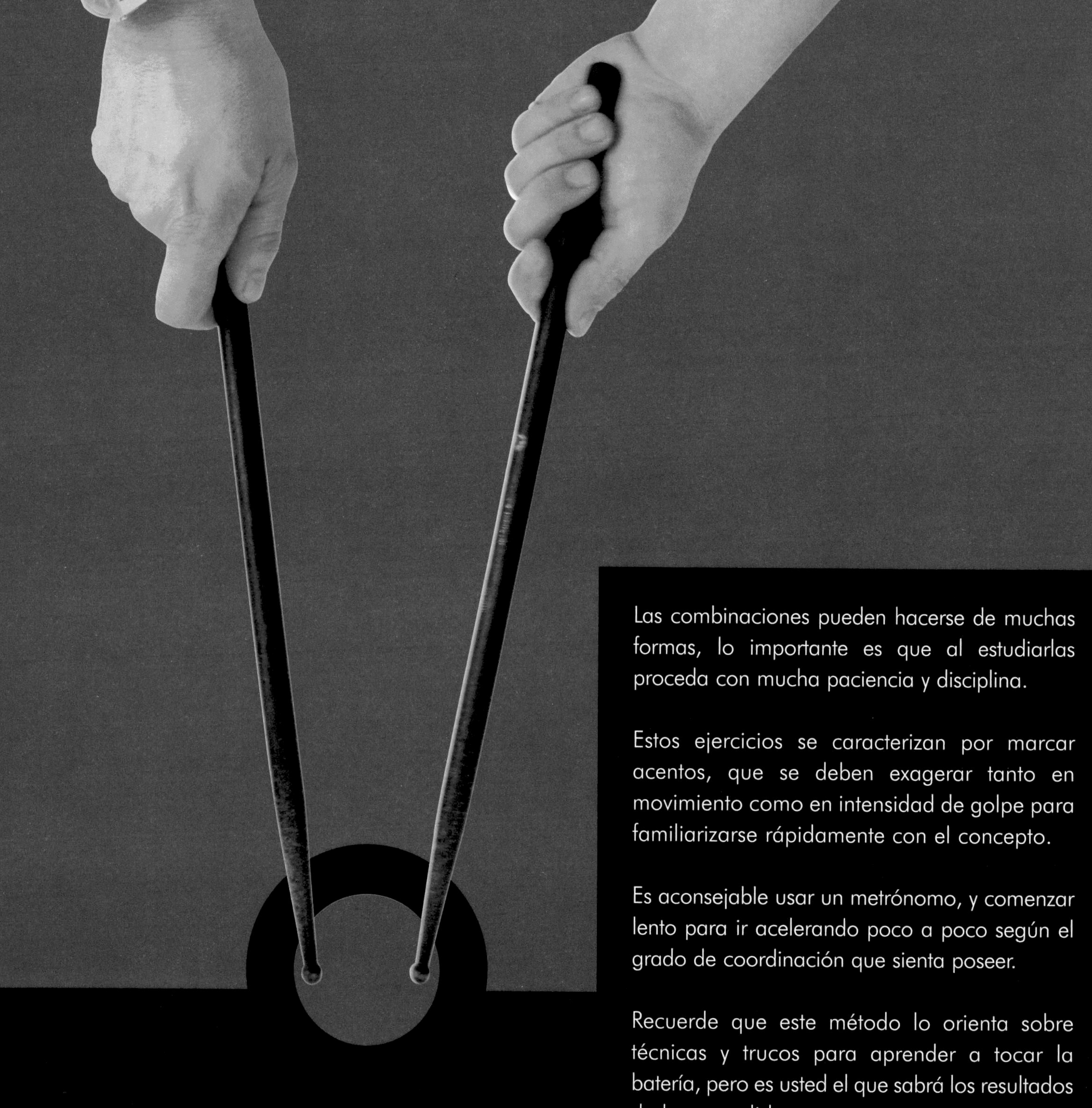

Las combinaciones pueden hacerse de muchas formas, lo importante es que al estudiarlas proceda con mucha paciencia y disciplina.

Estos ejercicios se caracterizan por marcar acentos, que se deben exagerar tanto en movimiento como en intensidad de golpe para familiarizarse rápidamente con el concepto.

Es aconsejable usar un metrónomo, y comenzar lento para ir acelerando poco a poco según el grado de coordinación que sienta poseer.

Recuerde que este método lo orienta sobre técnicas y trucos para aprender a tocar la batería, pero es usted el que sabrá los resultados de lo aprendido.

Una recomendación eficaz consiste en practicar los ejercicios frente a un espejo.

La manera correcta de hacer estos ejercicios es trabajar el paradiddle y sus variantes en forma lenta al comienzo, observando atentamente la gráfica y trabajando la intensidad del golpe en los acentos indicados. Una vez que haya comprendido y asimilado la mecánica del ejercicio, comience a subir gradualmente la velocidad de ejecución.

Los resultados con estos ejercicios serán asombrosos, y a partir de ellos, crear nuevos ritmos le será tan simple como respirar.

Puede utilizar todas las partes de la batería para interpretar estos ejercicios, así tendrá mayor dominio sobre el total del instrumento.

Una forma de sentir el acento en el charles es utilizar el cuerpo de la baqueta, mientras los demás elementos son tocados con la cabeza. En la caja o los toms utilice el aro para los acentos, dando al mismo tiempo el golpe en el aro y el parche, mientras los demás son tocados sólo en el parche.

Encima de cada ejercicio encontrará las letras correspondientes a cada mano, así:

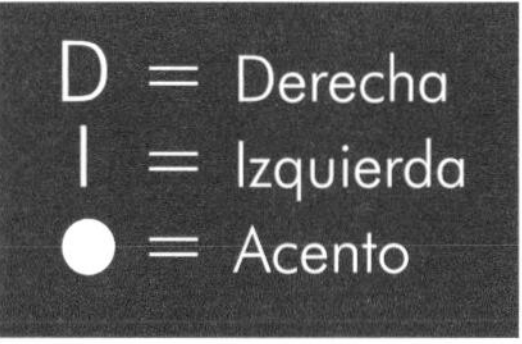

El bombo marcará la negras para ayudarle a mantener el tiempo definido.

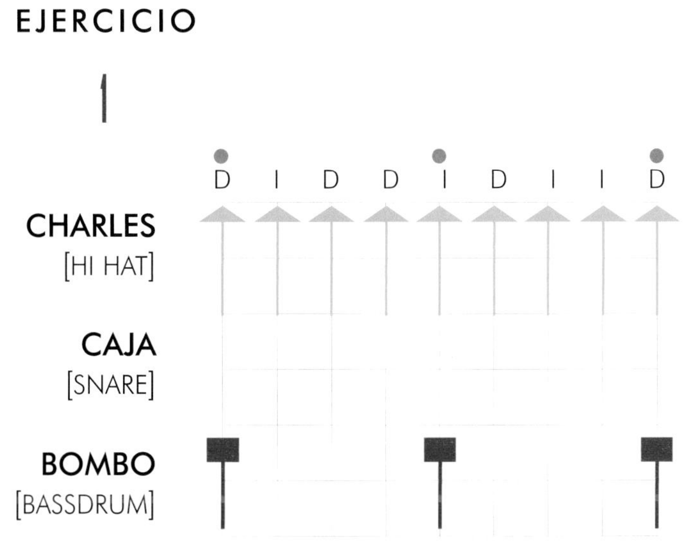

EJERCICIO

2

D I D D I D I I D

CHARLES
[HI HAT]

CAJA
[SNARE]

BOMBO
[BASSDRUM]

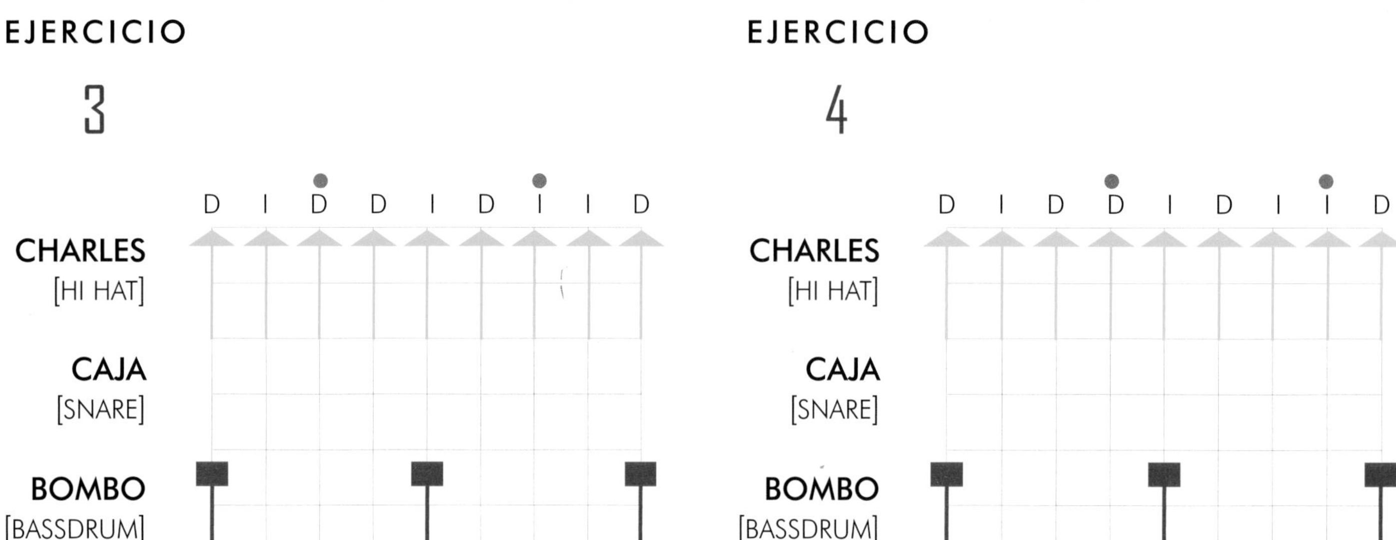

Ahora vamos a trabajar paradiddles alternando los golpes entre el charles y la caja para obtener mayor independencia y variedad de timbres. Estos mismos ejercicios puede hacerlos cambiando el charles por el tom 1 y la caja por el tom 3 (timbal base).

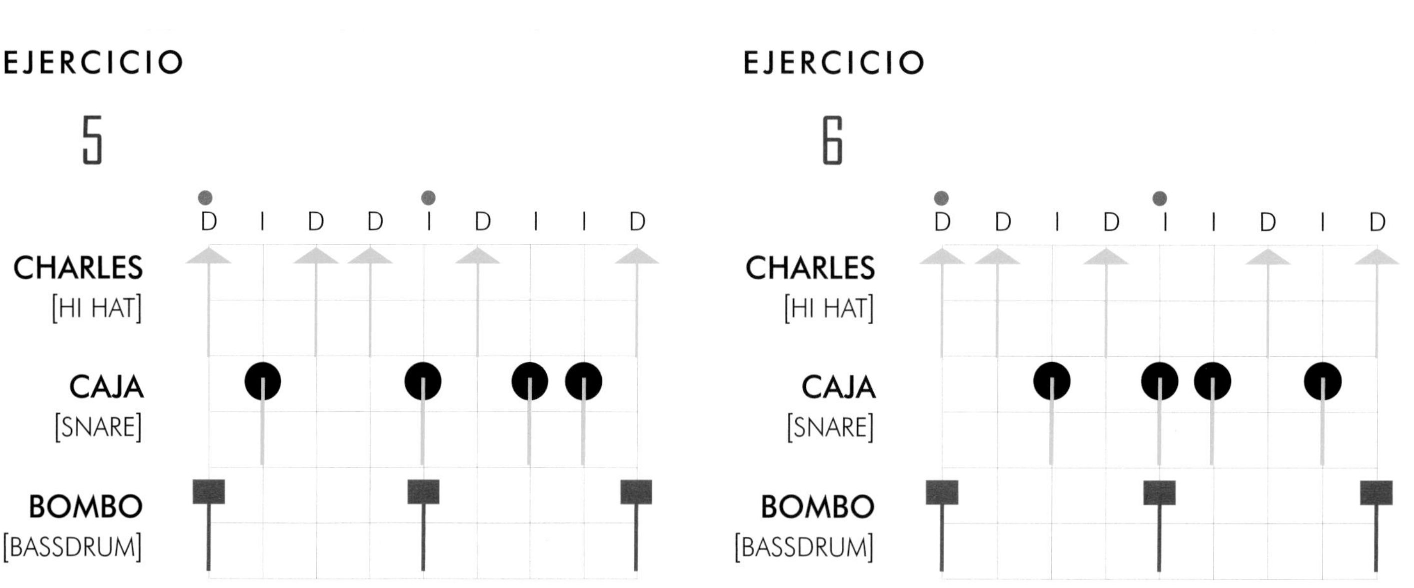

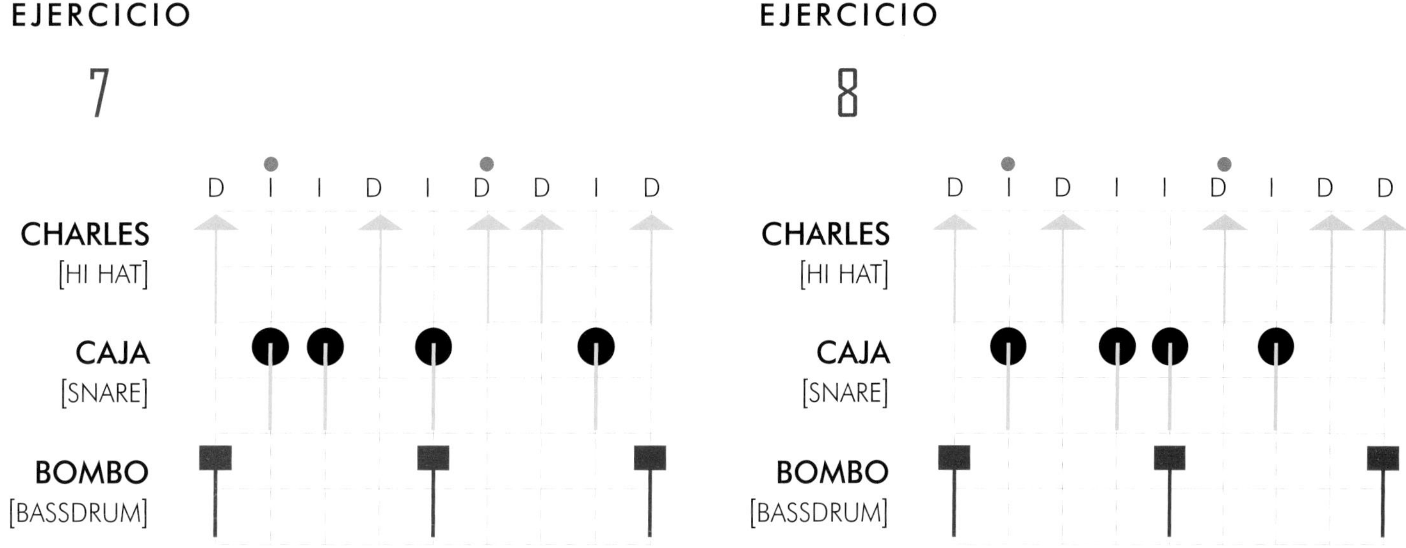

Si desea realizar una autoevaluación para valorar su grado de aprendizaje, haga los ejercicios del primero al último sin parar y sin atrasarse o adelantarse en el tiempo. Consiga un metrónomo que le marque el tiempo.

UNIDAD 22

AMPLIFICACIóN DE LA BATERíA

En esta unidad vamos a mostrar brevemente la forma de amplificar la batería usando diferentes micrófonos para captar el sonido. Dependiendo de la parte de la batería que se quiera grabar se utiliza un micrófono u otro.

Los micrófonos son de dos clases: dinámicos y de condensador.

A continuación, observaremos para qué sirven unos y otros. Es un proceso importante para tener en cuenta, pues el sonido que usted recoja de su instrumento será un sello personal que lo definirá frente a los demás.

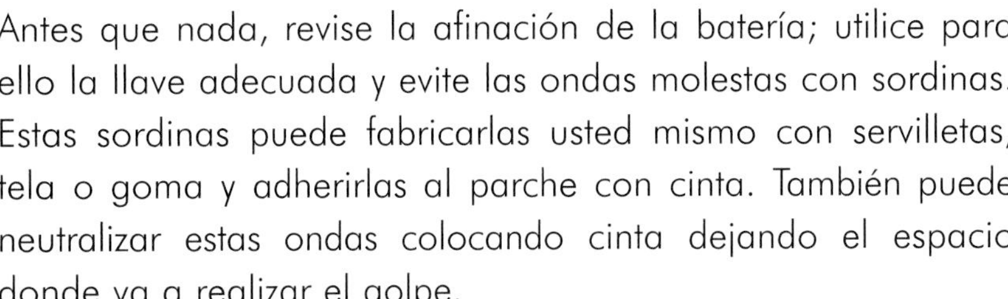

Antes que nada, revise la afinación de la batería; utilice para ello la llave adecuada y evite las ondas molestas con sordinas. Estas sordinas puede fabricarlas usted mismo con servilletas, tela o goma y adherirlas al parche con cinta. También puede neutralizar estas ondas colocando cinta dejando el espacio donde va a realizar el golpe.

Disponga los micrófonos de manera que se dirijan siempre al objetivo, sin que entre en contacto directo con el instrumento. Compruebe que la posición donde los ubica no dificulta su ejecución.

MICRÓFONOS USADOS

Para obtener sonido en la batería se utilizan dos tipos de micrófonos: dinámicos y de condensador.

DINÁMICO

Ofrece la ventaja de ser económico, robusto y autónomo, pues no necesita alimentación. También cuenta con protección frente a los campos magnéticos externos. Además, resiste bien la humedad, las diferencias de temperatura y las vibraciones. Por todo ello, es muy utilizado tanto en interiores como en exteriores.

DE CONDENSADOR

Es el que más se acerca al ideal por la fidelidad con la que recoje el sonido. Su gran ventaja es que el tamaño de su diafragma no está limitado por el hecho de tener que acoplarse a un determinado campo magnético, como ocurre en los electrodinámicos. Las placas del condensador necesitan corriente eléctrica para funcionar, de ahí que estos micrófonos no sean autónomos sino que requieran alimentación, por ejemplo, de una pila o alimentación externa, lo que en el campo de la microfonía se conoce como alimentación fantasma.

AMPLIFICACIÓN DE LA **BATERÍA**

Existen distintas técnicas para utilizar uno o varios micrófonos, y muchas formas de colocarlos frente a una fuente sonora, en función de la posición o la distancia. Siempre hay un micrófono que es el adecuado o el más idóneo en una situación específica para registrar un tipo determinado de sonido.

Es muy importante elegir el micrófono más adecuado para registrar un sonido en concreto. En esta unidad, ofrecemos sólo unas nociones básicas de los diferentes micrófonos usados en la batería, pues éste es el trabajo de un técnico de sonido. No obstante, es importante comprender cómo y para qué sirve cada micrófono y cómo se comporta.

El resultado final no depende sólo del micrófono, la fuente sonora es lo principal. El micrófono sólo registra el sonido de una fuente sonora con un carácter particular y natural, pero lo más importante es que el instrumento sea de buena calidad y esté correctamente afinado.

La acústica del lugar en que se graba con micrófonos influye de una manera activa en el proceso de este registro sonoro, tanto positiva como negativamente.

Existen técnicas poco ortodoxas utilizadas para la grabación de baterías que buscan un sonido puro en reverberación y dinámica: como terrazas descubiertas, baños, anfiteatros o coliseos, entre otros.

Una buena muestra de grabación evita la modificación del sonido con aparatos o pluggins externos. Lo mismo ocurre con la interpretación, donde el baterista es el responsable de llevar el tiempo de la pieza en cuestión.

BOMBO

CHARLES

CAJA

TOMS

PLATOS

TIMBAL BASE

AMPLIFICACIÓN DE LA **BATERÍA**

BOMBO O BASSDRUM

Para el registro sonoro del bombo existen varias técnicas según el sonido que queremos lograr, y se puede usar uno o más micrófonos. Es importante acondicionar el bombo para evitar armónicos molestos. En la fotografía, vemos un AKG D112 colocado en la parte frontal, que registra el sonido más grave del casco de madera del bombo. Se puede reforzar con un Shure Beta 52 en el parche de pagada para lograr más contundencia en el golpe.

CHARLES O HI HAT

Para el charles se coloca el micrófono a la altura del cierre de los platos y en dirección a ellos, a unos 5-8 centímetros de distancia.
La fotografía muestra el AKG C1000S, pero podemos usar también el AKG C451 o el Neumann KM184.

CAJA O SNARE

En la caja es muy importante el tipo de parche, pues de él depende el sonido que se quiera lograr.
Un micrófono muy usado es el Shure SM58, que puede resistir una gran presión sonora sin saturar. También está el AKG C414, que resiste muy bien el volumen de la caja dando un sonido contundente y con mucho más cuerpo y claridad que el SM57. Otro micrófono es el Sennheiser MD441.

Toms

En el registro de los toms el micrófono generalmente más usado es el Sennheiser MD421.
En la fotografía vemos el Audix Fusion, aunque también pueden usarse otros micrófonos como el Shure SM57 o el Sennheiser E604, que es pequeño y se sirve con base para ajustar al aro.

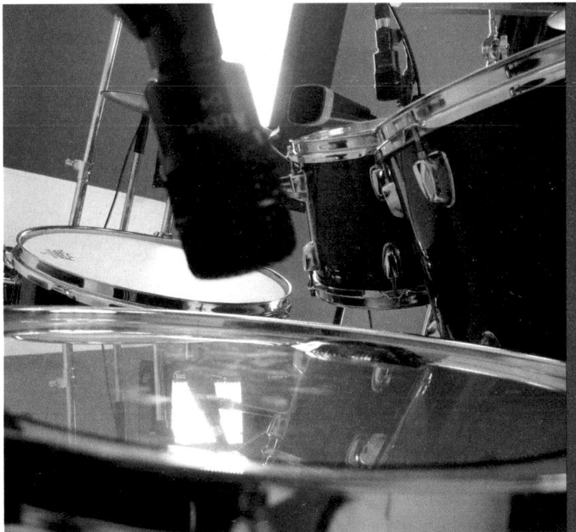

Timbal base

Por ser de un tamaño superior en el casco, resulta más difícil capturar un buen sonido natural. Requiere usar sordinas para evitar ondas indeseadas.
Los micrófonos usados son los mismos que para los demás toms, dejando una distancia de unos 5 centímetros al parche. En la fotografía, observamos un microfono Audix Fusion.

Platos (overheads)

Requieren micrófonos de condensador; con ellos, la respuesta de frecuencias en agudos es mejor. Se pueden usar dos micrófonos formando un estéreo, como dos AKG C1000S o Neumann KM184, o varios micrófonos, dependiendo de la posición de los platos y de cuántos se utilicen.
Muchas veces, el ride o el splash necesitan un micrófono aparte, esto depende de la situación en particular y del tipo de platos que se usen.

UNIDAD 23

GLOSARIO

Para finalizar este libro quiero hacer un breve resumen de las palabras usadas en el argot del baterista. Son palabras o términos que seguramente habrá escuchado y con los que debe estar familiarizado.

Muchas de estas palabras son inglesas, otras cambian de acuerdo con el país donde está y muchas otras son técnicas utilizadas por todos.

A

Aceite
Cualidad de algunos parches para lograr un sonido más definido y contundente.

Acústica
Parte de la física que estudia la producción, la transmisión, el almacenamiento, la percepción o la reproducción del sonido.

Afinación
Acción de poner en tono justo los instrumentos musicales en relación con un diapasón o acordarlos bien unos con otros.

Agujero de compresión
Agujero que se hace al parche delantero del bombo con el fin de prepararlo para amplificación.

Almohadilla
Apagador o sordina total de felpa o plástico que se adhiere a los tambores.

Anillo
Apagador o sordina para la caja, fabricado en el mismo material de los parches, que se coloca sobre éstos para cortar ondas indeseadas.

Apagadores
Formas de cortar las ondas en la batería para controlar el sonido.

Aro
Los tambores o instrumentos de membrana utilizan un aro para tensar el parche contra el casco y, de esta forma, buscar la afinación correcta.

B

Banqueta
También llamada sillín, es como se llama comúnmente al asiento del baterista.

Baquetas
Elementos con que se tocan los instrumentos de percusión. Se usan en percusión, generalmente son de madera o fibra de carbono; las últimas suelen ser más caras y duraderas. También se fabrican en un tipo especial de plástico, éstas son las más caras de todas, pero duran muchísimo más. Las baquetas de madera están disponibles en versiones con la punta de nailon en lugar de madera; esto las hace más durables y el instrumento golpeado produce un sonido más agudo o brillante.

Bombo
Es el tambor más grande de una batería. Su posición es vertical, frente al baterista.
Se toca con el pie, apoyándolo en un pedal con un mazo.
El bombo es el instrumento que posee el tono más grave, es decir más bajo; y va ligado a las notas del bajo, creando una base sólida, sobre la cual se soportan los demás instrumentos.
Los diámetros más utilizados en la actualidad son de 20 y 22 pulgadas, aunque se encuentran desde 18 a 24 pulgadas.

Borde
Anillo de metal que sujeta el parche al tambor. Es utilizado para producir un sonido más contundente en la caja al ser golpeado al tiempo que en el parche. También se puede utilizar como parte de percusión, pues su timbre es especial y varía de acuerdo con el tamaño de tambor al que pertenezca.

Bordonero
Parche inferior de la caja donde se produce la vibración de la bordonera y, en consecuencia, el sonido metálico propio del instrumento. Es muy delgado.

Bordones o bordonera
Conjunto de alambres entorchados que permanecen en contacto con el parche inferior de la caja (bordonero), y que al recibir el impacto de golpe vibra produciendo un sonido penetrante.

C

Caja
Instrumento que marca el tiempo fuerte de un ritmo, y, al igual que el charles, ofrece muchos matices.
En la parte inferior, posee un entorchado que le da un sonido característico. Los hay de madera y de metal, con él se puede jugar cambiando su afinación y ajuste del entorchado.

Caja de ritmos
Aparato electrónico dotado de bancos de sonidos de percusión que se programan y tocan con botones.

Campana
Parte central de los platos, donde se marcan los sonidos más definidos y sonoros. También se llama campana o campano al cencerro utilizado en la música latina.

Cencerro
Instrumento metálico que se utiliza con soporte o sin él para marcar tiempos en la música salsa o en el jazz latino.

Cerebro de batería
Aparato electrónico que controla los sonidos de la batería eléctrica. También es usado como módulo en los estudios de grabación para ser utilizado en midi.

Crash
Plato mediano de 14 a 20 pulgadas. Se utiliza para dar énfasis en los pasajes musicales y para algunos ritmos de rock duro.

CH

China
Plato de efecto. Se fabrican en tamaños de 10 a 22 pulgadas. También existe el splash-china, de 8 a 12 pulgadas. Se usan para efectos. Su diseño es característico, pues se colocan del revés.

D

Disparador
Pad con sensores que reciben el impacto de golpe y lo conduce al módulo de sonidos, donde se procesa para ser remplazado por un sampler virtual.

E

Escobillas
Baquetas especiales para tocar jazz, compuestas por un grupo de alambres que se pueden ajustar por el mango.

Espaguetis
Nombre con el que se conoce a las baquetas hot rodos, que se componen de una serie de palitos de madera y que producen un sonido sordo.
Son aconsejables para estudiar y tocar la batería en espacios reducidos.

F

Fijaciones
Soporte de los toms y las patas del timbal base.

Flam
Como su nombre indica, el flam produce un sonido parecido a la palabra "flam".
Este rudimento, compuesto por dos golpes, es uno de los más difíciles de dominar, pero no imposible. Es la base para todos los demás que incluyen la palabra flam.

G

Goliat
Nombre que también recibe el timbal base.

Grapa
Abrazadera múltiple que se utiliza para sujetar un soporte a un rack o a una base.

H

Herrajes
Soportes y pedales de la batería. Es toda la parte metálica que la sostiene.
Es importante comprobarlos antes de su compra, pues muchos problemas se derivan de su mal funcionamiento.

Hihat
Sistema que consta de 2 platos instalados en un soporte con pedal que permite que uno caiga sobre el otro haciéndolos sonar. Tiene su propia base, que funciona con un sistema de muelle y un pedal para el pie.

J

Jaula
Nombre que se le da al rack modular, que es el lugar donde se sostienen los platos y los toms.

Jirafa
Sistema de base que posee un brazo extensible con el fin de acomodar los platos en sitios de difícil acceso para una base normal.

L

Loop
Bucle que, en música electrónica, consiste en uno o varios samples sincronizados que ocupan generalmente uno o varios compases musicales exactos y son grabados o reproducidos enlazados en secuencia, una vez tras otra, dando una sensación de continuidad.

LL

Llave
Herramienta con la que se ajustan o afinan los parches. Su forma es similar a una T.

M

Mecanismo de bordón
El que ajusta el bordón contra el parche inferior de la caja, ajustando la tensión existente en los alambres entorchados.

Memorias
Abrazaderas de metal que hacen de tope y ayudan al montaje rápido de la batería. También se conocen como *memory locks* o *key stop locks*.

Metrónomo
Aparato utilizado para indicar tiempo o compás de las composiciones musicales. Produce regularmente una señal, visual y/o acústica, que permite a un músico mantener un tiempo constante.

O

Overhead
Los platos requieren micrófonos de condensador; con ellos, la respuesta de frecuencias en agudos es mejor. Se pueden usar dos micrófonos formando un estéreo, como dos AKG C1000S o Neumann KM184, o varios micrófonos, dependiendo de la posición de los platos y cuántos se utilicen.
Muchas veces el ride o el splash necesitan un micrófono aparte, esto depende de la situación en particular y del tipo de platos que se usen.

P

Pad
Tambores virtuales en los cuales se encuentran capturadores piezoeléctricos llamados comúnmente triggers.

Paradiddle
Combinaciones de golpes que se realizan con ambas manos. Fueron inventados para adiestrar a los tamborileros de las bandas de guerra en Estados Unidos.
Luego, en los años setenta, grandes bateristas como Steve Gadd, Danny Seraphine, Tony Williams, Billy Cobham, David Garibaldi o Lenny White comenzaron a utilizarlos para adornar los patrones conocidos como jazz rock.

Parche
Membranas del tambor donde se recibe el impacto. Hay muchas clases de parches.

Pedal del bombo
Aparato mecánico con el que se toca el bombo. Hay pedales dobles que permiten usar los dos pies en un mismo bombo, lo cual evita tener que usar dos bombos en el set.

Pulgada
Unidad de longitud antropométrica que equivale a la longitud de un pulgar, y más específicamente a su primera falange. Una pulgada equivale a 25,4 milímetros.

R

Rack
Estructura modular donde se sujetan los toms y los platos.

Ride
Es el plato más grande, su diámetro varía entre 17 y 24 pulgadas, aunque hay marcas que, a modo de curiosidad, que los fabrica de 26 e incluso hasta de 32 pulgadas. Los más comunes son los de 20 y 22 pulgadas. Muchas veces se usan para llevar el ritmo en sustitución del hi hat.

S

Sampler
Aparato que permite muestrear (grabar) digitalmente secuencias sonoras o samples para ser reproducidas posteriormente tal cual fueron grabadas, o transformadas mediante efectos. Estas muestras de sonido son luego reproducidas como sonido asignado a una o varias notas de un teclado musical, a un pad formado por varios botones asignables o disparadas desde un secuenciador.

El sampler es utilizado como herramienta en muchos géneros musicales, entre los que destaca la música electrónica.

Sordina
Nombre que reciben los diversos mecanismos de reducción del volumen sonoro o modificación de las cualidades tímbricas del sonido, y que adopta diferentes nombres, formas y materiales, en función del instrumento.

Splash
Plato pequeño que varía de 6 a 13 pulgadas. Se usan para efectos especiales, comúnmente en pasajes de poca intensidad sonora.

T

Trigger
Convertidor encargado de transformar la señal creada por los triggers a una señal MIDI.

Tom
Instrumento musical de percusión, más conocido como tambor, originario de los nativos americanos o las culturas asiáticas, que forma parte de la batería desde comienzos del siglo XX. El tom-tom se encuentra solo o de dos en dos y suele ser montado en un aparejo de acero sobre el bombo.

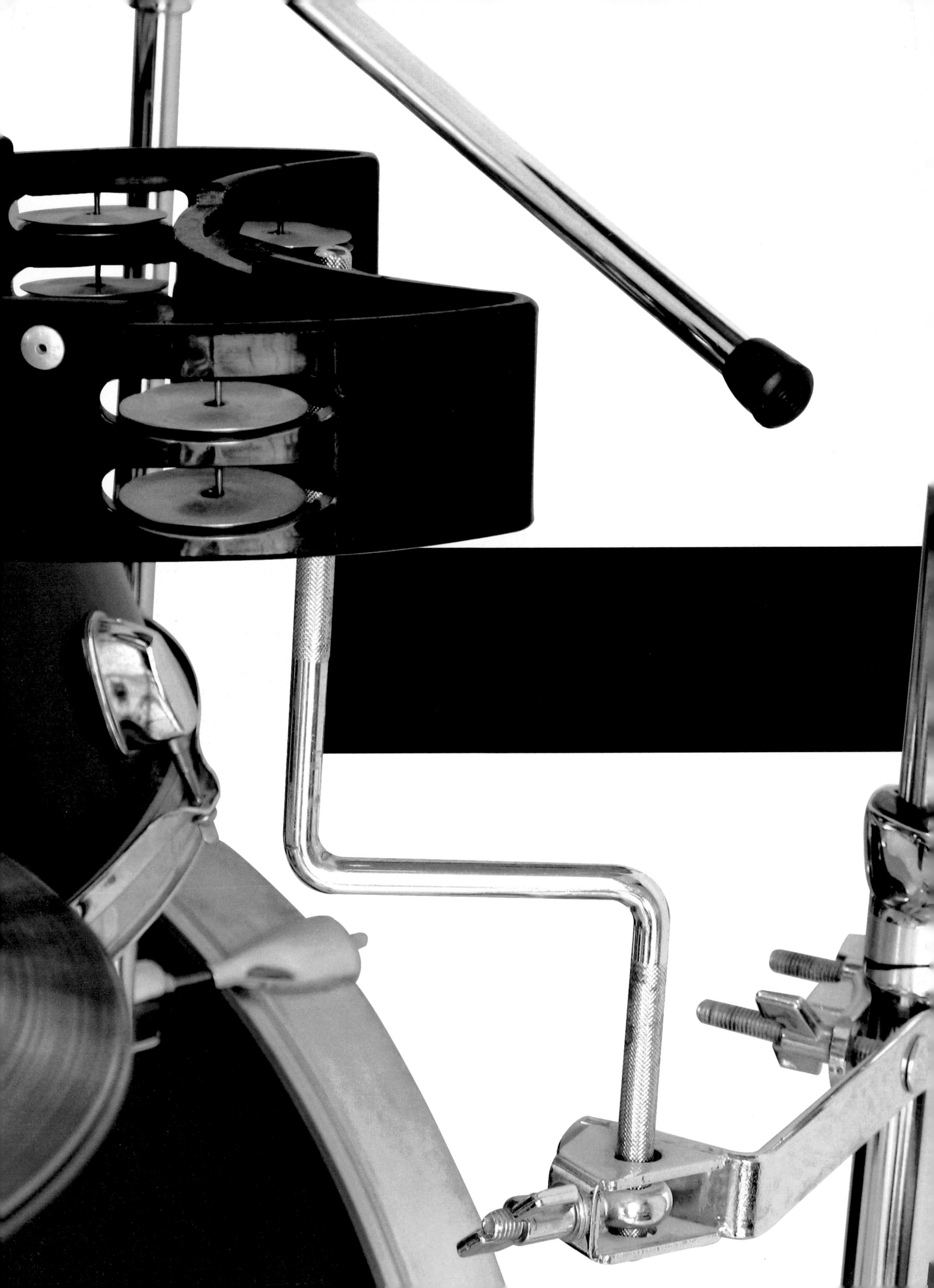

ÍNDICE